Güner Balci

Aliyahs Flucht

oder Die gefährliche Reise in ein neues Leben

W0214176

S. FISCHER

MIX
Papier aus verantwortungsvollen Quellen
FSC® C083411

Erschienen bei S. FISCHER

© S. Fischer Verlag GmbH, Frankfurt am Main 2014

Satz: Fotosatz Amann, Memmingen
Druck und Bindung: CPI books GmbH, Leck
Printed in Germany
ISBN 978-3-10-004816-5

Für Lilith & Neo

Aber was bedeutet lieben? Es bedeutet wählen – um lieben zu können, muss man frei sein.

Flora Tristan

Inhalt

Insan haklari oder Dein Leben gehört dir 11

Ein Anruf aus der Dönerbude 23
Hochzeitspläne und ein Todesfall 34
Verbotene Liebe 43
Im letzten Moment 54
Der Retter 64
Krisensitzung oder Wer flieht, braucht Hilfe 79
Hochzeitsshows und Heiratskandidaten 87
Geheime Treffen im Shoppingcenter 99
Guter Sex ist den Männern vorbehalten 113
Çigdem oder »Beende dein Schweigen, nicht dein Leben« 123
»Ab heute heißt du Nora« 133
Karzans Zwangsverheiratung 154
Geplatzte Mädchenträume
und der Besuch einer Prinzessin 164
Hanans Doppelleben 176
Ein Kettenbrief und ein Abschied 188
Wegducken oder aufgeben 202
Der Beginn eines gemeinsamen Lebens 213
Wieder auf der Flucht 226

Vom Recht auf ein selbstbestimmtes Leben 235

Dank 255

Insan haklari oder Dein Leben gehört dir

Stellen Sie sich vor, Sie müssten morgen Ihre Wohnung verlassen. Nicht, weil Sie es wollen, sondern weil Sie es *müssen.* Vielleicht müssen Sie sogar die Stadt verlassen, in der Sie viele Jahre Ihres Lebens verbracht haben, in der Sie Freunde treffen, den Zeitungshändler kennen, Ihren Frisör, die Stadt, in der eins Ihrer Kinder noch die Schule besucht und Sie selbst einem Beruf nachgehen, der Ihnen Freude macht.

Stellen Sie sich vor, Sie müssten schnell an einen anderen Ort ziehen, irgendwo in Deutschland. Vielleicht aber auch in ein anderes Land, um sicher zu sein, dass Sie sicher sind. Man wird Ihnen sagen, dass Sie nie wirklich sicher sind, solange es jemanden gibt, der nach Ihnen sucht, jemanden, der Ihnen oder einem Ihrer Angehörigen nach dem Leben trachtet. Das alles müssen Sie tun, nicht etwa, weil Sie als Straftäter von der Polizei gesucht werden, sondern weil Ihr Sohn sich in ein Mädchen verliebt hat, dessen Eltern es nicht dulden, dass ihre Tochter eine selbstgewählte Beziehung eingeht. Weil sie für ihr Kind ein anderes Leben vorgesehen haben, eines, das sich nach den archaischen Sitten ihrer Herkunftskultur richtet, einer Kultur, die es Frauen verbietet, über ihren Körper, über ihr Leben selbst zu entscheiden.

Sie stehen vor der Wahl: zu gehen, von jetzt auf gleich ein neues Leben zu beginnen und das, was Sie sich in vielen Jahren als Existenz aufgebaut haben, Ihren Beruf, Ihr Umfeld, Vertrautes für ungewisse Zeit, vielleicht sogar für immer hinter sich zu lassen; oder Sie bleiben, leben dafür aber jeden Tag mit der Ungewissheit, dass jemand Ihnen auflauert, Sie auf der Straße bespuckt und beleidigt oder Sie sogar mit dem Tod bedroht.

Sie werden jetzt wahrscheinlich sagen: Moment mal, das geht doch nicht, das ist unrecht, wir leben doch in einem Rechtsstaat, und ich zeige jeden an, der mich bedroht! Dann machen Sie eine Anzeige gegen die Person, die Ihnen nachstellt. Am nächsten Tag aber steht eine andere Person bei Ihnen vor der Haustür, und alles wiederholt sich. Machen Sie dann wieder eine Anzeige, machen Sie jede Woche mehrere Anzeigen? Oft genug gegen »Unbekannt«, weil Sie die Quälgeister persönlich gar nicht kennen? Gehen Sie dann irgendwann nur noch selten aus dem Haus? Und nur, wenn mindestens eine erwachsene Person Sie begleiten kann? Oder eilen Sie geduckt durch die Straßen, in der Hoffnung, man sieht Sie nicht? Versuchen Sie, sich unsichtbar zu machen oder Schleichwege zu finden?

Natürlich können Sie, wenn Sie bereit sind, solche Begleitumstände in Kauf zu nehmen, auch bleiben. Ihr Sohn aber wird selbst dann noch gehen müssen, wenn er inzwischen gemerkt hat, dass die Liebe seines Lebens doch nur ein Strohfeuer war und er sich offiziell von dem Mädchen getrennt hat, dessen Familie Ihnen diesen ganzen Ärger bereitet – bei einer befleckten Ehre gibt es kein Zurück. Sie müssen dann damit leben, dass Ihr Kind auf unbestimmte Zeit untertaucht, sich versteckt vor der Gefahr, Opfer eines Gewaltverbrechens im Namen der Ehre zu werden. Von seiner einstigen Liebsten ganz zu schweigen.

Nur wenn Sie wegziehen, werden Sie Ihren Sohn irgendwann einmal wiedersehen können. Vielleicht kann er Sie in der fremden Stadt, in der Sie dann wohnen, besuchen. Sie selbst dürfen ihn nicht an dem Ort aufsuchen, an dem er inzwischen lebt. Denn seine Adresse muss, um ihn nicht zu gefährden, weiterhin geheim bleiben. Vielleicht aber haben Sie mehrere Kinder, eine Tochter noch, die gerade in ihrer Ausbildung ist und sich geweigert hat, mit Ihnen wegzuziehen, bloß weil ihr Bruder sich verliebt hat. Dann stehen Sie vor einer Entscheidung, die für jede Mutter, jeden Vater ein Albtraum sein muss: Für welches meiner Kinder entscheide ich mich?

***

In der Geschichte, die ich hier erzähle, heißt der Sohn Dimi. Er ist mit Aliyah, der Tochter der kurdischen Familie Özgan, auf der Flucht. Inzwischen schon seit mehreren Jahren. Ihm drohte die Rache der Sippe, ihr die Zwangsverheiratung, nachdem ihre Liebe zu dem jungen Griechen sich herumgesprochen hatte. Die beiden sind immer noch zusammen.

Es ist keine Geschichte, die ich mir ausgedacht habe, sie ist hier passiert, mitten unter uns, in Deutschland. Aliyah wollte, dass ihre Geschichte aufgeschrieben wird. Sie wollte weder die Bevormundung der Familie noch das Doppelleben länger hinnehmen, die Lügen, das Verbot ihrer Liebe zu Dimi. »Es gibt so viele Mädchen und Frauen, die, wie ich, keine Freiheiten haben. Nur sehr wenige trauen sich zu gehen. Das muss sich ändern!«, sagte sie mir. Ich habe – bis auf wenige Ausnahmen – die Namen der betroffenen Personen geändert, sie zuweilen an andere Orte geschickt, leichte Veränderungen vorgenommen. Das ist erforderlich, wenn man sie schützen will.

Die Eltern des jungen Mannes sind Maria und Nicos Samos, ein griechisches Ehepaar, das seit Jahrzehnten in Berlin lebt. Gelebt hat, müsste es genauer heißen. Sie leben jetzt in einer ihnen fremden Stadt. Ihre Hoffnungen, irgendwann würde die verbotene Liebe zwischen Aliyah und Dimi von den Özgans akzeptiert werden und die Drangsalierungen würden endlich aufhören, denen insbesondere Maria ausgesetzt war, haben sich nicht erfüllt. Die Familie Özgan hat nicht aufgegeben. Die Familie Samos musste alles aufgeben, den Job, den Wohnort, die Heimat. Maria hat bis heute keinen neuen Arbeitsplatz gefunden, und Nicos, der gelernter Koch ist, arbeitet jetzt für eine Security-Firma mit einem so geringen Gehalt, dass er zu den »Aufstockern« des Jobcenters zählt. Er findet das entwürdigend. Ihre Tochter ist zornig auf die beiden Liebenden, weil deren Verhältnis der Anstoß dazu war, dass die Familie Samos jetzt, auseinandergerissen, an verschiedenen Orten dieser Republik lebt.

Und Aliyah und Dimi? Die beiden haben harte Jahre hinter sich. Und harte Jahre vor sich. Nach Aliyahs Flucht aus ihrem Zuhause waren sie eine lange Zeit getrennt, Dimi durfte nicht einmal wissen, wo Aliyah sich aufhielt. Es wäre zu gefährlich gewesen für viele Beteiligte – für Aliyah selbst, aber auch für die Menschen, die ihr geholfen haben, die ihr Unterschlupf gewährten, die sie betreuten. Diese Zeit des Wartens, die ihre Beziehung auf eine harte Probe gestellt hat, ist vorbei. Die beiden sind vereint. Endlich. Bis vor kurzem hatten sie auch eine kleine Wohnung irgendwo in Deutschland, einen Job (Dimi), einen Ausbildungsplatz (Aliyah). Im Vergleich zu allem, was vorher gewesen war, erlebten sie einige ruhige Monate. Relativ zumindest. Das ist vorbei. Sie packen wieder. Es ist Aliyahs Familie gelungen, den Wohnort der beiden herauszufinden. Ein Fehler der Ämter, der Staatsanwaltschaft. Er hätte nicht passieren dürfen. Niemand hätte die geheime Adresse der beiden herausgeben dürfen. Die Polizei hatte eindeutige Anweisung gegeben. Sie wollte Dimi schützen. Es hat nichts geholfen.

Nur die wenigsten »verbotenen« Beziehungen zwischen muslimischen Mädchen und nichtmuslimischen Jungen halten die Gefahren, die Anspannung, die langen Trennungszeiten aus, denen Aliyah und Dimi ausgesetzt waren. Sie haben nie erleben dürfen, was verliebte Teenager gemeinhin machen: gemeinsam jede freie Stunde verbringen, ins Kino gehen, mit Freunden abhängen, sich küssen und sich auf eine Weise lieben, bei der sie an nichts anderes, an niemanden sonst, nur an sich selbst denken. Sie mussten sich heimlich treffen, an immer wechselnden Orten, auf die Uhr schauen, damit Aliyah rechtzeitig zu Hause war, und ständig ihrer Furcht vor Entdeckung Herr werden. Es war keine leichte Teenagerliebe, ihr haftete von Anfang an, ob sie es wollten oder nicht, eine existentielle Entscheidung an – Gehorsam gegenüber der Familie oder Hochverrat an den Geboten der Sippschaft, Unterwerfung oder Selbstbestimmung, Leben oder Tod. Vielleicht hätte sich Shakespeare bei seinem Drama über die verbotene Liebe zwischen Romeo und Julia heute nicht mehr für die italienische Stadt Verona, sondern für Berlin-Neukölln, Essen-Karternberg, Köln-Mülheim oder Bückeburg entschieden. Denn überall hier – und anderswo – gibt es Familien, die festhalten an einer archaischen Kultur, die die Leibeigenschaft noch nicht überwunden hat.

* * *

Liebe ist seit Menschengedenken das Zaubermittel, mit dem manchmal die Grenzen zwischen verschiedenen Kulturen, Sprachen, Weltanschauungen und Religionen überschritten oder außer Kraft gesetzt werden können. Wer liebt, dem sind Konventionen und Sanktionen egal. Liebe bricht mit Traditionen und Regeln und lässt Neues entstehen. Einem jungen Mann ist möglicherweise jahrelang von seiner Mutter eingetrichtert worden, dass deutsche Frauen nichts taugen, weil sie

»zu frei« sind – wenn er sich dann aber trotzdem heftig in eine solche Frau verliebt, sind die Worte der Mutter vergessen. Wer sich die Heiratsstatistiken im Einwanderungsland Deutschland anschaut, wird feststellen, dass immer mehr Türken und Deutsche einander heiraten – ein erfreulicher Trend, der für wachsende Integration spricht. Der zweite Blick allerdings relativiert diese Freude: Es sind immer mehr deutsche Frauen und türkische Männer, die einander heiraten. Warum gibt es nicht auch immer mehr muslimische Frauen – Araberinnen, Bosnierinnen, Türkinnen, Albanierinnen etc. –, die nichtmuslimische Männer heiraten?

Muslimische Töchter haben es schwerer als ihre Brüder oder Cousins, eine solche bikulturelle Ehe gegen den Willen ihrer Familien durchzusetzen. Denn Frauen gelten als Besitz der Familie, ihre Jungfräulichkeit ist Allgemeingut, das jeder bewachen darf, es steht für die Ehre einer Sippe. Es ist vor allem dieses konservativ-muslimische Frauenbild, das Frauen den Männern unterordnet und ihren Körper dermaßen sexualisiert, dass nur noch züchtige Kleidung, ein keusches Kopftuch, ein stark eingeschränkter Bewegungsradius, ein gesenkter Blick und ständige Kontrolle sie angeblich davor bewahren können, an der nächsten Ecke vom erstbesten Mann flachgelegt zu werden – es ist ein zerstörerisches, krankes Frauenbild.

Obwohl wir wissen, dass es für viele Jungen und Mädchen Gebot ist, nach diesem Geschlechterverständnis zu leben, bei dem nicht sie selbst, sondern der Vater, die Mutter bestimmen, wer wen heiratet, hat die Politik bis heute nichts dagegen unternommen. Es gibt kein flächendeckendes Angebot an Schulen, das Kinder darüber aufklärt, dass ihr Körper nur ihnen gehört und sie, nur sie allein, entscheiden dürfen, wen sie als Erwachsene lieben. Es gibt in der Ausbildung von Pädagogen und Lehrern, von Ärzten und Polizisten bis heute keine verpflichtenden Lehrangebote, die darüber aufklären, was sie tun können, wenn sie auf Menschen treffen, die ihre Töchter oder Schwestern lieber tot als in einem selbstbestimmten Leben sehen. Es gibt keine unter staatlichem Schutz stehende Zuflucht für einen jungen Mann, der es gewagt hat, eine Beziehung einzugehen, die ihn sein Leben kosten kann. Wie Karzan, von dem ich in diesem Buch berichte. Niemand fühlt sich politisch verantwortlich, wenn eine junge Frau, die mir unter ihrem neuen Namen, »Nora«, die Odyssee ihres Lebens erzählt, von ihrer Familie in die Türkei verschleppt und dort verheiratet wird. Nora ist nur ein Beispiel. Was sie erlebt hat, widerfährt auch jungen Frauen aus pakistanischen, irakischen, libanesischen oder anderen Familien.

Wer ihnen hilft und mit seinem Namen dazu steht, dass er gegen die Menschenrechtsverletzungen etwas tut, die an muslimischen Mädchen und Frauen begangen werden, so wie die mutigen Frauen der Mädchenzuflucht »Papatya« oder wie Fatma Bläser mit ihrem Verein »Hennamond«, macht sich Feinde. Da klingt es nicht nur in meinen Ohren wie Hohn, wenn sogenannte Migrationsexperten und Ethno-Wissenschaftler zu diesem Problem nur das immer wiederholte Mantra herunterbeten: Wir müssen auch solchen Eltern die Hand reichen, miteinander reden, vielleicht einen Imam bitten, ihnen zu erklären, dass der Prophet Mohammed keine Frauen schlug und Zwangsehen vom Islam geächtet werden – als dürften Menschenrechte durch Regeln und Gebote des Islam ersetzt werden. Auch die Hoffnung, muslimische Verbandsvertreter würden sich irgendwann für das Recht auf sexuelle Selbstbestimmung von Frauen starkmachen, ist so weltfremd wie die Vorstellung, dass ein Zuhälter gegen Prostitution auf die Straße geht.

Und damit sind wir bei dem harten Kern der Frage, warum

ein immer noch zu großer Anteil der muslimischen Männerwelt an der Bevormundung der Frauen festhält: It`s all about Sex – wer die Sexualität von Frauen kontrolliert, kann verfügen und bestimmen. Es sind männliche Machtphantasien, die ohne ein weibliches Objekt in sich zusammenfallen würden. Ob Zwangsheirat, Kopftuch oder Ehrenmord – immer geht es dabei nur um eins: den Frauen das Recht auf eine selbstbestimmte Sexualität zu nehmen. Dass das möglich ist, dafür tragen wir anderen Mitverantwortung.

* * *

Wenn ein krasser Fall von Gewalt bekannt wird – ein Bruder seine Schwester, ein Mann seine Frau im Namen der Ehre ermordet hat –, flammt für kurze Zeit eine öffentliche Debatte darüber auf, und dann kehrt wieder Ruhe ein, so als würden die kulturell und religiös begründeten Zwänge und Verbote das Leben der Kinder aus vielen konservativen muslimischen Familien nicht auch ohne mörderische Exzesse prägen. Die täglichen Menschenrechtsverletzungen, die sie erleiden, werden, außer von einigen wenigen engagierten Journalisten und Aktivisten, nicht thematisiert. Denn wer das macht, gerät in Verdacht, rechte Klischees zu bedienen. Doch Probleme entstehen nicht dadurch, dass man über sie spricht; sie wachsen, wenn man sie totzuschweigen versucht. Sie verfestigen sich, werden veränderungsresistenter, wenn man die Religion und Tradition, die Wertvorstellungen und Rollenbilder konservativer Muslime mit Kritik verschont und diese behandelt, als seien sie weniger belastbar und einer Auseinandersetzung gar nicht gewachsen. Stattdessen beugt man sich lieber den Forderungen oder Vorwürfen selbsternannter muslimischer Verbandsvertreter und selbstgefälliger Migrantenvereine. Doch je mehr man Einwanderer unter Naturschutz stellt, desto mehr bestärkt man ihr Festhalten an überholten Werten ihrer Herkunftskultur und damit ihre Abneigung gegen eine freie Gesellschaft, die sie nicht kennen, die ihnen fremd ist, die sie verunsichert.

Der Integration dient man damit jedenfalls nicht. Im Gegenteil. Man leistet einer Entwicklung Vorschub, wie wir sie seit Beginn der 1990er Jahre in den Vierteln mit einer hohen muslimischen Einwandererquote beobachten können: Allen im Viertel werden frauenfeindliche Moralvorstellungen und veraltete Rollenbilder aufgezwungen, in denen die Gesetze Allahs einen größeren Stellenwert haben als unsere Grundrechte.

Die Leidtragenden sind vor allem die weniger konservativen, weniger religiösen, die aufgeklärten, liberalen und integrationswilligen Familien. Ihre Töchter werden gemobbt, wenn sie sich den sogenannten Keuschheitsgeboten nicht fügen, ihre Söhne verprügelt, weil sie keine »Ehre« haben, wenn sie ihre Schwestern nicht daran hindern. Die Eltern von Hülya, die ihrer Tochter die Freiheiten des Lebens in einer modernen Gesellschaft ermöglichen wollten, sahen das Mädchen einem Rufmord ausgesetzt, der ihnen schließlich keinen anderen Ausweg ließ, als das Viertel zu verlassen. Hülyas Geschichte nahm einen glimpflichen Ausgang, weil ihre Eltern zu ihr hielten. Cigdem, von der ich hier ebenfalls erzähle, hat nicht so viel Glück gehabt.

Als meine Eltern vor fünfzig Jahren nach Deutschland kamen, waren die Menschenrechte, *insan haklari* auf Türkisch, die es in ihrer alten Heimat nicht gab, für sie das größte Versprechen dieses Landes, der Kern all ihrer Hoffnungen. »Insan haklari«, das sagt meine Mutter heute noch, wenn sie uns Kinder daran erinnern will, wie kostbar dieses Gut der Freiheit ist, für das wir dankbar sein sollten. Es kann und darf nicht sein, dass nur jene darum wissen, die einst anderes erfahren haben.

Aliyah ist bereit, für dieses Recht, für dieses Freiheitsversprechen zu kämpfen. Doch Menschen wie sie müssen sich verstecken, sie haben in der Öffentlichkeit keine Stimme. Das macht es allzu leicht, die Verantwortung für sie gar nicht wahrzunehmen, zu verdrängen und sie ihrem Schicksal einfach zu überlassen. »Das muss sich ändern!«, hat Aliyah gesagt. Ob das tatsächlich geschieht, hängt auch von uns ab, den anderen, die die Vorzüge einer freien Gesellschaft nutzen können. Wir alle stehen in der Pflicht, die Werte und Rechte einer freien Gesellschaft zu verteidigen, immer und überall. Freiheit lebt davon.

Berlin im März 2014

»Es gibt so viele Frauen, die wie ich keine Freiheiten haben. Das muss sich ändern!«

Aliyah

Ein Anruf aus der Dönerbude

Es war ein letzter Notruf, den sie auf der Damentoilette einer Imbissbude von ihrem Handy absetzen konnte. »Sie haben mich!«, hatte Aliyah ihrem Freund Dimi durch ihr Handy völlig gehetzt zugeflüstert. »Ich bin auf dem Klo, sie werden mich mitnehmen! Vielleicht kann ich sie überreden, dass ich im Frauenhaus noch meine Sachen holen darf! Bitte helft mir!« Dann brach das Gespräch ab.

Auch mich hatte sie zu erreichen versucht. Sie hatte mich nur knapp verpasst. Ich hatte meinen kleinen Sohn versorgt und in dieser Zeit mein Handy ausgeschaltet, dieser Teil des Tages gehörte ihm. Drei Anrufe in Abwesenheit registrierte ich, alle von Aliyah, ihre Nummer hatte ich sofort erkannt. Der letzte war vor einer Minute gekommen. Als ich zurückrief, ging niemand ran.

Das Handy war ihr letzter Strohhalm. Seit sie es besaß, hatte sie es in ihrem BH versteckt. Viele muslimische Mädchen aus strengen Familien machen es so – sie haben ein Handy, um ständig für die Eltern erreichbar zu sein, und eins, von dem niemand wissen darf. Wie sonst sollen sie sich mit Jungen verabreden, mit Freundinnen kommunizieren, an den sozialen Netzwerken teilhaben, wenn doch alles verboten oder streng kontrolliert wird? Es ist ihre geheime Verbindung zur Außenwelt, immer dann, wenn sie das Haus nicht verlassen dürfen oder Stunden stumpfsinnig vor dem Fernseher verbringen müssen.

Ich kann mich noch gut an den Tag in der Küche eines Jugendclubs erinnern, als Aliyah ihr Handy aus ihrem BH zog, um meine Nummer abzuspeichern. Ich fragte sie damals, warum sie sich nicht eine von diesen schicken kleinen Handytaschen besorgte. »Du hast vielleicht Vorstellungen!«, spottete sie über meine Naivität: »Du müsstest es doch eigentlich besser wissen! Warum glaubst du wohl, dass jemand wie ich ein Handy versteckt? Schließlich hast du doch von Mariams Leben in deinem Buch *Arabqueen* erzählt! Denkst du, bei mir zu Hause ist es anders?« Dass sie viel gelernt hatte aus der Geschichte meiner Titelheldin Mariam, die schließlich vor der Familie geflüchtet war, erfuhr ich später von Aliyah.

Auch Aliyah war auf der Flucht. Seit Wochen schon. Und inzwischen in einer ihr ganz fremden Stadt in Norddeutschland. Selbst jetzt, da sie doch nicht mehr unter Beobachtung ihrer Familie stand, hielt sie ihr Handy noch verborgen. Gewohnheiten lassen sich eben nicht einfach ablegen. Und das war in diesem Fall ein Glück – wer weiß, wie sonst alles ausgegangen wäre.

Aliyahs Vater Murat hatte alle Hebel in Bewegung gesetzt, um sie zu finden, hatte gemeinsam mit ihrem Bruder das Zimmer, das sie sich mit ihrer Schwester Gül teilte, auf den Kopf gestellt, Schränke und Schubladen ausgeräumt, jeden Fetzen Papier in die Hand genommen, jeden alten Kassenbon akribisch überprüft. Wie ein Polizist hatte er sich bei ihren ehemaligen Mitschülern und ihren Freundinnen aus der Nachbarschaft durchgefragt, um irgendeinen Anhaltspunkt für ihren jetzigen Aufenthaltsort zu finden. Stundenlang war er mit seinem Sohn die ganze Stadt abgefahren, weil er glaubte, Gott würde ihm, dem ehrfürchtigen Muslim, der kein Gebet versäumte, den rechten Weg zu seiner entflohenen Tochter weisen. Am Ende war es nicht Gott, sondern Aliyah selbst, die ihm, ohne es zu ahnen, den entscheidenden Hinweis gab – oder vielmehr die Mitarbeiterin eines Elektronikfachhandels.

Von ihrem letzten Geld hatte Aliyah sich dort einen kleinen Laptop mit Internetverbindung gekauft. Ich war es, die ihr dazu geraten hatte, einen mobilen Computer bei sich zu haben, den sie problemlos transportieren konnte und der ihr ermöglichen würde, auch weiterhin mit den Menschen in Kontakt zu bleiben, die ihr bei der Flucht geholfen hatten. Es war ein Fehler gewesen. Denn die Verkäuferin hatte einfach nicht zugehört, als Aliyah sie eindringlich darauf hinwies, dass ihre persönlichen Daten, die sie für den Internet-Stick angab, auf keinen Fall in andere Hände geraten dürften. Aber genau das war passiert. Mit einem Briefkopf, in dem der Name der neuen Stadt stand, landete kurz darauf die Post ihres Internetanbieters bei ihrer Familie im Briefkasten. Danach war es für Vater und Onkel nur noch eine Frage der Geduld, bis sie Aliyah fanden.

* * *

Ahnungslos saß sie auf einer Bank in der Innenstadt von Bremen, ließ sich den Wind durch die Haare wehen und war stolz auf ihre ersten eigenen Schritte in ein neues Leben. Es sollte ein Leben werden, so wie sie es sich vorstellte. Ein Leben, das ihr die Freiheit gab, selbst zu entscheiden, ob sie an diesem sonnigen Samstag durch Geschäfte schlendern oder einfach nur auf dieser Bank sitzen bleiben und die Stunden an sich vorbeiziehen lassen sollte, ohne irgendetwas zu tun. In wenigen Tagen würde sie das türkisfarbene kurze Sommerkleid anziehen können, das sie heimlich vor ihrer Flucht gekauft hatte. Allein diese Aussicht gab ihr schon das euphorische Gefühl, gleich vom Boden abzuheben. Und während sie noch so verträumt dasaß, spürte sie plötzlich eine kräftige Hand, die sie an der Schulter packte, eine Hand, deren Griff ihr nur zu bekannt vorkam. Es war ihr Vater, der sie aus ihren Träumereien riss. Er fiel ihr weinend um den Hals, einen Tränenstrom vergießend, fast so, als gelte es, sich nun für immer voneinander zu trennen.

Aliyah war starr vor Schreck. Ihr Hirn weigerte sich, die Botschaft zu begreifen: Sie hatten sie tatsächlich gefunden! Sie bemerkte kaum, dass inzwischen auch Nidal, der Bruder des Vaters, auf der Bank neben ihr Platz genommen hatte. »Was hast du uns für Kummer bereitet! Deine Mutter ist fast vor Sorge umgekommen! Wir haben dich alle so vermisst! Du bist doch mein liebstes Kind«, schluchzte Murat in ihr Ohr. Ihr Onkel blieb stumm. Erst nach einiger Zeit meinte er: »Du hast nichts zu befürchten. Natürlich hast du einen Fehler gemacht. Einen großen Fehler sogar. Aber das passiert eben manchmal. Nicht nur dir.« Aliyah ahnte, was hinter seinen Worten steckte.

Vermutlich hatten sie inzwischen herausgefunden, dass sie sich trotz des Verbots auch weiterhin mit Dimi, ihrem Liebsten, getroffen hatte. Es dauerte einige Sekunden, bis ihr schlagartig klar wurde, dass es deshalb für sie jetzt um ALLES ging. Die Beschwichtigungen der beiden Männer beruhigten sie keineswegs, im Gegenteil, sie machten ihr Angst. Tausend Fragen stürzten auf sie ein: Was hatten sie vor? Würden sie sie zurück zur Mutter und zu ihren Geschwistern bringen? Oder gleich mit ihr in die Türkei fahren, ins Heimatdorf der Eltern, um sie dort zu verheiraten? Und so die Schande, die befleckte Ehre, von der Familie nehmen? Die Mutter hatte ihr damit schon vor der Flucht gedroht. Hinterher würde man dann Verwandten und Bekannten in Deutschland weismachen, dass die Tochter in die »Heimat« gefahren war, um dort ihren Cousin zu heiraten und für immer da zu bleiben. Aliyah kannte die

Geschichte eines anderen in die Türkei verschleppten Mädchens, das von zu Hause abgehauen, aber von Bekannten der Familie wieder aufgespürt worden war. Die Worte ihres Onkels waren eine Anspielung auf diesen Fall.

Wahrscheinlich hatte es sich längst bis ins anatolische Dorf herumgesprochen, dass auch sie, Aliyah, seit Wochen nicht mehr zu Hause gewesen war, eine Verheiratung dürfte jetzt gar nicht mehr so leicht zu arrangieren sein. Wenn die eigene Tochter abhaut und niemand weiß, wo sie ist, dann steht der Verdacht im Raum, sie könnte ihre Jungfräulichkeit in der Zeit der Abwesenheit verloren haben. Es war das Schlimmste, was einem Mädchen passieren konnte – alle Ängste von Vater, Onkel und Brüdern konzentrierten sich am Ende auf diesen einen Punkt. Und was würde dann geschehen? Würde man ihr verzeihen, wie ihr Onkel beteuerte? Oder würde man zum letzten Mittel greifen, so wie damals, als die heimliche Beziehung ihrer Cousine zu einem Studienfreund aufflog und ein Familienrat im Haus von Aliyahs Eltern zusammenkam, um über das Schicksal der »Ehrlosen« zu entscheiden?

* * *

Nur zu gut konnte Aliyah sich an jenen Abend im Winter vor einigen Jahren erinnern, als sie und ihre Schwester vom Einkauf kamen und ahnungslos das Haus betraten. Die schweren Lidl-Tüten hatten ihre Finger in der Kälte abgeklemmt, sodass sie vor Taubheit kaum den Schlüssel im Türschloss drehen konnte. Die vielen Schuhe am Eingang waren ihr gleich verdächtig vorgekommen, dabei hatte Gül noch gescherzt: »Guck mal, die ganze Sippe ist da, bestimmt will schon wieder einer um deine Hand anhalten!« Als Aliyah dann die Tür zum Wohnzimmer öffnete und ein Windzug aus der Küche die offenen Fenster schlagen ließ, schauten für einen Moment die Augenpaare von zwölf Männern auf sie, voller Gram und Hass, als sei sie schuld, dass ihre Cousine Iman jetzt als stadtbekannte Schlampe galt. Dabei hatte Aliyah bis zu diesem Tag nichts von den Facebook-Fotos gewusst, die offensichtlich irgendjemand mit dem Handy gemacht und anschließend ins Netz gestellt hatte. Sie zeigten Iman in eindeutiger Pose mit ihrem damaligen Freund – ein Kopftuchmädchen, das schamlos mit einem Typen schmuste und dabei lasziv in die Kamera lächelte.

Eine beklemmende Atmosphäre herrschte im Wohnzimmer. Ein stummer Blick ihres Vaters genügte, um Aliyah wissen zu lassen, dass sie sofort den Raum zu verlassen hatte. Onkel, Cousins, ihr Vater und ihr Bruder hatten offensichtlich etwas Furchtbares zu verhandeln – es war bestimmt keine Zusammenkunft, bei der um ihre Hand angehalten werden sollte. In der Küche hörte sie ihre Mutter bereits mit Gül über Iman tuscheln, »die Ehrlose«, wie die Mutter sie nannte. Dabei hatte Iman erst vor kurzem ein Einser-Abitur gemacht und als Erste der gesamten Sippe die Zulassung zu einem Medizinstudium erhalten. Sie galt als die Vorzeigetochter mit guten Manieren und einer Auszeichnung vom Innenminister für ihr demokratisches Engagement, nachdem sie ein Projekt zum Thema Antisemitismus unter muslimischen Jugendlichen ins Leben gerufen hatte.

Es wurde eine lange Verhandlungsnacht. Iman sollte in die alte Heimat gebracht und getötet werden, so wollte es die Mehrheit der Männer, die an jenem Abend im Wohnzimmer saßen. Am Ende war es Aliyahs Vater, der seiner Nichte das Leben rettete. Das Urteil seiner aufgebrachten männlichen Verwandten war ihm unheimlich. Aber alle seine Bemühungen, mit ihnen zu einer gütlichen Einigung zu kommen, waren vergeblich. Selbst seine Frau fiel ihm in den Rücken. Sie erwies sich, als sie von dem Ergebnis des Männerrats erfuhr, sogar als heftigste Scharfmacherin. »Sie hat es nicht anders verdient«, fauchte sie ihren Ehemann an, als sie seine Zweifel spürte. Wie sollte er sich da noch offen gegen das Urteil stellen, ohne sich den Ruf einzuhandeln, ein Mann ohne Ehre zu sein? Das Prinzip Großfamilie regierte. Der Einzelne zählte nicht, nur der Kitt, der die kurdische Sippe zusammenhielt.

Dass er bei seiner Frau Mevlude keine Unterstützung finden würde, hätte Murat ahnen müssen. Viele im Viertel wussten, dass ihr Onkel Jahre zuvor seine eigene Tochter ermorden, vom eigenen Bruder erdrosseln ließ – nicht etwa in irgendeiner kurdischen Provinz, sondern mitten in Deutschland. Mevludes Cousine hatte sich in einen Mann verliebt, der zwar Moslem, aber eben nicht aus der Verwandtschaft oder aus dem Dorf der Eltern war. Die Familie wollte sie mit einem anderen Mann verheiraten, wogegen sich die junge Frau mit aller Macht wehrte, ja sich sogar von ihrem Freund schwängern ließ, weil sie hoffte, ihn dann heiraten zu dürfen. Dabei war das ihr Todesurteil. Als Aliyah, nachdem sie von der Geschichte gehört hatte, ihre Mutter darauf ansprach, sagte die schon damals: »Sie hat es nicht anders verdient – geht und treibt sich mit einem Mann herum, so eine Schande!«

Einen Tag nach der Sitzung des Männerrates war Murat, gequält von Gewissensbissen, vielleicht auch aus Angst vor einer Strafverfolgung, trotz des Votums seiner Verwandten zur Polizei gegangen, um gemeinsam mit den Beamten nach einer Lösung zu suchen. Aliyah erfuhr davon erst später von einem Polizisten, als sie selbst schon auf der Flucht und auf die Hilfe der Polizei angewiesen war. Sie war beeindruckt von dem Mut, mit dem ihr Vater sich dem Todesurteil entgegengestellt hatte, das die Männer in seinem Wohnzimmer über Iman gesprochen hatten. Iman wurde, noch bevor andere ihrer habhaft werden konnten, mit Hilfe der Polizei und des Jugendamtes zu einer Tante in die Türkei gebracht, wo sie so lange untertauchen sollte, bis ein wenig Gras über die Sache gewachsen war.

Das jedenfalls glaubte die Polizei. Tatsächlich aber musste Iman bald darauf einen Cousin heiraten, der dumm und hässlich war – das war der Preis, den sie für eine Schmuserei vor der Kamera zu zahlen hatte. Doch sie konnte froh sein, dass es überhaupt noch einen gab, der bereit war, sie zu ehelichen, der Aufenthaltsstatus in Deutschland, der dem Bräutigam winkte, überzeugte schließlich, denn Iman war deutsche Staatsbürgerin. Ihr Studium durfte sie natürlich nicht fortsetzen. Dabei hatte es Monate mühsamer Überzeugungsarbeit gekostet, ihre Eltern zu überreden, dass sie die Universität besuchen durfte. Alles umsonst. Inzwischen lebt sie zurückgezogen mit Mann und Kind in Hamburg – eine junge, begabte Frau, die dazu verdammt ist, ein unglückliches Hausfrauendasein zu führen.

Aliyahs Mutter verflucht sie immer noch. Sie und ihre Nachbarinnen hocken täglich wie böse Hexen zusammen, um sich ihrer Lieblingsbeschäftigung hinzugeben – Tratschen und üble Nachrede. Sie tauschen sich gern darüber aus, wer sich wieder einmal unmoralisch benommen hat, und dafür reicht es schon, wenn ein Mädchen ein zu knappes T-Shirt trägt oder mit einem Jungen zusammen gesehen wird.

* * *

Zum Glück ist meine Mutter heute nicht dabei, tröstete sich Aliyah in dem kurzen Moment der Stille, als ihr Vater und ihr Onkel, einer rechts, einer links von ihr, in Bremen erschöpft auf der Bank saßen. Auch wenn sie sich kaum vorstellen konnte, dass Mevlude auch ihr, der eigenen Tochter, den Tod wünschen würde, so fürchtete sie doch, dass von der Mutter kein Verständnis zu erwarten war. Denn Mevlude wäre fortan nicht mehr die Mutter von zwei schönen keuschen und gehorsamen Töchtern, die als begehrte Heiratskandidatinnen galten und ihr Ansehen mehrten, sondern die Mutter einer »Hure«. Mit dem Ruf der Tochter war auch Mevludes Ruf ruiniert. Die Nachbarinnen würden sich genüsslich auf diese aufregende Nachricht stürzen, zumal Mevlude bisher so gern mit dem Finger auf andere Mädchen gezeigt und deren Eltern ihre ganze Verachtung hatte spüren lassen. Und nun widerfuhr ihr Gleiches – das hätte sie sich nicht in ihren schlimmsten Träumen ausgemalt.

Wäre sie jetzt hier, hätte sie mich wohl als Erstes bei den Haaren gepackt, dachte Aliyah, über die Straße geschleift und hysterisch kreischend geschimpft: »Wo ist dein Kopftuch?« Schon meine offenen Haare hätte sie als Provokation begriffen, als schamlose Aufforderung an die Männer: Nehmt mich! An ihrer Mutter war ein kurdischer Mann verloren gegangen, so derb waren ihre Flüche und so hart ihr Auftreten, wenn es darum ging, die Ehre der Familie zu verteidigen.

Ihr Vater war anders. Der Fall Iman hatte es gezeigt. Und trotzdem, fragte sich Aliyah, konnte sie ihm deswegen schon trauen? Bei Imans Fehltritt war es schließlich nicht um die eigene Tochter gegangen. Zwar war er auch als Onkel verpflichtet, die Ehre seiner Nichte wie die aller blutsverwandten Frauen zu verteidigen – aber wenn es um die eigene Tochter ging, war das Problem schwerwiegender: Ihm selbst würde vorgeworfen werden, dass sie nicht gehorchte. Er und seine Frau hatten versagt. Wäre Aliyah zu einer Tante, einer Cousine, dem Onkel oder einem anderen nahen Verwandten geflohen, hätte man sie wahrscheinlich mit einer Tracht Prügel bestraft, aber ihre Flucht hätte nicht den Verlust der Ehre bedeutet. Deshalb war Aliyahs Vater auch so bemüht gewesen, seine Tochter möglichst schnell nach ihrem Verschwinden wieder ausfindig zu machen. Nur dann war es noch möglich, die ganze Sache mit einer erfundenen Geschichte zu vertuschen. Doch Aliyah war nun schon seit zwei Monaten weg von zu Hause, es würde schwer werden, dafür vor Verwandten und Bekannten eine plausible Erklärung zu erfinden. Ihre Flucht war garantiert längst Thema von hämischen Tuscheleien und ihre verlorene Ehre vermutlich inzwischen offiziell. Und das bedeutete: Welche Entscheidung ihr Vater auch treffen mochte, er würde den Familienrat hinzuziehen.

»Ich weiß«, flüsterte ihr Vater jetzt, »dass du diesen Jungen liebst. Ich hab davon gehört. Warum hast du nicht mit uns darüber geredet? Dann wird er eben Moslem, ihr heiratet, und alles wird gut!« Aliyah stand immer noch unter Schock, der Kummer des Vaters ließ sie nicht kalt. Für einen kurzen Moment keimte Hoffnung in ihr auf, und wieder lagen Murat und sie sich tränenüberströmt in den Armen, während der Onkel ungeduldig aufsprang und auf und ab lief, ohne Vater und Tochter auch nur eine Sekunde aus den Augen zu lassen.

»Aber ich habe doch versucht, mit Mama darüber zu sprechen, ich hab ihr doch gesagt, er ist bereit, Moslem zu werden, er trinkt nicht, er raucht nicht, er ist ein guter Junge! Und trotzdem hat sie …« Aliyah stockte. Sie spürte, wie sich der Körper ihres Vaters versteifte, und als sie ihn ansah, registrierte sie, dass sich seine Augen verdunkelt hatten. Aliyah merkte, dass sie gerade einen großen Fehler begangen hatte. Bisher war es für ihren Vater nur reine Spekulation gewesen, dass ihre Flucht mit einer Liebesgeschichte zu tun hatte. Es gab schließlich nur Gerüchte. Außer Jusuf, der sie und Dimi in der Anfangszeit einmal auf der Parkbank erwischt hatte, konnte niemand von ihren geheimen Treffen mit Dimi wissen. Sie hatten doch so aufgepasst! Von der Auseinandersetzung, die Aliyah mit ihrer Mutter Dimis wegen schon gehabt hatte, wusste Murat nichts. Mevlude hatte ihm nichts davon erzählt, denn er hätte ihr vorgeworfen, sie kümmere sich nicht genug um die Mädchen und habe damit Mitschuld an der Schande auf sich geladen. Vermutlich hatten doch irgendwelche Nachbarn herumgetratscht, schließlich wusste ja auch Jusufs Mutter von der Angelegenheit. Und nun hatte Aliyah durch ihre unbedachten Worte auch noch selbst bestätigt, dass Dimi der Anlass für ihre Flucht war.

Schlagartig hörte ihr Vater auf zu weinen und wurde ganz nüchtern. »Wir können über alles reden«, sagte er mit harter, metallischer Stimme. »Und du kannst mir deinen Freund ja einmal vorstellen. Wenn er ein guter Junge ist, wie du sagst, dann haben wir kein Problem mit ihm.«

Das Wort PROBLEM setzte sich in Aliyahs Kopf fest. Denn nun hatte *sie* ein großes Problem. Sie hatte Dimi ins offene Messer laufen lassen – der Ahnungslose, der immer noch gut auffindbar für jeden, der ihm nach dem Leben trachtete, bei seinen Eltern in der Wohnung saß und täglich auf ein neues Lebenszeichen seiner untergetauchten Freundin wartete.

Hochzeitspläne und ein Todesfall

Aliyah wusste nur zu gut, dass ein Liebesverhältnis mit einem Nichtmuslim für die Beteiligten ein lebensgefährliches Problem werden konnte. Da gab es nicht nur die düstere Geschichte in Mevludes Familie. Ich hatte ihr von einem Fall erzählt, der sich – von meiner Mutter aus nächster Nähe miterlebt – in meiner Kindheit in Neukölln zugetragen hatte. Eine junge Türkin, Tuba, hatte ein Liebesverhältnis mit Philipp, einem Deutschen. Die beiden waren im selben Viertel aufgewachsen, waren auf dieselbe Schule gegangen und hatten sich ineinander verliebt. Die Beziehung hielt schon lange, obwohl sie vor Tubas Eltern geheim gehalten werden musste. Die Freunde der beiden verschafften ihnen in Notsituationen immer wieder Alibis.

Es hätte noch lange so weitergehen können, doch dann wurde Tuba schwanger. Die Zwillinge, die sie im Bauch trug, wollte sie unter keinen Umständen abtreiben, sondern ihre Beziehung endlich offiziell machen und ihren Traummann heiraten. Tuba floh von zu Hause und versteckte sich bei Freunden. Von ihren Geschwistern, einer jüngeren Schwester und einem jüngeren Bruder, hatte sie nicht viel zu befürchten, es waren ihre streng sunnitischen Eltern, die sich nicht damit abfinden konnten, dass ihre Tochter selbst über ihren weiteren Lebensweg bestimmen wollte.

Tuba führte – wie Aliyah – lange ein Doppelleben. Auch sie frisierte, wie viele muslimische Mädchen, ihren Stundenplan so, dass es den Eltern nicht auffiel, wenn sie ab und zu eine Stunde länger wegblieb. Wenige Tage nach ihrer Flucht rief sie zum ersten Mal wieder zu Hause an. Ihre Mutter bat sie unter Tränen, wieder nach Hause zu kommen. Auch der Vater zeigte am Telefon Verständnis für die Situation, in der Tuba war. Er versprach, mit ihr und Philipp gemeinsam die Hochzeit zu planen, damit auch der Rest der Verwandtschaft endlich Ruhe gab.

Erleichtert kehrte Tuba zurück zu ihrer Familie. Philipp stellte sich ihren Eltern vor und akzeptierte deren Bedingung, dass er zum Islam konvertieren müsse. Dann fanden Hochzeitsvorbereitungen statt. Weil der größte Teil der türkischen Verwandtschaft in Istanbul lebte, sollten die religiöse Eheschließung vor dem Imam und auch die anschließende Feier dort stattfinden. Ihr Vater reiste in die Türkei, um alles zu organisieren, das Paar wollte später nachkommen. Tuba und Philipp waren überglücklich und erzählten allen von den Plänen. Der Bräutigam hob seine gesamten Ersparnisse vom Konto ab, um seiner Liebsten den Goldschmuck zu kaufen, den sie am Tag der Hochzeit tragen sollte – so wie es die Tradition seit Jahrhunderten vorschreibt. Er wollte einem echten türkischen Bräutigam in nichts nachstehen.

Am Tag der Abreise waren beide sehr aufgeregt, endlich würde ihr Traum von einem gemeinsamen Leben Wirklichkeit werden, und bald schon würden sie zwei Kinder haben. Philipps Eltern in Berlin hatten all die Jahre, in denen die beiden eine heimliche Beziehung führten, mitgefiebert und alles getan, um sie zu unterstützen. Sie sollten erst am Tag der Hochzeit in die Türkei fliegen, das Paar wollte einige Tage vorher einreisen, um die Hochzeitseinkäufe zu erledigen. Vom Flughafen in Istanbul aus ging es per Bus zum Busbahnhof, dort wollten die beiden Tubas Vater treffen. Als Philipp ausstieg, um das Gepäck aus dem Frachtraum des Busses zu holen, kamen zwei Männer auf ihn zu, ergriffen ihn und hielten ihn so fest umklammert, dass er sich nicht bewegen konnte. Er sah noch, wie Tuba ihm zu Hilfe eilen wollte, als ihr Vater sie vor den Augen aller Fahrgäste mit mehreren Messerstichen in den Bauch zu Boden stürzen ließ. Sie starb auf dem Weg ins Krankenhaus. Philipp selbst wurde nicht angerührt. Tubas Vater tötete nur seine Tochter, weil sie türkische Staatsbürgerin war, bei ihrem deutschen Freund hätte er sich vor einem deutschen Gericht verantworten müssen. Bei einem türkischen Richter hoffte er, glimpflicher davonzukommen.

Minutiös hatte der Vater die Tat vorbereitet, seit seine Tochter ihm am Telefon mitgeteilt hatte, dass sie schwanger sei und einen Deutschen heiraten wolle. Auch die Idee, das Ganze in der Türkei stattfinden zu lassen, war sorgfältig überlegt, denn dort würde er Menschen finden, die ihn bei seiner Tat unterstützten. Außerdem hoffte er, selbst vor Gericht Verständnis für sein Handeln zu finden. Seine Rechnung ging auf, obwohl sein Mordplan besonders heimtückisch gewesen war, hatte er dem Paar doch wochenlang den liebenden Vater vorgespielt.

Tubas Vater wurde zu vier Jahren Haft verurteilt, von denen er lediglich zwei im Gefängnis absitzen musste. Seine Frau war in alles eingeweiht, wurde aber juristisch nie belangt. Es war eine Zeit, in der sogenannte *namus-cinnayeti*, Verbrechen im Namen der Ehre, nicht schwer bestraft wurden, weil man die Beweggründe als schuldmindernd anerkannte. Man hielt es für verständlich, dass ein Familienvater so reagierte. Heute gibt es, dank des jahrelangen Drucks verschiedener Menschenrechtsorganisationen und der Europäischen Union härtere Strafen, wenn Verbrechen im Namen der Ehre geahndet werden, die Regel aber ist es noch lange nicht. Nach offiziellen

Angaben der Polizei in Ankara wurden in der Türkei im Jahr 2013 62 Frauen von ihren Männern ermordet, obwohl sie unter speziellen Schutzprogrammen standen. 28 000 Frauen sollen 2013 Opfer von häuslicher Gewalt geworden sein. Fragt man bei den Frauenrechtsorganisationen nach, schätzen sie sowohl die Zahl der Todesopfer wie auch die Zahl der Frauen, denen Gewalt von ihren Familien angetan wurde, höher ein. Es gibt selbst nach vielen Aufklärungskampagnen von Menschenrechtsorganisationen immer noch eine hohe Dunkelziffer.

Besonders in den Regionen der Türkei, in denen Sippen und Clans die Regeln vorgeben, hat der Staat wenig Einfluss. Man hält zusammen, denn der Verlust der Ehre gilt selbst bei nicht unmittelbar Betroffenen als ein nachvollziehbarer Grund für eine tödliche Bestrafung. Türkische NGOs sehen vor allem darin das Problem – Frauen, denen die Beschmutzung der Ehre angelastet wird, werden nicht nur von ihren Familien verfolgt, auch Freunde, Verwandte, Nachbarn und selbst fremde Personen sehen sich dazu verpflichtet, einer betroffenen Familie bei der Wiederherstellung der verlorenen Ehre behilflich zu sein. Der Ehrbegriff, der sich auf die Züchtigkeit der Frau konzentriert, ist allgegenwärtig. Die vielen Selbstmorde von Frauen, auf die Frauenrechtsorganisationen wie »Mor Cati« und »Kamer« immer wieder hinweisen, werden nur schleppend oder erst Jahre später aufgeklärt. Zwar wird das Thema inzwischen in türkischen Medien ausführlicher und kritischer behandelt, als es in Deutschland der Fall ist; das ändert aber noch nichts an dem vorherrschenden Frauenbild, das den Frauen eine selbstbestimmte Sexualität abspricht. Und die AKP-Regierung mit ihrem konservativen Frauenbild eines rückwärtsgewandten Islam ist alles andere als ein Vorreiter im Kampf für mehr Gleichberechtigung.

Vier Jahre nach der Tat war der Tochtermörder jedenfalls

wieder zu Hause bei seiner Familie in Berlin. Seine Frau arbeitete damals gemeinsam mit meiner Mutter im Neuköllner Krankenhaus und erzählte ihren türkischen Kolleginnen voller Stolz, wie ihr Mann die Ehre der Familie wiederhergestellt hatte. Meine Mutter spuckte ihr vor die Füße und wäre wohl auf sie losgegangen, wenn die anderen Frauen sie nicht zurückgehalten hätten. Philipp kehrte nach dieser Tragödie, bei der er Frau und zwei ungeborene Kinder verloren hatte, als gebrochener Mann nach Berlin zurück. Irgendwann fing er zu trinken an, und bis heute hat er es nicht geschafft, sein Leben wieder in den Griff zu kriegen.

Der Presse war der dramatische Fall damals nur eine Randnotiz wert. Die »Ausländerpolitik« in Deutschland kannte in der Zeit nur zwei Lager: Das eine reichte bis in die Mitte der Gesellschaft und forderte, »die Ausländer« bloß kein Deutsch lernen zu lassen, damit sie bald wieder verschwinden; das andere setzte sich für den bedingungslosen freien Zuzug von Familienangehörigen ein. Dazwischen gab es viele, sehr viele mit Deutsch als Muttersprache aufgewachsene Menschen aus türkischen Familien, die türkische, nicht deutsche Staatsbürger waren. Die Politik ging an ihnen vorbei, sie befasste sich nicht mit diesen jungen Leuten, die schließlich keine Bundesbürger waren; sie tat, als wären sie nicht die Töchter und Söhne dieses Landes, sondern Fremde, die man duldete.

* * *

»Ich habe Hunger!« Dieser Satz aus dem Munde ihres Onkels kam für Aliyah wie eine Erlösung: Sie würden nicht gleich aufbrechen, sie hatte noch ein bisschen Zeit, sich etwas einfallen zu lassen, um den beiden vielleicht doch noch zu entkommen. Sie konnte es sich nicht leisten, sich weiter in lauter Befürchtungen über ihre mögliche Zukunft zu verlieren. Sie musste handeln, und zwar sofort!

Auf dem Weg zur Dönerbude hielt sie krampfhaft Ausschau nach einem Polizeibeamten. Bei der ersten sich bietenden Gelegenheit würde sie auf ihn zurennen und um Hilfe bitten. Doch weit und breit war keine Polizei zu sehen. Aliyah musste sich mit aller Kraft dagegen wehren, dass tiefe Verzweiflung sie zu überwältigen drohte. Die Hoffnung auf Freiheit schien plötzlich in unerreichbare Ferne zu rücken. War alles vergeblich gewesen? Ihre umsichtige jahrelange Vorbereitung dieser Flucht, die Ängste, die sie ausgestanden hatte, die vielen Lügen, die sie gebraucht hatte, um ihre Pläne geheim zu halten? Selbst wenn ihr Vater sie nicht in die Türkei verschleppen sollte, selbst wenn er die unwahrscheinliche Möglichkeit wählte und sie zurück nach Hause brachte, trotz der Schande, die sie ihm und der ganzen Familie bereitet hatte, würde das ihr Verderben bedeuten. Man würde sie fortan wie eine Gefangene halten, würde auf ihre rasche Vermählung drängen, mit dem Erstbesten, der bereit war, eine wie sie zu nehmen. Dann wäre die Familie die Verantwortung für sie los, der Ehemann hätte dann auf sie aufzupassen. Lieber sterbe ich, als ein solches Leben in Kauf zu nehmen, schwor sich Aliyah.

Nidal steuerte die nächstgelegene Dönerbude an, einen trostlosen Imbiss, in dem kaum Kundschaft war. Der müde ausschauende Verkäufer hinter dem Tresen würde keine Hilfe sein, das erkannte Aliyah auf den ersten Blick. Das Misstrauen von Vater und Onkel lastete wie eine Bleidecke auf ihr, als alle drei am Tresen ihre Döner verzehrten. Sie gab sich große Mühe, Bissen für Bissen hinunterzuwürgen. Sie wusste, sie musste jetzt alles tun, um die gefährliche Spannung der Situation zu dämpfen. Sie musste sich so normal wie irgend möglich geben, sich verstellen und so tun, als sei sie jetzt, da die Beweggründe für ihre Flucht nun einmal ausgesprochen worden waren, erleichtert und freue sich auf ihre Geschwister zu Hause.

Aber die beiden Männer blieben wachsam. Als Aliyah aufs Klo gehen wollte, kam ihr Vater unaufgefordert mit. Zum Glück verbot ihm seine muslimische Erziehung den Zutritt zur Damentoilette. Er wartete vor der Tür, aber er würde Augen und Ohren offenhalten. Aliyah wusste, dass jeder Versuch, aus dem kleinen Klofenster zu entkommen, das sich oberhalb ihres Kopfes befand, zum Scheitern verurteilt war. Ehe sie dort hochgeklettert wäre, hätte ihr Vater schon die Tür eingetreten. Dann wäre jede Chance vertan. Sie konnte zwar mit ihrem Handy die Polizei rufen, aber bis sie den Beamten erklärt hätte, in welcher Situation sie sich befand, und sie überzeugt hätte, einzugreifen, wäre vermutlich alles zu spät und ihr Handy aufgeflogen. Das durfte nicht passieren – ohne Handy gab es gar keine Hoffnung mehr. Sie musste einen kühlen Kopf behalten, die Angst verdrängen, nachdenken. Vielleicht, das war ihre letzte kleine Hoffnung, könnte sie ihren Vater ja doch noch überreden, ihre Tasche aus dem Frauenhaus holen zu dürfen.

»Papa, ich muss aber noch meine Sachen aus meiner Unterkunft abholen, ich kann doch nicht ohne meine Klamotten mit euch kommen«, bettelte Aliyah, als sich alle drei noch eine Cola bestellten. Nidal zog Murat einen Schritt beiseite. Aliyah ahnte, dass ihr Onkel es für keine gute Idee hielt, jetzt noch zum Frauenhaus zu fahren, in dem seine Nichte untergekommen war. Ängstlich wartete sie darauf, wie ihr Vater sich entscheiden würde.

Wenn sie noch zum Frauenhaus fahren würden, hätte sie zumindest eine knappe halbe Stunde gewonnen. Ob ihr das nützen würde, wusste sie nicht. Es war Samstag, das Wetter war schön, und es stand zu befürchten, dass niemand da sein würde. Die Betreuerinnen kamen nur wochentags, und die meisten Frauen, die hier Unterschlupf gefunden hatten, waren wahrscheinlich froh, bei diesem herrlichen Wetter das Haus verlassen zu können. Schließlich war der Ort kein Hochsicherheitstrakt, an dem es für solche Situationen ein Notfall-Programm geben würde. Aliyah hatte keine Telefonnummer erhalten, keine Einweisung in ein Szenario für einen akuten Gefahrenfall. Dagegen war die Einrichtung nicht gewappnet. Erst vor einigen Tagen hatte der gewalttätige Mann einer jungen Kurdin vor der Tür randaliert, obwohl die Adresse des Frauenhauses doch geheim bleiben sollte. Aber es gibt immer wieder Frauen, die ihren Peinigern selbst die Anschrift geben, das hatte ich Aliyah eingeschärft, um sie vor der Unsicherheit solcher Einrichtungen zu warnen. Viele der von Gewalt betroffenen Frauen sind hin- und hergerissen zwischen Schuldgefühlen und Ängsten und sehnen sich dann trotz schlimmster Behandlungen wieder zurück in ihr altes Leben. Die Rückfallquote der muslimischen Frauen, die in Deutschland Zuflucht in Frauenhäusern suchen, ist hoch. Sie haben nie ein gewaltfreies Leben kennengelernt. Die Aussicht, fortan ohne Familie und ganz auf sich selbst gestellt zu sein, macht ihnen Angst. Ein solches Leben kennen sie nicht.

Das Frauenhaus sollte auch nur eine Notlösung sein. Aliyah wollte dort eine kurze Zeit überbrücken, um danach in einer betreuten Wohngemeinschaft unterzutauchen und endlich irgendwo anzukommen, wo sie bleiben konnte und frei war – zumindest so frei, wie man sein konnte, wenn in der ganzen Republik Verwandte, Verschwägerte, Bekannte der Familie Ausschau nach ihr hielten und nur eins im Kopf hatten, sollten sie sie zufällig auf der Straße sehen: Sie sofort wieder zurück zu ihren Eltern zu bringen, auch gegen ihren Willen.

Die einzige Möglichkeit, die sie im Frauenhaus haben würde, war, jemanden aus dem Kreis der Vertrauten anzurufen, die ihr geholfen hatten zu entkommen. Aber die waren weit weg, es würde Stunden dauern, bis einer von denen bei ihr sein könnte. Eine andere Chance aber hatte sie nicht.

Zum Glück erreichte sie Dimi.

Verbotene Liebe

Als Aliyah mir das erste Mal von Dimi erzählt hatte, war ich erschrocken gewesen. Dimi war schließlich kein Muslim, was für ihre Eltern schon schlimm genug sein dürfte. Aber darüber hinaus war er auch noch Grieche! Wer die wechselvolle blutige Geschichte zwischen Türken und Griechen kennt, weiß, dass Aliyah mit der Beziehung zu ihm gleich zwei Tabus der muslimischen Gemeinschaft gebrochen hatte.

Misstrauisch war ich auch. Oft genug hatte ich aus nächster Nähe solche heimlichen Beziehungen muslimischer Mädchen erlebt, die für ein paar Minuten Händchenhalten ihr Leben riskierten, und, ehrlich gesagt, die meisten der Typen, für die sie das taten, waren es nicht wert – Machos, die genauso wie ihre Väter zu werden versprachen. In einem Milieu, in dem ein Mann sich über die Macht definiert, die er über seine weiblichen Familienmitglieder hat, wachsen nicht unbedingt Frauen-Versteher heran. Viele dieser jungen Frauen landeten deshalb am Ende in ähnlichen Beziehungen wie ihre Mütter. Sie kannten es nicht anders, sie hatten keine anderen Vorbilder.

Aliyah aber hatte sich nicht blind verliebt. In ihren heimlichen Telefonaten und Treffen hatte sie Dimi von Anfang an unmissverständlich klargemacht, was sie von ihm erwartete und was sie bereit war dafür zu geben. Im Gegensatz zu den meisten ihrer Freundinnen war sie nicht willens, sich von einem Mann etwas verbieten zu lassen, nur weil sie eine Frau war.

Schließlich hatte sie mit dieser Wahl zugleich eine gravierende Entscheidung für ihre Zukunft getroffen. Ihr war klar, dass sie sich auf einen gefährlichen Konflikt mit ihrer Familie einließ, nicht nur auf eine Beziehung zu einem jungen Mann. Ich war bis dahin immer der Auffassung gewesen, dass so eine junge Liebe die Belastung, die dadurch entstehen musste, auf Dauer nicht tragen kann. Aber Dimi und Aliyah sollten mich eines Besseren belehren.

Ich kann mich gut an die Gespräche mit einigen Mädchen lange vor Aliyahs Flucht erinnern, bei denen sie selbst auffällig schweigsam geblieben war. Da war sie schon mit Dimi zusammen, hielt das aber selbst vor ihren Freundinnen sorgsam verborgen, außer vor Amal, wie ich später erfuhr. Die Mädchen sprachen über die Jungs aus dem Viertel, die doch alle gleich seien – einen Vernünftigen, der sie nicht gleich als »Schlampe« beschimpfen würde, wenn sie die Haare offen trugen oder Lipgloss auflegten, könne man darunter ohnehin nicht finden. Denn so jemand würde seine Zeit nicht auf der Straße oder in den einschlägigen Chaträumen verbringen, wo Mädchen wie sie die Chance hätten, jemanden kennenzulernen. »Vielleicht muss man mal mehrere Dutzend aus einer anderen Stadt importieren«, meinte eine von ihnen scherzhaft. Alle lachten, doch unverkennbar war der traurige Ernst, der hinter ihrer Ausgelassenheit steckte. Sie fühlten sich umzingelt von gleichaltrigen Jungen, die jedes Mädchen, das sich auch nur mit einem Jungen unterhielt, schon als »Hure« in Verruf brachten. Die Mädchen hatten ja recht: Wer von ihnen nicht aus dem Dunstkreis von Familie und Verwandtschaft herauskam, der hatte kaum Gelegenheit, einen Traumprinzen zu treffen.

Dimi war in einem solchen Umfeld aufgewachsen, hatte seine Kindheit und Jugend mit ebensolchen Jungen zugebracht und war doch anders. Als in seinem Viertel ein Ehrenmord stattfand, war er entsetzt. »Wie kann ein Bruder nur seine Schwester töten?« Das konnte er sich gar nicht vorstellen, erst recht nicht verstehen. Er selbst hatte auch drei Schwestern, die jüngste hatte sich schon häufiger auf Liebesbeziehungen eingelassen, oft genug waren auch miese Typen dabei gewesen. Dimi litt darunter, dass der Ruf seiner Schwester nicht der beste war. Und trotzdem stand er als Bruder anderen gegenüber immer zu ihr. Nie hätte er es gewagt, sie für ihre Eskapaden zu bestrafen.

* * *

Seine Beziehung zu Aliyah behielt er lange für sich. Aber eines Tages rang er sich dazu durch, seine Mutter einzuweihen. Er wollte sich nicht in solche Heimlichtuereien oder gar Lügen verstricken, wie Aliyah es ihrer Familie gegenüber notgedrungen tun musste. Außerdem, so hatte er überlegt, könnten Aliyah und er sich dann bei ihm zu Hause treffen und müssten nicht immer ein Einkaufszentrum oder eine McDonald's-Filiale in einem ganz anderen Stadtbezirk aufsuchen, wenn sie sich sehen wollten. Auch die Tür seiner älteren Schwester, die bereits eine eigene Wohnung hatte, würde ihnen dann offen stehen. Das wäre endlich einmal eine hoffnungsfrohe Perspektive, schließlich wurde ihre Beziehung durch die Schwierigkeiten des Zusammenseins ständig auf eine harte Bewährungsprobe gestellt.

Er erzählte seiner Mutter, dass Aliyah ein kurdisches Mädchen aus einer strengen muslimischen Familie sei, das er schon seit seiner Kindheit kenne. Für Maria war das ein Schock. Ihr Mann Nicos reagierte heftig auf die Nachricht. Das Ehepaar lebte lange genug in diesem Viertel, um zu ahnen, was damit auf Dimi zukommen könnte. Für ihren einzigen Sohn hätte sie sich anderes gewünscht als eine Beziehung zu einem Mädchen, dessen Familie bekanntermaßen zu Gewalt bereit war, wenn es um die Familienehre ging. Nicos hoffte, dass die Liebe seines Sohnes bald wieder erlöschen würde. In seinen Augen konnte sie ohnehin nicht gutgehen.

Von dem Mädchen abbringen aber konnten die Eltern Dimi auch nicht in vielen Gesprächen, die sie darüber mit ihm führten. Ihm war klar, worauf er sich mit der Beziehung zu Aliyah einließ, ihre Familie schwebte ja mit all ihren Verboten und Geboten unsichtbar über jedem heimlichen Treffen, das er mit Aliyah hatte. Er kannte auch die Regeln der arabischen und türkischen Jungengangs, die die Straße in seinem Viertel beherrschten. Jeder noch so kleine Konflikt wurde von ihnen immer gleich zu einer »Frage der Ehre« aufgeblasen, selbst wenn es nur um Kleinigkeiten ging, wie das Essen von Schweinefleisch oder das Top der eigenen Schwester – für sie war das ein Zeichen dafür, dass man sie als Bruder nicht unter Kontrolle hatte.

Um nicht selbst ein Opfer dieser muslimischen Jungengangs zu werden, hatte Dimi gelernt, sich dem rauen Ton der Straße anzupassen, wenn es ihm nützlich erschien. Wer »dazugehören« wollte, musste dieselbe »Sprache« sprechen wie die selbstherrlichen Sittenwächter. Dimi hatte sogar ein paar Brocken Türkisch und Arabisch gelernt, so verstand er alle Schimpfwörter und wandte sie bei Gelegenheit selbst auch an – allerdings nur gegenüber Schwächeren, mit den Platzhirschen wollte er sich nicht anlegen. In ihrer Gegenwart bestellte er selbstverständlich einen Döner, niemals eine Currywurst, obwohl er die gern aß. Mädchen, die sich nichts vorschreiben ließen, bezeichnete auch er, wenn die Tonangebenden in der Nähe waren, als »Schlampen«. Und manchmal, das musste er zugeben, hätte er sich selbst gern von seiner eigenen Schwester distanziert, die im Viertel als »leicht zu haben« galt. Manchmal war er so wütend auf sie, dass er sie am liebsten verprügelt hätte – besonders dann, wenn wieder einmal einer dieser aufgeblasenen Wichtigtuer ihm im Vorbeigehen laut genug, damit auch andere es hörten, zurief: »Hallo, Dimi. Ich kenne deine Schwester SEHR gut!«

Aber er beherrschte sich. Am besten ging man solchen Leuten möglichst aus dem Weg – was allerdings leichter gesagt als getan war. Wie soll man Menschen aus dem Weg gehen, die gleich nebenan wohnen? Wo Dimi auch hinging, fast überall konnte er auf einen dieser unangenehmen Zeitgenossen treffen, der den nächsten Spruch für ihn parat hatte. So wurde er hellhörig und lernte, rechtzeitig die Straßenseite zu wechseln, um unnötigem Stress aus dem Weg zu gehen.

Seinem Freund Kevin, einem der letzten deutschen Teenager aus dem Viertel, gelang das nicht so gut. Als »Schweinefleischfresser«, ohne eine starke Familie im Rücken und mit drei hübschen Schwestern, die alle schon einen Freund hatten, galt er als ein Mann ohne Ehre. Um nicht ganz vor die Hunde zu gehen, hatte sich auch Kevin angewöhnt, seine Schwestern anzupöbeln, wenn die nicht taten, was er sagte. Verprügeln allerdings, wie die anderen Jungs es stellvertretend für ihre Väter taten, wenn die Mädchen zu spät nach Hause kamen, das mochte Kevin dann doch nicht tun – seine Schwestern hätten sich das auch nicht gefallen lassen. Kevin wurde deshalb von den Jungen gern als »Weichei« gehänselt.

***

Ich war bei meinen Recherchen immer wieder Zeuge, welche Demütigungen Jungen hinnehmen müssen, die nicht mitspielen wollen. Auch arabische und türkische Jungs können zu Opfern dieser Großmäuler werden, wenn sie sich weigern, in bestimmten Situationen Gewalt anzuwenden. Besonders jene Machos, die einen ganzen Clan hinter sich wissen und bei Polizei und Justiz schon einschlägig bekannt sind, nehmen sich das Recht heraus, andere, die einfach nur höflich sein wollen, besonders schlecht zu behandeln. Nackenklatschen und scherzhaft verpackte Seitenhiebe, die blaue Flecken hinterlassen, sind da noch die geringsten körperlichen Übergriffe.

Mansur war ein solches Opfer. Seine zwei älteren Schwestern, Esra und Hatice, die mit ihm in meiner Nachbarschaft wohnten, hatten sich rührend um ihn gekümmert, als er klein war. In der Pubertät war Mansur auf der Suche nach Freunden unter den arabischen Jungen, von denen er als Kind wegen der »mangelnden« Religiosität seiner Eltern ständig gegängelt und diskriminiert worden war. Seine Eltern sind Aleviten, diese gelten vielen orthodoxen und sunnitischen Muslimen als »Abtrünnige« und nicht als »wahre« Muslime. Mansur musste sich deshalb in der Jungsgang von ganz unten »hochdienen«, besondere Leistungen erbringen und Prüfungen bestehen, damit er einer von »ihnen« werden konnte. Eine davon war, sich für seine Familie, besonders für seine Schwestern, die sich weigerten, das Kopftuch anzulegen und abends pünktlich zu Hause zu sein, zu schämen und dafür zu sorgen, dass sie sich den Vorgaben des konservativ-muslimischen Frauenbildes anpassten. Immer wieder kam es deswegen zwischen ihm und seinen Schwestern zum Streit. Irgendwann fing Mansur an, sie zu schlagen, was ihm den Beifall seiner arabischen Freunde eintrug. Seine Eltern hatten ihn da schon nicht mehr unter Kontrolle. Mansur lernte Arabisch und ging mit seinen Freunden in die Moschee, wo er religiös und moralisch gefestigt wurde. Aber das reichte noch nicht.

In der Hoffnung, endlich von seinen arabischen »Brüdern«, wie er sie nannte, akzeptiert zu werden, ließ er sich als Handlanger für ihre kriminellen Machenschaften einspannen. Das brachte ihn einige Jahre ins Gefängnis – eine Zeit, in der seine Schwestern aufatmeten. Mansur hätte unter anderen Umständen vielleicht ein ganz normaler freundlicher junger Mann werden können, aber der Anpassungsdruck in seinem Viertel wurde ihm und seiner Familie zum Verhängnis. Seine Schwestern, die früh geheiratet hatten, um endlich seiner Kontrolle zu entkommen, zogen irgendwann weg aus dem Quartier. Mansur ist noch da. Er verbringt die meiste Zeit, wenn er nicht gerade wieder im Gefängnis sitzt, mit seinen »Brüdern«.

Mansur ist kein Einzelfall. Die Sozialisation, die er durchlief, habe ich häufiger auch bei jungen Männern aus nichtmuslimischen Familien beobachten können. Das männliche Rollenbild ihres Umfeldes ist so attraktiv, dass sie anfangen, sich stark damit zu identifizieren. Am Anfang kann es der Verzicht auf Schweinefleisch sein, später verlangt der junge Mann von der ganzen Familie, kein Schweinefleisch mehr zu essen. Wenn dann noch ein Koran-Studium, die Bekehrung zum Islam und Freunde dazukommen, die regelmäßig einschlägig bekannte Moscheen besuchen, sollten Eltern aufmerken. Die Übergänge sind oft fließend, und das Abdriften in den Extremismus vollzieht sich von der Familie fast unbemerkt. Meistens hat sich dann auch schon der Verfassungsschutz eingeschaltet und den Betroffenen im Visier, denn aus den Erfahrungen der letzten Jahre weiß man, dass es vor allem solche Konvertiten sind, die irgendwann als Mudschaheddin zum Kampf in islamische Krisenregionen ziehen.

***

Was sich alles verändert, wenn muslimische Moralvorstellungen im Viertel überhandnehmen, hatte ich über einen längeren Zeitraum beobachten können, als ich mit Jugendlichen in Neukölln arbeitete. Als Studentin war ich in einem Jugendprojekt aktiv, dessen Probanden zum größten Teil aus deutschen Familien kamen, türkisch- und arabischstämmige Jungen waren anfänglich noch in der Minderheit. Daneben gab es noch einige Roma-Kinder aus den Ländern des ehemaligen Jugoslawien. Die deutschen Jungen stammten alle aus schwierigen Familien. Sie waren alles andere als »normale« Jugendliche, Drogen, Alkohol und Missbrauch spielten im Alltag der meisten von ihnen eine zentrale Rolle. Ihre kriminelle Energie machte mich oft sprachlos.

Einer von ihnen, Dennis, verfolgte eines Tages mit seinem Motorroller eine ältere Dame, um ihr die Handtasche zu entreißen. Als die Siebzigjährige nicht loslassen wollte, trat er sie mit einer solchen Wucht zu Boden, dass ihr das Schlüsselbein brach und sie noch weitere schwere Verletzungen erlitt. Sie lag wochenlang im Krankenhaus. Dennis war damals sechzehn Jahre alt. Zehn Jahre später, es war der Abend vor Silvester, saß er in Berlin-Schönfließ im Auto und wartete auf seine Freundin. Er war damals untergetaucht und wurde per Haftbefehl wegen diverser Delikte, wie Fahren ohne Führerschein, Flucht vor der Polizei, Verstoß gegen Bewährungsauflagen, gesucht. Ein Beamter, dem er zuvor immer wieder auf abenteuerliche Weise entwischt war, hatte es besonders auf ihn abgesehen. Der Polizist hatte aus dem Umfeld von Dennis einen Tipp bekommen und ihm aufgelauert. Er schoss sein ganzes Magazin auf den unbewaffneten Dennis ab, der noch am Tatort an einem Lungendurchschuss starb. Der Polizist kam trotz dieser Hinrichtung mit einer Bewährungsstrafe davon – solche Ungerechtigkeiten sprechen sich herum, bei den Kindern und

Jugendlichen, die unter ähnlichen Umständen wie Dennis aufwachsen, sie setzen sich fest und schüren das Misstrauen und den Hass gegen eine Gesellschaft, von der sie sich abgeschrieben und wie Menschen zweiter Klasse behandelt fühlen.

In seinem kurzen Leben brachte Dennis es auf eine Akte mit über hundert Straftaten und stand damit vielen seiner Kumpel mit Migrationshintergrund nicht nach. Das Einzige, was ihn und fast alle deutschen Jungen von den arabischen Intensivtätern unterschied, war der Umgang mit Mädchen und Frauen. Zwar gab es in diesem Milieu in beiden Gruppen – der muslimischen wie auch der deutschen Jungen – immer wieder Fälle von sexualisierter Gewalt. Dennoch aber war es für die meisten deutschen Jungen selbstverständlich, dass auch Mädchen ein Recht auf Sexualität haben. Für sie war eine Liebesbeziehung unter Teenagern kein weltbewegendes Ereignis. Ihr Umgang mit Sexualität war aufgrund der prekären Familienverhältnisse, aus denen sie kamen, oft ziemlich hemmungslos, mitunter sogar verstörend. In versammelter Runde protzten Jungen wie Mädchen, von denen manche gerade einmal zwölf Jahre alt waren, gern mit ihren Sexpraktiken. Jungfräulichkeit war unter ihnen kein Thema, bei den muslimischen Jungen hingegen war es zentral.

Die Mehrheitsverhältnisse änderten sich im Laufe der Jahre durch eine rasant wachsende Anzahl muslimischer Jugendlicher. Die Jungen und Männer besetzten die öffentlichen Plätze und beherrschten die Straße, ihre Schwestern waren mit Hausarbeit und Kinderbetreuung beschäftigt. Vor den deutschen Jugendlichen hatten die muslimischen Jungen null Respekt, die deutschen Mädchen, die einen Freund hatten, behandelten sie wie Freiwild. Wer sich mit solchen Mädchen auf eine ernsthafte Beziehung einließ, wurde fertiggemacht. Manche deutsche Mädchen passten sich den Bedingungen an, verliebten sich in die mandeläugigen Ahmeds und Mohammeds und versuchten, gute Musliminnen zu werden. Für die deutschen Jungen war die Anpassung viel schwieriger: Selbst wenn sie ihre Bereitschaft erklärten, zum Islam zu konvertieren, weil sie ein muslimisches Mädchen liebten, hatten sie kaum eine Chance, als potentielle Schwiegersöhne in Betracht gezogen zu werden. Ein Nichtmuslim und dazu noch ein Deutscher als Mann der Tochter? Undenkbar. Manche von ihnen flüchteten dann in den Schoß der rechten Szene und traten fortan erbarmungslos in ihrer Verachtung für Muslime auf, selbst gegenüber jenen, die liberal und aufgeklärt waren.

Dabei gab es – auch wenn es selten vorkam – selbst unter den türkischen und arabischen Jungen einige, die sich von solchem Verhaltensterror abzusetzen versuchten. Wenn sich dann womöglich einer von ihnen in ein Mädchen verliebte, das als »dreckig« verschrien war, wurde er so lange drangsaliert, bis er entweder abließ von dem Mädchen oder bis seine Familie wegzog. Und mit der Zeit schafften es die türkischen, kurdischen und arabischen Jugendlichen, alle anderen im Viertel auf ihre Moralvorstellungen zu verpflichten. Da genügte es ihnen schon nicht mehr, Sittenwächter der eigenen Schwestern zu sein, sie nahmen sich dieses Recht auch gegenüber anderen Mädchen und Frauen heraus und entfalteten einen erheblichen Druck auf beide Geschlechter, sich diesen veralteten Rollenbildern ihrer muslimischen Nachbarschaft anzupassen. Nach und nach wurde so allen Jugendlichen ein Männer- und Frauenbild aufgedrängt, das aus einer Zeit stammte, in der ihre Großeltern noch jung gewesen waren; man würde eigentlich annehmen, dass es zumindest für ein Berliner Großstadtkind überholt sei. Widerstand gegen diese Entwicklungen gibt es kaum, nur selten rebelliert jemand dagegen. Zu groß ist die Angst vor dem sozialen Tod.

* * *

Dimis Familie blieb, obwohl sein Vater Nicos sich schon längst nicht mehr heimisch fühlte in dem Quartier, in dem er aufgewachsen war. Zu sehr hatte es sich im Laufe der Jahre verändert. Und das Benehmen der männlichen Gangs auf der Straße empörte ihn oft. Er hatte erlebt, welches Spießrutenlaufen es mit sich brachte, wenn ein Mädchen als ehrlos galt. Als Maria, die älteste Tochter seines besten Freundes Marcos, sich mit einem libanesischen Jungen einließ, wurde sie von den Jungen im Viertel als »Wanderpokal« verhöhnt, der bereits durch viele Hände gegangen sei. Wenn sie ihr begegneten, machten sie anzügliche Bemerkungen oder obszöne Gesten – auch wenn Marias Eltern dabei waren. Nicos war manchmal versucht, sich eins dieser Großmäuler zu schnappen und zuzuschlagen. Nur die Aussicht, bald nicht mehr hier, in diesem Viertel, zu sein, half ihm, sich zu beherrschen.

Er hatte große Pläne: Er hoffte, bald nach Griechenland zurückzugehen, um sich dort eine Existenz im Tourismus aufzubauen. Er hatte ein kleines Stück Land auf einer griechischen Insel von seinem Großvater geerbt, hier wollte er eine Familienpension errichten. Doch es sollte anders kommen.

Im letzten Moment

Ich war gerade beim Kochen, weil ich an dem Abend Gäste erwartete, als Dimi mich anrief und mir Aliyahs Notruf von der Toilette der Bremer Dönerbude schilderte. Seine Umsicht und Entschlossenheit an jenem Tag waren bewundernswert. Er hatte gleich nach Aliyahs Anruf die Polizistin alarmiert, die in die Vorgeschichte und die Umstände von Aliyahs Flucht eingeweiht war. Ich nenne sie hier Verena, weil ihr Name geheim bleiben muss, damit sie auch weiterhin jungen gefährdeten Menschen helfen kann. Verena gehörte zu dem Kreis der Vertrauten, die geholfen hatten, Aliyah in Sicherheit zu bringen.

Die Berliner Polizei, das wusste ich von meinen journalistischen Recherchen für andere Geschichten, ist in einer solchen Gefahrensituation wirklich ein guter Freund und Helfer, der im Hintergrund agiert und sich nur dann zeigt, wenn es zwingend erforderlich ist – wenn Familien wie die von Aliyah, die ihren archaischen Sitten- und Ehrenkodex über den Rechtsstaat stellen, Grundrechte missachten. Gerne reden die Männer solcher Familien dann von »Familienangelegenheiten«, die andere nichts angingen. Dabei handelt es sich bei ihren Gewaltausbrüchen gegenüber den ungehorsamen Töchtern oder Ehefrauen um Straftaten.

Verena aber musste Dimi enttäuschen: Sie könne in dieser Situation, sagte sie ihm, nicht viel für Aliyah tun – ihr Dienstbereich ende an den Grenzen ihrer Stadt, nun seien Bremer

Beamte zuständig. Vonseiten der Polizei, meinte Dimi etwas verzagt zu mir, sei also wohl keine große Hilfe zu erwarten. Es war Wochenende, und niemand fühlte sich zuständig für ein Mädchen, das jetzt in einer norddeutschen Dönerbude saß und darauf wartete, dass ein Wunder geschah und von irgendwoher Hilfe kam.

Ich stellte den Herd ab und lud meine Gäste wieder aus. Alles andere war jetzt nicht so wichtig. So schnell es ging, organisierte ich eine Telefonkonferenz im Dreieck zwischen Dimi, Verena und mir – ich mochte nicht glauben, dass Zuständigkeitsregeln für Beamte Aliyahs Rettung im Wege stehen sollten. Was konnten wir tun? So recht wusste das keiner von uns, auch Verena war ratlos. Und dann kam auch noch mein kleiner Sohn ständig angelaufen und wollte wissen, mit wem ich telefonierte. Es verstörte ihn, dass ich so aufgeregt war. Und ich selbst musste mich gegen meinen eigenen inneren Absturz wehren. Eine Flucht, die so gut begonnen hatte und mit so viel Mut durchgeführt worden war, durfte einfach nicht auf so klägliche Weise enden, das hatte Aliyah nicht verdient.

Ich rief bei der vor Ort zuständigen Polizeibehörde an und schilderte dem Beamten die Dringlichkeit des Falles, dass es schon Ehrenmorde in Aliyahs Familie gegeben hatte und wir mit dem Schlimmsten rechnen müssten, wenn niemand Aliyah rechtzeitig zur Hilfe käme. Der Beamte zeigte sich wenig beeindruckt. Vermutlich glaubte er, ich bausche auf und dramatisiere. Er forderte mich auf, ihm die Geschichte noch einmal »ganz in Ruhe« von Anfang an zu erzählen. Am liebsten hätte ich das Gespräch zwischen uns beendet, aber ich musste wohl oder übel mitspielen – es lag schließlich in seiner Hand, ob jetzt gehandelt wurde oder nicht. Natürlich hätte ich versuchen können, einen anderen Beamten der Bremer Polizei an den Apparat zu bekommen, einen, der vielleicht mehr Einfühlungsvermögen zeigte oder Erfahrung mit ähnlichen Fällen hatte, aber das hätte Zeit gekostet, und die hatten wir nicht. Wir wussten zu dem Zeitpunkt ja nicht einmal, ob eine Rettungsaktion der Polizei überhaupt noch möglich war, vielleicht waren Vater und Onkel mit Aliyah längst über alle Berge.

Zwischendurch versuchte ich wieder und wieder, die zuständige Frau vom Frauenhaus zu erreichen. Ich hatte ihr schon mehrfach die Bitte auf die Mailbox gesprochen, in die Einrichtung zu eilen, vielleicht würde sie Aliyah dort noch antreffen. Ich wusste aber auch, dass eine Betreuerin aus dem Frauenhaus zwei kurdische Männer, die drei Tage und Nächte im Auto verbracht hatten, um Aliyah zu finden, ganz bestimmt nicht davon abhalten könnte, das Mädchen mitzunehmen. Ohne Unterstützung der Polizei war die Lage aussichtslos. Also schluckte ich meinen Zorn über den Bremer Beamten hinunter und versuchte, die Situation sachlich und allgemeinverständlich erneut zu schildern, fügte diesmal aber hinzu, dass ich aus meiner journalistischen Arbeit viele solcher Fälle kannte, die sofortiges Handeln erforderlich machten, um Schlimmes zu verhindern.

Manchmal bewirkt der Hinweis auf den Beruf des Journalisten wahre Wunder – als ich ihm sagte, ich arbeite fürs Fernsehen, wurde der Polizeibeamte plötzlich aufmerksamer und höflicher. Aber als er schließlich wissen wollte, unter welcher Bremer Anschrift das Frauenhaus zu finden sei, in dem Aliyah untergebracht war, musste ich passen: Aliyah hatte niemandem die Adresse gegeben, so wie es den Auflagen der Einrichtung entsprach. Und obwohl es schon Auseinandersetzungen zwischen gewalttätigen Ehemännern und der Polizei vor dem Frauenhaus gegeben hatte, kannte der Beamte, den ich am

Apparat hatte, die Anschrift nicht – jedenfalls behauptete er das. Erschwerend kam hinzu, dass es zwei solcher Einrichtungen in der Stadt gab, das zumindest wusste ich von der Hilfsorganisation »Papatya«.

Ich hatte diese Mädchenzuflucht schon vor Aliyahs Flucht kontaktiert, denn sie ist eigens auf solche Fälle spezialisiert und leistet besonders gute Arbeit, wenn es darum geht, muslimische Mädchen vor ihren Familien zu verstecken und auf ein eigenständiges Leben vorzubereiten. Ich hatte Aliyah den Kontakt zu den Frauen verschafft. Aber nach einem ausführlichen Telefongespräch war beiden Seiten klar, dass die Mädchenzuflucht keine gute Lösung war. Aliyah hätte jeden Kontakt sowohl zu Dimi wie zu uns abbrechen müssen. Bei »Papatya« ist es den Mädchen nicht gestattet, Kontakte nach außen zu haben. So rigoros das klingt, so ist doch diese Regel das Ergebnis jahrelanger Erfahrung. Denn die meisten Mädchen, die ihr Zuhause verlassen haben, machen sich hinterher Vorwürfe und rufen ihre Geschwister oder Mütter an. Und schon sind alle in Gefahr, auch die betreuenden Frauen. Schließlich sind sie es, die den Mädchen Unterschlupf gewähren, ja, man unterstellt ihnen oft, dass sie die sonst angeblich so folgsame Tochter überhaupt erst zu einer Flucht von zu Hause verführt haben.

* * *

Dimi und ich verständigten uns, Aliyah vorerst nicht mehr auf ihrem Handy anzurufen, womöglich hatten ihr Vater und ihr Onkel es inzwischen entdeckt und ihr weggenommen, und wenn die unsere Stimmen hörten, wüssten sie, dass jemand im Hintergrund agierte und Aliyah bei der Flucht zur Seite stand. Das hätte alle gefährdet, die unmittelbaren Kontakt zu Aliyah hatten. Uns war klar, dass sie sich sofort melden würde, sobald sie die Möglichkeit dazu fände.

Aber die Zeit verrann. Unsere Sorge, ihr nicht mehr rechtzeitig zu Hilfe zu kommen, wurde immer größer. Ich rief erneut Verena an und konnte nur hoffen, dass sie uns irgendwie doch weiterhelfen könnte, schließlich war sie Polizistin und hatte leichter Zugang zu geheimen Frauenhausadressen als irgendwer sonst, den ich kannte. Verena war bereit, der Polizei in Bremen die Dringlichkeit des Falls und seine hohe Gefahrenstufe klarzumachen. Von Polizist zu Polizist klang »drohender Ehrenmord« vermutlich ernstzunehmender – als ich erneut die Wache in Bremen anrief, waren die Beamten bereits unterwegs zum Frauenhaus. Falls sie Aliyah und die beiden Männer noch antreffen sollten, das hatte Verena ihnen eingeschärft, dürften sie sich auf keinen Fall vom Vater um den Finger wickeln lassen. Muslimische Väter können in solchen Situationen ungeahntes schauspielerisches Talent an den Tag legen und vor Polizei und Behörden den friedfertigen fürsorglichen Vater mimen, dem nur daran liegt zu wissen, ob es seiner Tochter gutgeht. Verena hatte das schon erlebt.

Während wir mit vereinten Kräften versuchten, die Polizei vor Ort zu instruieren, muss Aliyah Todesängste ausgestanden haben. Sie konnte ja nicht ahnen, dass im Hintergrund der unsichtbare Helfer-Apparat funktionierte, sie konnte es nur hoffen. Als sie mit Onkel und Vater im Frauenhaus ankam, war niemand da. Das ganze Haus wirkte so verlassen, wie sie befürchtet hatte und wie sie sich selbst auch fühlte. Sie bat die Männer, draußen zu warten, es handele sich schließlich um eine reine Fraueneinrichtung, zu der Männer keinen Zutritt hätten, erklärte sie ihrem Vater. Und wieder war es seine muslimische Moralvorstellung, die ihn dazu veranlasste, sich zu fügen.

Aliyah ging in ihr Zimmer, schloss die Tür ab und zog sofort ihr Handy unter dem Pullover hervor. Als sie die vielen Anrufe in Abwesenheit sah, war sie erleichtert, sie wusste nun, dass wir offensichtlich Himmel und Hölle in Bewegung setzten, um ihr zu Hilfe zu kommen. Als Erstes rief sie Verena an, die ihr eindringlich riet, unter keinen Umständen das Zimmer zu verlassen, jeden Moment müsse die Polizei eintreffen. Aliyah packte schnell die wichtigsten Dinge zusammen, griff sich ihren Laptop, und als sie aus dem Fenster schaute, sah sie auch schon das Polizeiauto vorfahren.

Murat und Nidal reagierten völlig verunsichert auf das Erscheinen der Polizisten. Aliyah konnte nur hoffen, dass sie dem ganzen Beschwichtigungsgerede, das jetzt vom Vater kommen würde, keinen Glauben schenkten. Gleich nach der Polizei traf auch eine Mitarbeiterin im Frauenhaus ein und stellte Aliyahs Vater zur Rede. Wie das Gespräch verlief, konnte Aliyah nur erahnen. Immer wieder sah sie, wenn sie vorsichtig durch die Gardine ihres Zimmers nach unten spähte, wie der Blick ihres Vaters hoch zu den Fenstern des Hauses wanderte, in der Hoffnung, seine Tochter zu erblicken. Danach kam die Frau vom Frauenhaus gemeinsam mit einem Beamten hoch zu Aliyah. Der Beamte erzählte ihr von den Beteuerungen des Vaters, keinerlei schlechte Absichten zu hegen, sondern lediglich am Wohl seines Kindes interessiert zu sein. Aliyah hielt mich auf dem Flur vor ihrem Zimmer telefonisch ständig auf dem Laufenden. So hatten wir es verabredet. Sie brauchte jemanden, mit dem sie ihre Reaktion absprechen konnte. Und mich trieb die Furcht um, es könnte dem Vater womöglich gelingen, seine Tochter zum Nachgeben zu überreden, sie so einzuschüchtern, dass sie den Mut verlor und ihm nicht länger zu widersprechen wagte. Das passiert oft genug in solchen Situationen. Nicht so bei Aliyah. Die Taktik ihres Vaters, die

Situation vor den Beamten zu verharmlosen, damit niemand ihn daran hinderte, sie mitzunehmen, empörte sie ebenso wie meine Befürchtungen: »Glaubst du etwa, ich traue mich jetzt nicht mehr, mich ihm zu widersetzen?«

Solange sie nicht in Sicherheit war, hing ich mit dem Handy meines Mannes parallel zu Aliyah auch mit der Bremer Polizei weiter am Telefon. Der Beamte vor Ort war Murat inzwischen voll auf den Leim gegangen und wollte mir wieder und wieder weismachen, dass nichts als die Fürsorge für seine Tochter diesen Vater nach Bremen getrieben hatte. Dem hätten doch Tränen in den Augen gestanden, als er den im Frauenhaus eingetroffenen Beamten schilderte, dass die Sorge um die Tochter seine Ehefrau schon fast ins Grab gebracht hätte. Es dauerte eine ganze Weile, bis es gelang, die Polizisten davon abzubringen, Murat bei Aliyahs Heimführung zu unterstützen.

Wir mussten sie so schnell wie möglich an einen sicheren Ort bringen, ohne dass Vater und Onkel ihr dabei folgen konnten. Unter dem Vorwand, die Personalien aufnehmen und überprüfen zu müssen, nahm man die beiden Männer mit aufs Revier, so dass Aliyah die Möglichkeit bekam zu verschwinden. Aber wo sollte sie jetzt unterkommen? Das Frauenhaus war kein sicherer Ort mehr, und jede andere ähnliche Einrichtung im näheren Umkreis war entweder überfüllt oder am Wochenende nicht erreichbar. »Wir können sie trotzdem nur ins nächste Frauenhaus hier bei uns im Einsatzgebiet bringen, alles andere geht nicht«, teilte mir mein Kontaktmann bei der Bremer Polizei kategorisch mit. Sie hatte ihre Arbeit getan, mehr war nicht zu erwarten. Eine sichere Option war auch das andere Frauenhaus nicht, wir konnten davon ausgehen, dass die Özgans genau da nach der ungehorsamen Tochter suchen würden. Aber solange es keine Beweise für unsere Befürchtungen gab, welchen Gefährdungen Aliyah damit ausgesetzt war, sah sich die Polizei nicht gefordert, sie in ein Frauenhaus außerhalb ihres Dienstbereiches zu bringen. Allein mit der Bahn irgendwohin zu reisen kam für Aliyah auch nicht in Frage. Wenn Vater und Onkel drei Tage und Nächte im Auto zugebracht hatten, um sie zu finden, dann konnte niemand ausschließen, dass auch weitere Familienmitglieder unterwegs waren, um sie aufzuspüren. Jetzt, da jeder wusste, in welcher Stadt sie war, würde es ihren Vater nur einen Anruf kosten, um Dutzende Verwandte und Bekannte zu mobilisieren, die jeden Bahnhof und jeden Flughafen abklappern würden.

⋆⋆⋆

An diesem Tag schien vieles schiefgelaufen zu sein. Uns alle hatte er Nerven gekostet. Nun aber galt es, schnell zu handeln, solange Murat und Nidal noch auf dem Polizeirevier waren. Aliyah musste ihre Sachen im Frauenhaus zurücklassen, auch die zwei leichten Sommerkleider und die Shorts, die sie sich heimlich von ihrem Geld gekauft hatte und von denen sie sich erst nicht trennen wollte. Für sie waren sie ein Freiheitsversprechen: Seit Tagen hatte sie sich darauf gefreut, zum ersten Mal in ihrem Leben so leicht bekleidet in der Stadt herumspazieren zu können. Um schnell und beweglich zu bleiben, durfte sie jetzt aber nur noch eine Reisetasche mit dem Notwendigsten bei sich haben. Erst als ich ihr versicherte, dass wir ihr die Sachen nachschicken oder vorbeibringen würden, wenn sie endlich irgendwo eine Bleibe gefunden hätte, gab sie schluchzend nach.

Spurlos, das merkte ich durchs Telefon, waren die dramatischen Ereignisse des Tages nicht an ihr vorbeigegangen. Sie war geknickt, und dass sie von ihrem Vater aufgespürt worden war, empfand sie als große Niederlage. Vielleicht wurde ihr erst an diesem dramatischen Tag bewusst, dass sie möglicherweise für eine lange Zeit auf der Flucht sein würde und wie eine Kriminelle immer wieder abtauchen müsste. Ob sie irgendwann einmal wieder ohne Angst auf die Straße gehen könnte? Fast schien sie daran nicht mehr zu glauben.

Der Tag hatte an ihr gezehrt. Zum Glück hatte sie ihr Handy noch, die Telefonate mit uns gaben ihr neuen Mut, sie waren geradezu überlebenswichtig, nur so konnte sie diesen Rückschlag überstehen. Es muss schon enorme Kraft kosten, die Familie und das gewohnte Umfeld zu verlassen, die Geschwister vielleicht nie wiederzusehen, sich von Freunden innerlich zu verabschieden, ungewiss, ob man sie jemals wiedertreffen wird. Und nun war Aliyah auch noch zum allerersten Mal in ihrem Leben völlig auf sich selbst gestellt, ohne irgendeine Sicherheit, und sie wusste nicht, wie es weitergehen würde – ob sie den nahenden Sommer sorgenfreier sein, ob sie Dimi bald wiedersehen könnte. Für mich war das alles eine Horrorvorstellung, für Aliyah die einzige Möglichkeit, um mit dem Menschen zusammen zu sein, den sie liebte. Gerade erst angekommen in einer fremden Stadt, ging die Flucht schon gleich wieder weiter. Jetzt wusste sie, dass ihre Familie alles tun würde, um sie zu finden.

Die Polizei brachte Aliyah ins nächste Frauenhaus. Da saß sie dann, in einem karg möblierten Zimmer mit zugezogenen Vorhängen vor den Fenstern. Draußen schien die Sonne, aber um jede zusätzliche Gefährdung zu vermeiden, durfte Aliyah nicht aus dem Fenster schauen. Sie hatte allerdings auch gar kein Interesse daran, sie war erschöpft, ausgelaugt. Die Freude, mit der sie in den Tag gestartet war, war längst dahin, und es sollte eine ganze Weile dauern, bis sie sich wieder einigermaßen im Lot fühlte.

Und auch ich wusste nicht mehr recht weiter. Im Frauenhaus konnte Aliyah nie sicher sein, ob nicht doch vor irgendeiner Tür, hinter irgendeiner Ecke ihr Vater oder ihr Onkel oder ihr Bruder auf sie lauerte. Wir mussten ein anderes Zuhause für sie finden. Aber wo? Bei wem? Wer würde die Möglichkeit haben, sie sicher unterzubringen? Wer würde bereit sein, das Risiko einzugehen, damit auch selbst in Gefahr zu geraten? Ich hatte keine Antworten auf diese Fragen.

Aber wie das im Leben manchmal so ist, ergeben sich plötzlich Möglichkeiten, mit denen man nicht gerechnet hat. Am Ende kam von jemandem Hilfe, den wir gar nicht kannten. Es gibt Überraschungen und Zufälle, die einem, im Nachhinein betrachtet, wie ein Segen vorkommen. In diesem Fall hieß der Segen Alexander.

Der Retter

Aliyah hatte das Glück, auf Menschen zu treffen, die bereit waren, ihr zu helfen. Die meisten kannte sie vorher gar nicht. Und das war auch gut so. Selbst ich hätte nicht gedacht, wer uns alles beistehen würde. Ich war damals gerade erst in eine Weddinger Wohnung umgezogen und stieß dort auf besonders freundliche Nachbarn: Annika und Malte sind Anwälte. Ich hatte beide, gleich nachdem Aliyah sich mir anvertraut hatte, in die Geschichte eingeweiht. Es war mir wichtig, andere Meinungen einzuholen, denn mich quälte die Frage, wie Aliyahs Leben eigentlich weitergehen sollte, wenn sie erst einmal davongekommen war.

Annika war die Situation der Mädchen und Frauen aus türkischen und arabischen Familien nicht ganz fremd. In ihren Anfängen als Anwältin hatte sie immer wieder Einblick in die Akten junger Intensivtäter aus solchen Familien nehmen können. Ansonsten aber hatte weder sie noch ihr Mann vorher jemals mit den Lebenswelten muslimischer Angehöriger zu tun gehabt. Sie kannten die Probleme nur aus der Presse. Aber es genügte ihnen zu wissen, in welcher Situation Aliyah war und welche Gefahr ihr drohte, um sofort ihre Bereitschaft zu erklären, Aliyah und mir zu helfen. Ja, auch mir, denn auch ich hatte Beistand nötig. Ich fühlte mich verantwortlich für Aliyahs Sicherheit und für ihre Zukunft. Es ist gut, wenn man in einer solchen Situation jemanden neben sich weiß, der einen nüchternen Blick auf alle Pläne und Vorhaben werfen kann.

An dem Tag, als Aliyah von Murat und Nidal in Bremen aufgespürt wurde, war ich erschöpft von der großen Anspannung, hatte Kopfschmerzen von den vielen Telefonaten, mein kleiner Sohn war von der Rolle – ich war fix und fertig und rief Annika und Malte an, um Trost zu suchen und ihren Rat einzuholen, was mit der ängstlich im Frauenhaus sitzenden Aliyah geschehen könne. Als sie erfuhren, in welcher Stadt Aliyah untergekommen war, sagten sie, ich solle jetzt aufhören zu telefonieren, meinen Sohn endlich ins Bett bringen und sie machen lassen.

Eine knappe Stunde später riefen sie mich wieder an. Mit einer frohen Botschaft! Sie hatten Freunde und Bekannte durchtelefoniert und waren schließlich auf Alexander gestoßen. Alexander war Anwalt, lebte unweit von dem Ort, an dem Aliyah gerade war, und hatte beruflich die Möglichkeit, sie außer Landes zu schaffen, und zwar sofort. Weil er an den Wochenenden seine Mutter besuchte, war er gerade in Bremen, noch am gleichen Abend wollte er zurück nach Holland fahren. Es war die ideale Gelegenheit, Aliyah in Sicherheit zu bringen. Alexander kannte niemanden aus Aliyahs Umfeld, und Aliyah kannte niemanden aus seinem Kreis. Sie waren einander völlig fremd, es gab keine Verbindung zu Aliyahs Familie und nicht einmal zu den Menschen, die unmittelbar in das Geschehen um die Flucht einbezogen waren. Selbst die eingeweihten Polizisten erfuhren nicht, wo Aliyah jetzt untertauchte.

Ohne Alexander hätte Aliyah Tage, womöglich gar Wochen in dem Frauenhaus ausharren müssen und wäre die ganze Zeit nicht sicher vor ihrer Familie gewesen. Ich war erleichtert, und mit mir die Mitarbeiterin des Frauenhauses, dass unser Schützling nun weggebracht werden konnte. Selbst durchs Telefon konnte ich ihrer Stimme anhören, welche Entlastung sie durch die Nachricht verspürte, denn so wie sie Murat und Nidal erlebt hatte, glaubte sie nicht, Aliyah wirklich Schutz bieten zu können.

Es kostete mich keine große Mühe, Aliyah davon zu überzeugen, sich Alexander anzuvertrauen, sie war sofort bereit dazu. Dabei war es für sie eine ganz neue Erfahrung, Hals über Kopf mit einem fremden Mann in seine Wohnung zu fahren. Sie kannte außer Dimi sonst nur Männer aus ihrem Verwandtenkreis, ein deutscher Mann, der mitten im Leben stand, war ihr höchstens als Lehrer in der Schule begegnet. Außerfamiliäre Kontakte zu anderen Männern, selbst ein kleiner Smalltalk mit dem Kioskbesitzer oder dem Briefträger, galten schon als unschicklich. Aber auch für Alexander sollte die Begegnung mit Aliyah eine neue Herausforderung werden.

Die Betreuerin des Frauenhauses sorgte dafür, dass Aliyah sicher aus der Stadt kam. Alexander verabredete mit den beiden ein Treffen an einem Ort, wo sie einen möglichen Verfolger leicht abschütteln konnten. Aliyah musste im Auto den Kopf unten halten, bis der Treffpunkt erreicht war. Dann gab es eine kurze Begrüßung, sie verabschiedete sich von ihrer Beschützerin und stieg in Alexanders Auto. Für Aliyah begann damit die nächste Fahrt ins Ungewisse.

* * *

In ihrem neuen Zuhause bekam Aliyah sogar ein eigenes Zimmer. Tagsüber hatte sie einen freien Blick auf eine Pferdekoppel, die Gegend war kaum bewohnt und sehr ruhig. Und irgendwann, nach Tagen, wagte sie auch wieder, das Haus zu verlassen. Sie fühlte sich in Sicherheit. Aber was wusste ihre Familie von den Menschen, die ihr bei ihrer Flucht geholfen hatten? Und was würde jetzt mit Dimi sein? Er war, nachdem sie vor Murat ihre Beziehung zu ihm preisgegeben hatte, am stärksten gefährdet, das war allen klar. »Mein Vater wird jetzt erst recht nicht lockerlassen«, meinte sie, »zumal er mich eigentlich schon hatte und ich doch noch entkommen bin.«

Nächtelang saßen wir – Annika, Malte, ihr Freund Mikael und ich – in der nächsten Zeit vor dem Computer und skypten mit Aliyah, um ihr die Ängste zu nehmen. Wir wurden zu einem festen Bestandteil ihres Tagesablaufs. Einfach waren diese Skype-Sessions nicht immer. Denn neben den dramatischen Höhepunkten, die so eine Flucht mit sich bringt, dem Adrenalin und der Panik, die man in gewissen Momenten verspürt, ist das Leben auch ziemlich langweilig, wenn alles wegbricht und man nichts mehr zu tun hat. Aliyah drohte in Lethargie zu versinken, sie wurde aggressiv und depressiv zugleich, und besonders Alexander bekam das zu spüren.

Wir alle empfanden ihr Verhalten in den nächsten Wochen zuweilen als sehr befremdlich. Häufiger fiel das Wort »undankbar«, wenn sie wieder einmal grundlos herumzickte und ihre Verzweiflung über ihre momentane Situation sich in Wutanfällen gegenüber Alexander entlud. Er selbst nahm dieses Wort ihr gegenüber nie in den Mund. Er vermied sogfältig alles, was Aliyah ein Schuldgefühl oder ein schlechtes Gewissen hätte geben können. Ihm war wichtig, dass sie sich bei ihm zu Hause fühlte. Deshalb biss er sich vermutlich oft auf die Zunge und sah darüber hinweg, wenn Aliyah wieder einmal schlechte Laune hatte. An solchen Tagen konnte sie sich über jede Kleinigkeit aufregen, die nicht ihren bisherigen Gewohnheiten entsprach. Oder sie schmollte stundenlang und verbreitete schlechte Stimmung im Haus. Alexander hingegen blieb selbst dann noch gelassen. Dass er nie aggressiv wurde, verunsicherte sie.

In ihrer Familie genügte ein falscher Blick, um einen heftigen Krach heraufzubeschwören. Danach schrie man sich an oder warf sich wüste Beleidigungen an den Kopf. Oder es wurde gleich geschlagen. Dann knallten die Türen, und jeder zog sich mit seinem Groll zurück. Die Männer hatten die Freiheit, in einer solchen Situation das Haus zu verlassen, die Frauen mussten die dicke Luft in der Wohnung ertragen und die Zerstörungen beseitigen. In den Tagen danach lag dann eine kaum erträgliche Spannung in der Luft, Aliyah hatte mir oft genug von solchen Vorfällen berichtet. Man ging sich aus dem Weg oder, wenn man es drauf ankommen ließ und erneut provozierte, dann fing das ganze Theater wieder von vorn an. Miteinander geredet wurde bei den Auseinandersetzungen eigentlich nie. Das war ein Umgang, der Alexander fremd war. Er ist ein Mann, der daran glaubt, dass man Probleme durch Reden lösen kann, der das Gespräch mit Aliyah auch dann noch suchte, wenn das Maß bereits voll war.

Ich hatte ihn vor seiner Hilfe für Aliyah nicht gekannt, aber mich beeindruckte, mit welchem Ernst und welcher Begeisterung er die ihm spontan zugefallene Helferrolle annahm und sich den Kopf zerbrach, wie Aliyah am sichersten und angenehmsten bei ihm leben konnte. Er stand in regem Austausch mit Annika und mir, um ja keinen Fehler zu machen. Schon nach unserem ersten Skype-Kontakt hatte ich das Gefühl, in ihm einem gebildeten und weltgewandten Menschen mit fabelhaftem Humor und einem großen Herzen zu begegnen, dem man schnell Vertrauen schenkt. Sein Charme, seine Freundlichkeit und seine Großzügigkeit ließen bei mir keinen Zweifel daran aufkommen, dass er ein wahrer Lottogewinn für Aliyah war.

Auch Aliyah hat das gespürt. Meine anfängliche Befürchtung, dass sie sich bei einem fremden Mann in der Wohnung unwohl fühlen, dass sie möglicherweise jeden Tag auf eine Gelegenheit für den Absprung lauern könnte, bestätigte sich nicht. Eher musste ich mir bald Sorgen machen, dass Aliyah seine Hilfsbereitschaft überstrapazierte, denn Alexander hatte wahrlich beruflich genügend Stress, opferte aber in den ersten Tagen des Zusammenseins mit Aliyah seine gesamte Freizeit, um sie nicht sich selbst zu überlassen. Erst viel später räumte er in einem Gespräch mit mir ein, dass Aliyah ihn zuweilen auch ziemlich anstrengte. Marieke, seine Freundin, war ohnehin wenig begeistert darüber, dass er die knappe Zeit, die er neben seinem Beruf als Anwalt einer großen Firma hatte, jetzt auch noch damit verbrachte, sich mit einer trotzigen jungen Frau auseinanderzusetzen. Die Beziehung zwischen den beiden war durch Aliyah einer erheblichen Spannung ausgesetzt. Ich hatte häufiger Gewissensbisse, was wir Alexander zumuteten, nachdem wir ihn, der bisher noch nie in seinem Leben mit einer ähnlichen Problematik konfrontiert gewesen war, in diese Geschichte hineingezogen hatten.

Dass Aliyahs Zorn sich trotz seiner Großzügigkeit ausgerechnet gegen ihn richtete, war nicht so verwunderlich. Undankbarkeit war es nicht, das wurde mir nach einigem Nachdenken klar. Alexander behandelte Aliyah wie eine Erwachsene, manchmal überforderte sie das. Ihr gesamtes bisheriges Leben lang hatten andere über sie bestimmt, sie hatte immer nur nach den Anweisungen der Eltern, Tanten und Onkel gehandelt. Ich glaube, Aliyah musste bei Alexander ihre eigenen Grenzen neu ausloten, überhaupt erst lernen, sich auf ein für sie ganz ungewohntes männliches Verhalten einzustellen. Ein Mann wurde entweder laut, oder er schlug zu, so kannte sie es nicht nur von ihrem Vater und ihrem Bruder, sondern auch von ihrem Onkel und ihren Cousins. Nicht nur die Männer übten so ihre Macht über die Kinder aus, selbst die Mütter waren schnell mit Schlägen bei der Hand, wenn die Kinder sie nervten. Und auch wenn Aliyah immer wieder betonte, wie falsch sie ein solches Verhalten fand, das sie später bei ihren eigenen Kindern bestimmt nicht praktizieren würde, so hatte diese Erfahrung doch auch bei ihr Spuren hinterlassen. Sie tat sich schwer, einen Mann als Mann zu respektieren, der nicht nach einem solchen Muster agierte.

Bei Alexander machte sie zum ersten Mal in ihrem Leben die Erfahrung, von einem Mann völlig unvoreingenommen akzeptiert und ernst genommen zu werden. Ein Mann, der sensibel mit einer Frau umgehen konnte und trotzdem kein Angsthase war, so etwas hatte sie noch nie erlebt. An Alexander und seiner damaligen Freundin konnte sie beobachten, wie anders eine Beziehung unter Erwachsenen sein kann, wenn beide Partner gleichberechtigt und respektvoll miteinander umgehen.

* * *

Zu Hause hatte es zu Aliyahs Pflichten gehört, sich um den Haushalt zu kümmern. Auch bei Alexander wurde es zu einer ihrer Hauptbeschäftigungen. Beim Putzen und Kochen konnte sie abschalten. Vielleicht war es auch ihre Art, sich bei Alexander zu bedanken. Für ihn war die Manie, mit der Aliyah sich auf diese Arbeiten stürzte, ziemlich gewöhnungsbedürftig, aber er ließ sie machen. Dabei hatte Aliyahs Ordnungsfimmel fast schon etwas Beleidigendes. Wenn sie Staubkörner auf Regalen oder Fussel auf dem Teppich oder gar in einer Ecke ein kleines Spinnennest entdeckte, schimpfte sie geradezu hysterisch vor sich hin: »Diese Deutschen sind einfach nicht sauber!« – so als säße ihr in solchen Momenten ihre Mutter im Nacken. Doch Alexander nahm auch solche Sticheleien geduldig hin. Vermutlich hatte er erwartet, dass eine Zwanzigjährige ganz andere Interessen hatte, als täglich in einen exzessiven Putzrausch zu verfallen. Aber wie soll ein junger Mensch andere Interessen entwickeln, wenn ihm alles verboten ist, was nicht im Rahmen der eigenen Familie stattfindet? Jede für Teenager eigentlich normale Freizeitaktivität war für Aliyah immer etwas sehr Besonderes gewesen, jeder Kinobesuch eine große Ausnahme, die unter strikten Auflagen stand: Sie durfte nur mit anderen Mädchen ins Kino gehen und musste unmittelbar nach Ende des Films wieder nach Hause kommen. Jede kleine Freiheit, schon die Shopping-Tour mit der Cousine, musste erlaubt und von den Eltern abgesegnet werden. Das Lockere, das Leichte, das sonst ein Teenagerleben ausmacht, das fehlte Aliyah.

Aliyah kochte gern. Ihr kulinarisches Repertoire hatte allerdings Grenzen – Hähnchen mit Salat und Reis war ihre Spezialität. Es ist ein typisches Essen, das auf muslimischen Hochzeiten gereicht wird, wobei je nach Geschmack und Geldbeutel die Fleischsorten variieren. Aliyah hatte gelernt, deftig und in großen Mengen zu kochen, schließlich musste ein Mädchen im heiratsfähigen Alter in der Lage sein, kostengünstig und schmackhaft ein spontanes Essen für zwanzig Leute zuzubereiten. Und Fleisch war bei ihrer Familie fast täglich auf dem Speiseplan gewesen. Damit waren die Özgans keine Ausnahme: In den türkischen Supermärkten ist die Metzgertheke mit Massen an preisgünstigem Fleisch beladen, mit Bergen von Hühnerteilen für 3,99 Euro das Kilo neben Schafsköpfen und fertig gewürzten Hackfleischmassen. Sogar der Edel-Franzose bei mir um die Ecke geht gern im Gazi-Supermarkt einkaufen. Alexander aber hatte die Reis-Fleisch-Salat-Varianten irgendwann satt, und um Aliyah nicht zu verärgern oder gar zu kränken, lud er sie häufiger zum Essen außerhalb ein, stellte ihr einige seiner Freunde vor und gab sich große Mühe, ihr das Leben an einem fremden Ort ohne Freunde und Familie so abwechslungsreich wie nur möglich zu machen.

***

Die Tage und Wochen vergingen. Jeden Tag erweiterte Aliyah ihren Bewegungsradius ein wenig mehr, fast stellte sich eine gewisse Unbekümmertheit bei ihr ein. Sie traute sich sogar schon, die unmittelbare Sicherheitszone, die wir gemeinsam um Alexanders Wohnung festgelegt hatten, zuweilen auf ihren Spaziergängen zu verlassen. Die Gegend war so einsam und abgelegen, dass es sich nur um Zauberei handeln konnte, wenn einer aus ihrer Familie sie hier finden sollte.

Der Ort, in dem Alexanders Haus stand, war klein, die nächstgrößere Stadt nur mit dem Auto zu erreichen. Aliyah war auf Alexander angewiesen, und er musste zusehen, dass er nach Feierabend schnell zu Hause war, damit ihr nicht die Decke auf den Kopf fiel. Das war für beide eine Belastungsprobe, und so ließ der erste heftige Konflikt nicht allzu lange auf sich warten. Er brach aus, als Alexander Aliyah darum bat, sich »umzustylen«. Und zum ersten Mal schaffte sie es, dass er an die Grenzen seiner Gelassenheit stieß.

Wir hatten aus unserem Helfer-Netzwerk erfahren, dass mehrere männliche Familienangehörige sich erneut auf die Suche nach Aliyah gemacht hatten und einige weibliche Familienmitglieder verschiedene Frauenhäuser abtelefonierten, um an eine Information über Aliyahs Verbleib zu kommen. Aus sicherer Quelle wussten wir, dass eine Familienratssitzung stattgefunden hatte, ähnlich wie damals bei Aliyahs Cousine – wir wussten nur nicht, welcher Beschluss gefasst worden war. Parallel dazu hatte Aliyahs Familie das Gerücht gestreut, ihre

Tochter sei zu einer längeren Sprachreise ins Ausland geflogen. Es war eine Legende, die ihnen Zeit verschaffen sollte, ein taktisch kluger Schachzug, um die Schande klein zu halten, falls Aliyah doch noch gefunden wurde.

Wir verabredeten mit Alexander, dass es sicherer sei, wenn Aliyah sich optisch veränderte. Auch die uns beratend zur Seite stehenden Polizeibeamten und verschiedene Frauenrechtlerinnen, mit denen wir Kontakt hielten, rieten zu diesem Schritt. Einige waren sogar erschrocken darüber, dass wir das nicht schon längst gemacht hatten, neuer Haarschnitt, neues Outfit, am besten so sehr unterschieden von Aliyahs jetzigem Aussehen, dass selbst unmittelbare Verwandte und Bekannte sie kaum wiedererkennen würden. Das ist eine schnelle und einfache Schutzmaßnahme, die wie eine Story aus einem billigen Agentenfilm klingen mag, aber die Erfahrung hat gezeigt, dass eine solche Maskerade Leben retten kann. Als gefährdete Person muss man mit allem rechnen, wenn eine Großfamilie nach einem fahndet.

Natürlich ist eine optische Veränderung kein Patentrezept, der Fall der 2012 ermordeten Arzu Özmen lehrt das. Arzu war nach langem Martyrium in ein Frauenhaus geflohen und hatte, um ein ganz normales Leben mit ihrem deutschen Freund führen zu können, sich unkenntlich zu machen versucht, ihre Haare radikal kurz geschnitten und blond gefärbt. Sie hatte sogar einen neuen Namen angenommen, um nicht von ihrer Familie gefunden zu werden. Aber ihren Geschwistern gelang es dennoch, sie ausfindig zu machen und zu verschleppen, ihr Bruder richtete sie mit zwei Schüssen in den Kopf hin. Ihre Schwester hatte als Angestellte der Stadt Detmold Zugriff auf personenbezogene Daten und konnte so Arzus Aufenthaltsort ermitteln.

Ich kannte diese Geschichte, schließlich war sie auch durch

die deutsche Presse gegangen. Auch wenn es Arzu schließlich nichts genützt hatte, so war ich doch überzeugt davon, dass Aliyahs Haare, po-lang und zu einem Pferdeschwanz gebunden, unbedingt abgeschnitten werden mussten. Alexander war der Erste, der sie mit dem Gedanken vertraut zu machen versuchte. Aliyah war außer sich, sie schrie ihn an, er solle sich nicht länger in ihr Leben einmischen. Alexander wehrte sich, er versuchte ihr klarzumachen, dass sie sich schließlich Gedanken über ihre Zukunft machen müsse. Aliyah verstand das als versteckte Aufforderung, ihn und sein Haus zu verlassen. Dabei handelte Alexander eher wie ein fürsorglicher Vater, was Aliyah aber gar nicht begriff. Alexander wiederum hatte kein Verständnis dafür, dass Aliyah unter gar keinen Umständen ihr Erscheinungsbild verändern wollte. Es war das erste Mal, dass er sie kritisierte und eine unterschiedliche Meinung in einem offenen Streit zwischen ihnen endete.

Nachdem Alexander mit seinem Vorstoß gescheitert war, lag es an uns, Aliyah davon zu überzeugen, dass blond und kurz angesichts ihrer gefährdeten Lage genau das Richtige war. Ich erinnere mich an eine längere Skype-Krisensitzung, in der Annika und ich Aliyah klarmachen wollten, dass es der schnellste und einfachste Weg wäre, um endlich wieder etwas angstfreier auf die Straße gehen zu können. Aber auch wir bissen auf Granit. Aliyah weigerte sich. Vielleicht hatte sie besser als wir begriffen, dass es dabei um mehr ging als nur um äußere Veränderungen. Es war ein Abschied von der alten Aliyah, von allem, was bisher ihr Leben ausgemacht hatte. Manchmal spürt man solche gravierenden Einschnitte erst an scheinbar unwichtigen Dingen. Damals hat es mich wütend gemacht, dass sie so wenig Entgegenkommen zeigte. Heute kann ich ihr Verhalten besser verstehen. Zwanzig Jahre lang hatte sie sich die Haare unter dem Kopftuch wachsen lassen, sich den Kleidungsvorschriften gefügt, die sie als graue Maus erscheinen ließen, und seit den Plänen für ihre Flucht von dem Tag geträumt, an dem sie endlich das Tuch, das ihr die Großeltern einst aufgenötigt hatten, ablegen konnte und die Haare bis auf den Hintern fallen lassen würde. Und nun kamen wir und wollten schon wieder bestimmen, wie sie auszusehen hatte! Erst nach Tagen war sie bereit, sich die Haare doch schneiden zu lassen – ein Stufenschnitt mit helleren Strähnchen war das Ergebnis. Wie zum Trotz trug sie auch diese Frisur wieder streng nach hinten zum Pferdeschwanz gebunden. Und die Shopping-Tour mit Alexander endete damit, dass sie sich Outfits zulegte, die ganz ihrem alten Stil entsprachen.

Über solche Krisen, die zum Glück nicht allzu häufig auftraten, half auch der enge Kontakt zu Dimi hinweg, den Aliyah jetzt pflegen konnte. Stundenlang telefonierten oder skypten die beiden. Es war schon paradox: Nun, da sie viele hundert Kilometer entfernt voneinander waren, konnten sie viel ausführlicher miteinander reden als je zuvor. Für Aliyah war dieser tägliche Kontakt unverzichtbar. Denn sie trieb ständig die Angst um, dass Dimi einknicken, dass er kapitulieren könnte angesichts der Gewalt, die ihm jetzt vonseiten ihrer Familie drohte. War er wirklich stark und vor allem überzeugt genug, um auch weiterhin zu ihr zu halten? Oder war es doch nur eine Teenagerliebe zwischen ihnen, die schnell erlosch, gerade jetzt, da sie sich nicht mehr sehen konnten?

* * *

Alexander hat nie gefragt, wie lange Aliyah wohl noch bei ihm bleiben würde. Trotz der einschneidenden Veränderungen, die sie in sein Leben brachte, hätte er sie bestimmt nicht vor die Tür gesetzt. Ich bin ihm unendlich dankbar für sein Engagement und kann nur hoffen, dass es viele solcher Menschen wie ihn gibt. Menschen wie Malte, Annika und Alexander repräsentieren für mich ein Deutschland, in dem Nächstenliebe und Gastfreundschaft herrschen. Und die Bereitschaft, sich für andere einzusetzen. Nicht jeder hat den Mut, der dazu gehört.

Ich habe mir bei meinen Recherchen in muslimischen Milieus immer wieder anhören müssen, wie »sittenlos«, geizig und unfreundlich die Deutschen seien, »kalt« und »egoistisch« – ein Bild voller Vorurteile, das den Menschen genauso wenig gerecht wird wie die Vorbehalte, die man häufig gegen Muslime äußert.

Viele, die dem Helferkreis um Aliyah zur Seite standen, engagieren sich selbstlos, fast immer ehrenamtlich für andere, die in Bedrängnis sind. Vielleicht sind es am Ende Menschen wie Malte, Annika und Alexander, die ohne Abwägung der möglicherweise auftretenden Schwierigkeiten Menschenleben retten. Das ist bewundernswert, aber zugleich auch bestürzend: Ich hätte von den Institutionen des deutschen Rechtsstaates mehr Bereitschaft zu unbürokratischer Hilfe erwartet. Wäre es nicht Aufgabe der Polizei, eine junge Frau wie Aliyah vor dem Zugriff der Familie zu schützen? Ich hatte Aliyah immer wieder versichert, dass die Polizei sie nicht im Stich lassen würde. Denn schließlich handelte es sich um eine gravierende Menschenrechtsverletzung, die ihre Familie an der Tochter beging. Aliyah war volljährig und hatte damit das volle Selbstbestimmungsrecht, wo sie sich aufhalten wollte. Das lag nicht in der Entscheidungsbefugnis ihrer Familie. Auch die Verschleppung von Iman in die Türkei war ein Verstoß gegen geltendes Recht gewesen.

Doch trotz dieser Rechtsbrüche sind es nur wenige engagierte Menschen, die sich für solche Mädchen, Frauen und Männer einsetzen, denen das Recht auf Selbstbestimmung verweigert wird. Menschen, die etwas riskieren, wenn sie einer Frau oder einem jungen Mann Unterschlupf gewähren, wohl wissend, dass sie mit dran sind, wenn die Familie sie findet. So wie die mutigen Frauen der Mädchenzuflucht »Papatya«, Fatma Bläser vom Verein »Hennamond«, Serap Cileli von »peri e.V.« und die Frauen von »Terre des femmes«. Sie alle standen uns in dieser Zeit mit Rat und Tat zur Seite, dafür bin ich ihnen sehr dankbar.

Wer einem von einer Zwangsehe betroffenen Mädchen auch nur die Telefonnummer einer Schutzeinrichtung gibt, muss damit rechnen, von den Eltern zur Verantwortung gezogen zu werden, wenn das Mädchen dann tatsächlich untertaucht. Und wie unangenehm das sein kann, habe ich selbst erfahren, als ich vor Jahren einer jungen – ebenfalls volljährigen! – Libanesin zwei Tage vor einer solchen Zwangsehe geholfen habe. Es dauerte keine zwölf Stunden, bis ihr Vater, ein Cousin und zwei Brüder vor mir standen und mich bedrohten. Man muss schon starke Nerven haben, um in so einem Moment nicht zu kapitulieren vor der eigenen Angst. Ich hatte keine Angst, ich spürte nur Wut, gegen diese Männer, denen unsere Gesetze egal sind, Männer, die glauben, es sei ein Gebot Gottes, dass Frauen ihnen zu gehorchen haben. Ich rief damals die Polizei und lehnte jedes Gespräch mit der Familie ab, die mich ultimativ aufforderte, ihnen zu helfen, die Tochter zu finden.

Die Frauenrechtlerin und Anwältin Seyran Ates hätte ihre Hilfsbereitschaft vor einigen Jahren fast mit dem Leben bezahlt. Sie arbeitete in einer Einrichtung, die türkischen und kurdischen Frauen Hilfe und Schutz bei häuslicher Gewalt anbot – heute wie damals ein gefährliches Unterfangen, denn viele muslimische Männer sehen es nicht gern, wenn ihre

Frauen, die sie als ihren Besitz betrachten, dabei unterstützt werden, sich zu emanzipieren. Ein türkischer Mann schoss auf Seyran Ates, die das Attentat schwerverletzt überlebte. Auch nach dem Attentat musste sie Polizeischutz in Anspruch nehmen, weil ihre Kritik an den Verhältnissen in muslimischen Einwandererfamilien und ihr Engagement für die Rechte der Frauen dazu führten, dass sie immer wieder bedroht wurde und so ihrer Arbeit als Anwältin nicht mehr nachgehen konnte. Es sind solche und ähnliche Fälle, die Helfer dazu veranlassen sollten, sehr vorsichtig mit ihren persönlichen Angaben umzugehen.

Sich einzumischen in Fragen, die Familien wie die Özgans als interne »Familienangelegenheiten« betrachten, bei denen andere nichts zu suchen habe, bedeutet immer auch Gefahr für Leib und Leben. Ich ertappte mich in den ersten Wochen nach Aliyahs dramatischem Notruf auch dabei, wie ich, hinter dem Vorhang versteckt, ab und zu besorgt aus dem Fenster spähte, wenn ich ein Auto in der zweiten Spur unserer Straße stehen sah – das mag paranoid klingen, aber Vorsicht ist in einer solchen Situation angebracht. Und auch während ich dieses Buch schreibe, muss ich mir jedes Mal genau überlegen, ob ich nicht zu viele Informationen preisgebe, die für Aliyah oder für eine der Personen, die ihr geholfen haben, gefährlich werden könnten.

Krisensitzung oder
Wer flieht, braucht Hilfe

Wer vor seiner gewaltbereiten Familie zu fliehen versucht, braucht Hilfe. Ich persönlich kann es nicht ertragen, dass in meinem Land Menschen nicht frei sein dürfen, weil ihre Familien es so wollen, und sehe es als Bürgerpflicht an, ihnen beizustehen. Doch auch ich hätte es allein nicht geschafft, Aliyah sowohl seelisch wie materiell eine wirkliche Stütze zu sein. Dazu braucht es mehr als guten Willen: Eine gute Logistik muss überlegt werden, Geld ist nötig, um die Reisekosten auf der Flucht zu decken und die erste Zeit überbrücken zu können, und Hilfsbereite müssen an verschiedenen Orten zur Verfügung stehen, um die Fliehenden zu betreuen, ihnen den Rücken zu stärken, sie immer wieder zu ermutigen. Ein solcher Beistand ist bitter nötig, gerade für junge Menschen, die zum ersten Mal ihre Familie verlassen, die sie vielleicht nie wiedersehen werden. Eine Flucht macht einsam.

Bei Aliyah entstand dieser Kreis von Unterstützern spontan. Ohne die vielen Helfer, die ihr zur Seite standen, wäre ihre Flucht vermutlich nicht so gut verlaufen, zumindest bis jetzt ist sie – trotz mehrerer Zwischenfälle – geglückt. Wenn ein Mädchen der Gewalt oder einer drohenden Zwangsehe zu entkommen versucht, dann ist es Glücksache, ob ihm das gelingt und ob es dabei den Weg in die Freiheit findet. Denn die Familie wird ihm auf den Fersen bleiben, oft jahrelang. Aliyah ist kein Einzelfall, die professionellen Hilfseinrichtungen wissen von einer großen Zahl an jungen Menschen in

Deutschland, die in ähnlichen Situationen sind, aber auch von Mädchen, die sich eingesperrt fühlen, denen eine normale Kindheit mit Freunden und Freizeit verwehrt ist. Woran es mangelt, sind Hilfsangebote. Hier gibt es ein massives Defizit.

In Berlin allerdings sind die Verhältnisse besser als an vielen anderen Orten dieser Republik. Denn Polizei und Behörden haben Erfahrungen im Umgang mit muslimischen Familien, die ihren Töchtern und Söhnen ein Leben aufzwingen, das gegen die Grundrechte verstößt. Besonders in den Vierteln, in denen es viele Einwanderer aus der Türkei, aus arabischen Ländern, Afrika und Albanien gibt, kennt man die Probleme junger Menschen, die mit den tradierten Werten der Familie brechen wollen.

Eine, die sich besonders gut auskennt, ist Sylvia Edler, die Gleichstellungsbeauftragte für Berlin-Neukölln. Wer sich hilfesuchend an sie wendet, kann mit Rat, in manchen Fällen auch mit Unterstützung rechnen. Denn mit Hilfe eines gut ausgebauten Netzwerkes kann sie schnell die passenden Beratungsstellen zu Hilfe holen.

Vielleicht ist es der Zorn über die Entrechtung, die muslimischen Mädchen oft angetan wird, der sie energisch und willensstark dagegen etwas unternehmen lässt. Die enge Zusammenarbeit mit der Polizei und der regelmäßige Kontakt zu Kinder- und Jugendeinrichtungen haben ihr im Laufe der Jahre einen guten Einblick in das Problemfeld gegeben.

Als sie von Aliyahs Geschichte erfuhr, organisierte sie gleich eine Krisensitzung, zu der sie einen Vertreter der Polizei, eine Frau aus der Jugendarbeit und mich einlud, um gemeinsam zu überlegen, wie man Aliyah und Dimi am besten helfen könnte. Bei einem so hochbrisanten Fall, in dem es um Leben und Tod geht, ist es sehr wichtig, dass die damit befassten Personen einander nahezu bedingungslos vertrauen können. Man hat in einer solchen Situation, in der es auf ebenso schnelles wie überlegtes Handeln ankommt, einfach keine Zeit mehr, Dinge lange zu besprechen oder die Mitstreiter noch besser kennenzulernen. Man gibt dauernd wichtige Informationen preis, die – wenn sie in die falschen Hände geraten – für die Betroffenen tödliche Folgen haben können. Zumal es in dieser Geschichte nicht mehr nur um Aliyah ging, sondern auch um Dimi und seine Familie, denn Sylvia Edler wie auch dem Polizeibeamten war klar, dass die griechische Familie früher oder später von Aliyahs Verwandten heimgesucht werden würde: Dimis Name war gefallen, er war ihnen nun bekannt. Und er selbst war dadurch ebenfalls extrem gefährdet.

Sie sollten recht behalten. Schon einen Tag nachdem Aliyahs Vater seine Tochter gefunden und wieder verloren hatte, stand einer der Özgan-Brüder vor Dimis Tür und forderte ihn ultimativ auf, der Familie zu helfen, Aliyah wieder nach Hause zu holen. Er wählte seine Worte sehr sorgfältig, nur indirekt sprach er eine Drohung aus, um Dimi ja keine Gelegenheit zu geben, Anzeige zu erstatten. Der Polizei allerdings reichte die Nachricht, dass er Dimi einen Besuch abgestattet hatte. Nun suchte sie ihrerseits Aliyahs Familie auf. Wir, die Unterstützer, waren erleichtert, dass die Özgans durch den Polizeibesuch endlich den Arm des Rechtsstaates zu spüren bekamen. Das würde sie zwar kaum davon abhalten, auch weiterhin nach der Tochter zu forschen, aber zumindest verpasste es ihnen einen kleinen Dämpfer – sie wussten nun, dass die Polizei sie im Auge hatte.

Die Polizisten klärten Aliyahs Eltern darüber auf, dass eine Volljährige wie ihre Tochter in Deutschland selbst über ihr Leben bestimmen darf – wo sie sich aufhält, mit wem sie zusammenlebt und was sie tut. Der Vater dürfe auch nicht mehr nach ihr suchen, denn seine Tochter hatte der Polizei schriftlich mitgeteilt, dass sie das nicht wünsche. Nach dem Vorfall in Bremen hatte Aliyah Anzeige gegen Vater und Onkel erstatten müssen, damit die Polizei jetzt so agieren konnte.

Anzeigen gegen die männlichen Verwandten sichern dem betroffenen Mädchen die Hilfe der Polizei. Sie erleichtern auch spätere Schritte, sich für die eigene Familie möglichst unauffindbar zu machen – Namensänderungen oder Sperrungen im Melderegister werden eher gewährt, wenn durch die Anzeigen bereits eine Aktenlage geschaffen wurde. Aber die psychologischen Hürden, zu einer solchen Gegenwehr zu greifen, sind für muslimische Mädchen und Frauen sehr hoch. Wenn sie noch zu Hause leben, ist ihnen ein solcher Schritt kaum möglich. Denn die Strafe der Familie für einen solchen »Vertrauensbruch« kann schlimm sein. Dass deutsche Behörden sich in »Familienangelegenheiten« einmischen, gilt als Tabu – selbst wenn der Bruder seine Schwester krankenhausreif schlägt. Man regelt Probleme unter sich.

In vielen Fällen wird den Frauen, denen Gewalt von einem Familienmitglied angetan worden ist, vonseiten ihrer Verwandtschaft geraten, Ruhe zu bewahren und sich, wenn es denn »richtig schlimm« sein sollte, Beistand von den Ältesten oder von einem Imam zu holen. Diese selbsternannten »Schlichter« haben die Aufgabe, private Streitigkeiten zu regeln. Gerade wenn es um häusliche Gewalt geht, argumentieren Imame gern mit dem Vorbild des Propheten Mohammed, der keine Frauen geschlagen habe. Das soll den prügelnden Mann zur Vernunft bringen. Nicht im Traum würden diese Schlichter den Opfern den Gang ins Frauenhaus nahelegen, schon gar nicht würden sie auf das Grundrecht auf körperliche Unversehrtheit verweisen. Bei diesem archaischen Konfliktmanagement zieht die Frau fast immer den Kürzeren.

Wer es wie Aliyah wagt, Mitglieder der eigenen Sippe anzuzeigen, ist für die muslimische Community ein zweifacher Verräter – an der Familie wie an der Gemeinschaft.

***

Sylvia Edler macht es wütend, dass die Integration vieler muslimischer Familien eher rückläufig ist, statt voranzukommen. Die wachsende Zahl von Moscheevereinen und besonders der Zulauf, den islamistische Gruppen im gesamten Bundesgebiet verzeichnen, beunruhigen sie. Mit großer Hartnäckigkeit hat sie es geschafft, sich für ihre Arbeit ein Netzwerk von Verbündeten aufzubauen. Aber alle ihre Versuche, Mitstreiter auf muslimischer Seite im Kampf gegen die Entrechtung von Mädchen und Frauen zu finden, sind bisher höchstens von spärlichen Erfolgen gekrönt gewesen. Moscheevereine und islamische Jugendorganisationen haben kein Interesse daran, dass man junge Frauen darin bestärkt, selbstbestimmt zu leben, im Gegenteil: Für sie ist »das Deutsche« quasi ein Synonym für einen Sittenverfall, dem man auf gar keinen Fall nacheifern sollte. Ich frage mich oft, ob es Blindheit oder Gleichgültigkeit ist, mit der die Entrechtung junger muslimischer Frauen in dieser Gesellschaft hingenommen wird. Offensichtlich lassen wir Menschen anderer religiöser und kultureller Zugehörigkeit einen solchen Rechtsbruch, wie Aliyah und Iman ihn erlebt haben, durchgehen, ja, oft gibt es immer noch eine gewisse Bewunderung für die muslimischen Familien, die noch »zusammenhalten«. Wir haben uns eingerichtet in unserem vermeintlichen Respekt vor dieser »anderen Kultur«, hinter der sich eine Geschlechterapartheid verbirgt, von der vor allem die jungen Frauen betroffen sind. Das erleichtert es, uns der Verantwortung für sie zu entziehen.

Meine Eltern hingegen haben uns Kindern oft gesagt, dass Deutschland das Land ist, in dem es Menschenrechte gibt. Und ich selbst bin all jenen sehr dankbar, die ihnen damals zur Seite standen, als es darum ging, als Gastarbeiter in der Fremde anzukommen. Unbestritten, es gibt Fremdenfeindlichkeit und alltäglichen Rassismus, aber er ist nicht nur deutsch.

In all den Jahren, in denen ich die Geschichten junger Mädchen miterlebt habe, denen es ähnlich ergangen ist wie Aliyah, waren es vor allem Deutsche ohne Migrationshintergrund, die spontan geholfen haben. Ihnen ist die Überzeugung, dass die Freiheit des Individuums zu den entscheidenden Grundwerten dieser Gesellschaft gehört, so wichtig, dass sie es als einen Angriff auf sich selbst empfinden, wenn irgendjemandem diese Freiheit von einer archaischen Kultur abgesprochen wird. Vielleicht ist das der Patriotismus, den ein Land braucht, damit in ihm Menschen unterschiedlicher Herkunft, unterschiedlicher Kultur, unterschiedlicher Lebensorientierungen friedlich zusammenleben können. Man muss nicht wie in der Türkei jeden Tag in der Schule die Nationalhymne singen – stolz auf die eigene Gesellschaft kann man sein, wo es Menschen gibt, die bereit sind, auch die Freiheit des anderen zu verteidigen.

Nach solchen Vorbildern wird man in der muslimischen Community lange suchen müssen. Ich habe mich oft gefragt, warum in unserem Unterstützerkreis für Aliyah oder andere Mädchen nicht mehr Helfer muslimischer Herkunft zu finden sind. Es gibt bestimmt auch unter ihnen welche, die zu einer solchen Hilfeleistung bereit wären. Aber wo sind sie? Die Erfahrung hat uns, die Unterstützer, allerdings gelehrt, in solchen Fällen besonders vorsichtig zu sein. Wie leicht man dabei einer Fehleinschätzung aufsitzen kann, hat sich auch bei Aliyahs Flucht gezeigt.

Bald nachdem sie verschwunden war, hatte sich eine türkischstämmige Frau auf die Suche nach ihr gemacht. Ich nenne sie hier Fatma, eine gelernte Erzieherin, die für einen Sozialträger arbeitet und die Aufgabe hat, in sozial schwierigen Vierteln als Migrationslotse zu fungieren. Sie ist eine Art Kummerkasten und Sprachrohr für muslimische Mitbürger, die sonst keine Stimme in der Öffentlichkeit haben. Sie unterstützt Familien bei der Suche nach der richtigen Schule für ihr Kind, hilft bei Behördenangelegenheiten und hat den klaren Auftrag, das Kinder- und Jugendhilfegesetz als Richtlinie zu beachten, wenn es um das Kindeswohl geht. Oft hat sie mir von schwierigen Verhältnissen in manchen Familien berichtet, von häuslicher Gewalt, bei der sie Kindern und Müttern eine Hilfe sein konnte.

Ich habe sie lange als »Verbündete« betrachtet, ihre modische Kleidung, das offene Haar, die geschminkten Lippen, ihr sicheres Deutsch und ihr selbstbewusstes Auftreten erwecken den Eindruck einer gutintegrierten Muslimin. Ihre Tochter Rania, so hatte sie mir erzählt, sollte auf keinen Fall finanziell abhängig von einem Mann sein, sondern für sich selbst sorgen können. Erst nach einiger Zeit habe ich gemerkt, dass Fatma trotz ihrer scheinbar modernen Ansichten fest auf dem Boden der Grundwerte ihrer patriarchalischen Herkunftskultur steht. Die harte Grenze markiert das Recht auf sexuelle Selbstbestimmung. Rania hat bereits in jungen Jahren geheiratet, denn einen Freund, womöglich gar vorehelichen Sex zu haben, das ist auch für Fatma undenkbar. Und ein Mädchen, das von zu Hause flüchtet, ist in ihren Augen deshalb auch ein »Problem«, das der Familie Schande bereitet.

Fatma hatte Aliyahs Vater versprochen, alles in ihrer Macht Stehende zu tun, um seine Tochter zu finden – das erfuhren wir aus sicherer Quelle. Warum hat sie das getan? Vielleicht weil Fatma in dem Viertel, in dem sie tätig ist, nicht gerade als eine wirklich »anständige Muslimin« gilt. Dafür ist sie nicht religiös genug und lebt, zumindest nach dem Geschmack traditioneller Muslime, zu frei. Ihr beruflicher Kontakt zu anderen Männern wird von der muslimischen Nachbarschaft hinter vorgehaltener Hand argwöhnisch kommentiert. Vielleicht wollte sie mit dem Unterstützungsangebot an Aliyahs Vater einige Pluspunkte machen – nach dem Motto: Hey Leute, schaut her, ich sehe zwar aus wie die Frauen, die ihr »Schlampen« nennt, aber ich bin eine von euch, auch ich glaube an das Gebot der Jungfräulichkeit. Das Recht auf sexuelle Selbstbestimmung ist tabu – der Körper der Frau ist dem Ehemann vorbehalten. Fatma wäre nicht die Erste, die die Verlogenheit der muslimischen Doppelmoral lebt.

Aliyah hat ihr nie vertraut. Zum Glück.

Hochzeitsshows und Heiratskandidaten

Aliyah hat mir erzählt, dass Dimi sich, viel früher als sie, getraut habe, von Flucht zu sprechen. Ihre Beziehung sei doch aussichtslos, wenn sie blieben und weiterhin darauf hofften, dass ihre Eltern ihn eines Tages als Schwiegersohn akzeptieren würden. »Wir werden gehen müssen, Aliyah, eine andere Möglichkeit haben wir nicht.« Das habe er damals gesagt, nachdem beide sicher waren, dass sie zusammenbleiben wollten. »Ich habe danach lange geweint«, sagte Aliyah, »denn ich wusste, dass er recht hat. Vielleicht machte ich mir heimlich immer noch Hoffnungen, dass doch noch alles gut werden könnte.«

Aber seit Jusuf, ein Junge aus ihrem Viertel, die beiden, im Park auf einer Bank sitzend, erwischt und das gleich seinen Eltern berichtet hatte, wusste auch Aliyah, dass sie sich innerlich entscheiden musste. Dabei hatten sie und Dimi damals nichts anderes getan, als miteinander zu reden. Aber Jusufs Eltern hatten es eilig gehabt, die Neuigkeit Aliyahs Tante mitzuteilen, mit der sie befreundet waren. Und nun setzte eine Kettenreaktion ein, die für Aliyah mehr und mehr zur Bedrohung wurde.

Als Erstes kam Ilayda, Aliyahs Cousine, an und drängte: »Aliyah, auch wenn es dir schwerfällt, auch wenn du den Jungen magst, du musst sofort Schluss mit ihm machen. Du weißt doch, dass es bei uns so etwas nicht gibt, du weißt doch, dass du das nicht darfst!«

»Man muss sich einmal klarmachen, was Ilayda da sagte!«, empörte sich Aliyah, als sie mir davon erzählte. »Man darf nicht mit einem Jungen reden, schon gar nicht sich verlieben! Ich war damals gerade siebzehn geworden, und Ilayda war nur ein Jahr älter als ich! Jeder verliebt sich doch mal in seinem Leben, oder? Und das soll verboten sein?« Aliyah konnte immer noch richtig hitzig werden, wenn sie an diese Begebenheit zurückdachte. Dabei war sie bei unserem Gespräch schon längst dabei, ihre Flucht aus dem Elternhaus vorzubereiten.

Damals aber hatte sie nur traurig zu dem genickt, was Ilayda ihr sagte, sie wollte eine weitere Eskalierung vermeiden, gestand ihrer Cousine aber, was sie für Dimi empfand – »ein großer Fehler«, wie sie bald darauf erkennen musste. Denn Ilaydas Mutter gab keine Ruhe, sie misstraute Aliyah. Und als dann auch noch Mevlude von der Geschichte im Park erfuhr, ging der Ärger erst richtig los.

Scheinheilig fragte sie ihre Tochter eines Morgens: »Aliyah, sag mal, hast du eigentlich einen Freund?«

»Ich war so blöd, als meine Mutter das zur Sprache brachte«, meinte Aliyah zu mir. »Ich dachte, okay, nutz die Gelegenheit und rede offen mit deiner Mutter, du musst ihr ja nicht gleich auf die Nase binden, dass er Grieche ist. Aber meine Mutter wusste schon alles, Ilayda hatte geplaudert, und die hatte alles haarklein von Amal erfahren, damals meine engste Freundin und Vertraute. Ich weiß nicht, warum Amal mich verraten hat. Man darf sich niemandem anvertrauen, wenn man in einen Jungen verliebt ist und sich heimlich mit ihm trifft. Meine Mutter wusste, dass Dimi Grieche ist, dass er aus unserem Viertel ist und dass Ilayda mich aufgefordert hatte, die Beziehung zu ihm zu beenden. Aber das reichte ihr nicht. Sie wollte mich jetzt zum Frauenarzt schleifen. Er sollte überprüfen, ob ich noch Jungfrau bin. Ich habe mich geweigert. Meine

Mutter hat getobt und geschrien, sie werde mich in die Türkei schicken, sie werde mich umbringen, sollte ich Schande über die Familie bringen. Ich habe auf den Koran und auf alles, was heilig ist, geschworen, dass es nicht so ist, nur damit sie mich endlich in Ruhe lässt.«

Murat wusste nichts von dieser Geschichte. Schon aus Selbstschutz verschwieg Mevlude ihm das, was sie erfahren hatte. Der Vorwurf, nicht gut genug auf die Tochter aufgepasst zu haben, trifft vor allem die Mütter. Die Unreinheit der Tochter färbt auf sie ab, und der Verdacht, dass auch die Mutter wie die Tochter vor der Ehe rumgehurt haben könnte, schwebt in der Luft. Schau dir die Mutter an, bevor du die Tochter nimmst – so lautet ein türkisches Sprichwort, das jeder kennt.

Aliyah aber bekam die Folgen ihres »Fehlers« zu spüren. Mevlude observierte und kontrollierte sie nun noch strenger als vorher. Sie ließ sie kaum mehr aus den Augen, sondern hielt ihre Tochter mehr denn je zur Hausarbeit an. Besonders oft musste sie die Toilette putzen, so lange, bis man aus der Kloschüssel essen konnte. Das sei genau die richtige Arbeit für eine angehende Braut, höhnte Mevlude, denn dann würde es Aliyah auch nicht schwerfallen, bei ihren zukünftigen Schwiegereltern die Drecksarbeit zu machen. Aliyah wusste, was das zu bedeuten hatte – Mevlude würde alles dransetzen, sie so bald wie möglich zu verheiraten.

Und so war es dann auch: Für Mevlude wurde die Suche nach einem Schwiegersohn in den nächsten Monaten zu einer ihrer liebsten Freizeitbeschäftigungen, die gleich nach dem Fernsehen und Telefonieren kam. Sie genoss es, sich von den Müttern der Brautanwärter hofieren zu lassen, und die scheuten weder Mittel noch Aufwand, um Aliyahs Mutter für sich zu gewinnen – fast so, als gelte es, nicht um die Tochter, sondern um die Mutter als Braut zu werben. Mevlude bekam regelmäßig Einladungen zu Frauen-Fernsehnachmittagen, die von üppigen Gelagen begleitet waren. Schließlich war es die künftige Schwiegertochter, die am Ende für den Sohn und seine Eltern sorgen sollte. Da lohnte es sich schon, ein paar Euro in diese Altersvorsorge zu investieren. Aber die Mütter der Heiratskandidaten kamen auch zu den Özgans ins Haus, schließlich wollte man Aliyah doch begutachten und prüfen, ob das Mädchen auch den Tee geschickt genug servierte und artig alle Fragen beantwortete, die man ihr stellte. »Liebst du es, draußen zu sein? Hast du viele Freunde?« Wenn ein Mädchen auf solche Fragen freimütig mit »Ja« antwortet, kann es sein, dass die potentielle Schwiegermutter von ihm ablässt, denn wer sich gern außerhalb des Hauses mit Freunden trifft, gilt als moralisch nicht gefestigt. »Freiheit ist gefährlich!«, pflegte Aliyahs Tante zu sagen. Und vor dieser Gefahr schützt nur die Ehe. Dann geht die Verantwortung für die Sittsamkeit der Frau auf den Ehemann über.

* * *

Hochzeiten sind unter muslimischen Müttern ohnehin ein beliebtes Klatschthema, wer wen heiraten wird, was von dem Bräutigam, was von der Braut oder den jeweiligen Schwiegereltern zu halten ist. Und wenn aktuell gerade keine Hochzeit ansteht, dann schaut man sich eine der türkischen Soapoperas an, die alle von Liebe, Intrigen und – als Höhepunkt – von unerlaubtem Sex handeln. Die Frauen fiebern mit bei den Beziehungsdramen, die sie auf dem Bildschirm sehen, sie empören sich lautstark über jene, die sich unsittlich benehmen, als seien es reale Personen aus ihrer unmittelbaren Nachbarschaft – auch Aliyahs Mutter, ihre Tanten und Cousinen machten da keine Ausnahme, auch für sie waren die Frauen-Fernsehsitzungen eine regelrechte Sucht. Viele Mütter sind tatsächlich der Meinung, dass das Fernsehen ein realistisches Bild von den Gefahren zeigt, die ihren Töchtern drohen. Sie sehen es deshalb gern, wenn ihre Töchter Interesse für solche Serien zeigen, in ihren Augen sind sie fast ein pädagogisches Instrument, mindestens aber lösen sie eine Art Katharsis aus, um sich von schlechten Gefühlen und Phantasien zu befreien. Herzschmerz-Serien sind wie Volkstheater, dort kann man für einige Stunden teilhaben an Höhen und Tiefen menschlichen Handelns, das alle Tabus durchbricht und das Leben im Korsett patriarchalischer Werte in seiner ganzen Nacktheit zeigt. Wenn die Hausarbeit getan ist, gönnt man sich diesen Spaß als eine Art Belohnung.

Dazu gehören auch die vom türkischen Fernsehen übertragenen Reality-Heiratsshows, in denen Paare sich live in der Sendung zum ersten Mal treffen und nach wenigen Minuten entscheiden sollen, ob sie heiraten wollen. Auch sie erfreuen sich großer Beliebtheit und sind ein Happening für alle weiblichen Familienmitglieder. Bei einigen dürfen sich die Zuschauerinnen beteiligen, wenn die Schwiegermütter die zukünftige Braut des Sohnes auswählen. Einmal trat ein junger Mann auf, der in eine Frau verliebt war, die – laut türkischer Klatschpresse – keine Jungfrau mehr war; eine ganze Nation stellte die junge Frau daraufhin an den Pranger, sie wurde in einer Liveschaltung vor einem Millionenpublikum von ihrer potentiellen Schwiegermutter niedergemacht, bis sie, in Tränen aufgelöst, aus dem Studio lief.

Auch wenn keine Kameras und Scheinwerfer dabei sind, läuft die Heiratsanbahnung in muslimischen Familien nicht viel anders ab. Wenn Mütter ihren Söhnen eine Frau aussuchen, dürfen alle mitreden. Eine Privatsphäre gibt es erst dann, wenn der sogenannte Versprechensring angesteckt wird, er ist die Vorstufe zur Verlobung und die offizielle Bekanntmachung: Dieser Junge und dieses Mädchen werden bald heiraten. Wer versprochen ist, der darf auch mal ungestört mit dem Zukünftigen zusammensitzen.

Ein Versprechen bedeutet für beide Familien aber auch eine Verpflichtung, die sich nicht ohne weiteres wieder auflösen lässt. Die Familie des Jungen kann dann Ansprüche stellen. Denn die Zeit des Versprechens ist für beide Parteien jene Phase, in der die Kandidaten und ihre Familien genauer unter die Lupe genommen werden, vor allem der Ruf des Mädchens wird dabei akribisch überprüft. Man will doch unter allen Umständen vermeiden, ein Mädchen in die Familie aufzunehmen, das einen schlechten Ruf hat, eine ungeschickte Hausfrau oder, im schlimmsten Fall, keine Jungfrau mehr ist. Aliyah musste also alles tun, damit es gar nicht erst so weit kam.

***

Drei männliche Heiratskandidaten, die von ihrer Mutter und von ihren Tanten ins Spiel gebracht worden waren, hatte sie schon abgewehrt. Irgendwann aber, das wusste sie, würde Mevlude ihre Verweigerung nicht mehr akzeptieren. Zumal es da einen unter den Bewerbern gab, der trotz Aliyahs Ablehnung nicht von ihr abließ. Ahmad hatte Aliyah bereits auf einer Hochzeit aufgelauert und verfolgte sie seither ständig. Er war überzeugt davon, dass sie seine Frau werden musste, ihm war es egal, ob seine Wunschfrau von dieser Aussicht begeistert war oder nicht – er sah sie bereits als seinen Besitz an, den es unter Kontrolle zu halten galt. Auf jeder Feier, zu der Aliyah eingeladen wurde, bei jedem Besuch, den die Özgans empfingen, war er dabei, stellte sich gut mit Mevlude und suchte den Smalltalk mit Murat. Man mochte ihn in der Familie, und bis auf Aliyah hätten ihn alle gern als neues Mitglied begrüßt.

Für Aliyah war er ein Problem. Sollte sie auch nur das kleinste Entgegenkommen ihm gegenüber zeigen, war sie verloren. Denn dann würde in der muslimischen Community so lange das Gerücht verbreitet werden, Ahmad und Aliyah seien ein Paar, bis aus dem Gerücht Wirklichkeit wurde oder Aliyah ihren guten Ruf verspielte, indem sie sich dieser Liaison verweigerte. Dann würde man ihr nachsagen, dass sie wohl einen anderen oder schon sexuelle Erfahrungen gesammelt hatte. Aliyah kannte diese ungeschriebenen Regeln und Gesetze. Daher versuchte sie, so gut es ging, sich von Ahmad und seinen Mitbewerbern, die sie im Spiel beließ, um den Hartnäckigen nicht zum Zuge kommen zu lassen, fernzuhalten. Einfach war das nicht – immer weitere Bedenkzeit herauszuschinden erwies sich als purer Stress, musste sie doch zumindest einen Hauch von Interesse heucheln, damit kein Verdacht aufkam, dass sie doch noch an Dimi festhielt.

Die ständigen Verkupplungsversuche ihrer Mutter und Tanten machten ihr zunehmend zu schaffen. Hinzu kam, dass sie auch noch regelmäßig mit den Heiratskandidaten oder – schlimmer noch – mit deren Müttern telefonieren oder skypen musste, immer in Anwesenheit von Mutter, Cousine oder Tante, denn selbst solche Gespräche durften nur unter Aufsicht stattfinden. Außerdem drängte Ahmad immer hartnäckiger auf eine Entscheidung. Täglich fragten deshalb Mutter und Tanten bei ihr nach.

***

Ihre Flucht sei das Resultat solcher »Unfreiheit«, sagte Aliyah, als ich sie einmal fragte, was der Anlass für sie war, ihr Zuhause zu verlassen. Lieber wäre sie bei ihnen geblieben, den Geschwistern, den Eltern, den Freundinnen. Aber ihr Leben gleiche dem Alltag eines Gefängnisinsassen, meinte sie, der allerdings manches dürfe, was ihr nicht erlaubt sei. Schon bevor ihre Beziehung zu Dimi aufflog, sei sie von Verboten und Geboten umzingelt gewesen – was sie tun oder nicht tun dürfe, wohin sie gehe, welche Freunde sie habe, wie sie sich kleide, immer stünde alles unter der Kontrolle der Familie, der Verwandten, der Bekannten. Selbst die Nachbarn glaubten sie bevormunden zu dürfen. »Warum sonst hätten Jusufs Eltern wohl dafür gesorgt, dass meine Tante von Dimi erfuhr?« Sie habe sich deshalb für ein Leben ohne ihre Familie entschieden – beides, Freiheit und ihre Familie, könne sie leider nicht haben.

»Es gibt so viele Mädchen und Frauen, die in derselben Situation sind wie ich, und es gibt leider nur sehr wenige, die sich trauen zu gehen. Das muss sich ändern!«, sagte sie in den langen Gesprächen, die wir vor ihrem Abtauchen hatten. Sie wolle sich nicht, wie die meisten jungen muslimischen Frauen, ihr Leben enteignen lassen und sich den Vorstellungen ihrer Familie fügen, welchen Mann sie zu heiraten habe. Sie sah, dass manche ihrer Klassenkameradinnen damit zufrieden waren, den Eltern die Entscheidung zu überlassen, was ihre Tochter zu tun und zu lassen habe, was ihr erlaubt und verboten sei. Sie sah aber auch an anderen, »an dir zum Beispiel« – und dabei tippte ihr Zeigefinger in heftigem Stakkato gegen mein Schlüsselbein –, »dass etwas anderes, dass ein Leben in Freiheit möglich ist. Das will ich auch haben! Weißt du noch, wie ich mit den Frauen vom Jugendclub vor einigen Jahren nach Paris fahren durfte? Die Mitarbeiterin vom Jugendamt hatte meinen

Vater überredet. Sie hat einfach behauptet, es sei eine wichtige Bildungsreise. Dagegen hatte mein Vater dann auch nichts.

Wir waren auf dem Eiffelturm, im Louvre und haben uns die Bilder der Impressionisten angeschaut. Aber für mich war es einfach Urlaub. Abends haben wir immer in kleinen Cafés im Marais oder an der Seine gesessen und Cocktails getrunken. Die waren ziemlich teuer, aber wir mussten ja nichts fürs Essen und für die Unterkunft bezahlen. Es war die beste Investition in schöne Erinnerungen. Die Kellner haben damals ganz schön blöd geguckt, wenn sie mir einen Cocktail brachten – Kopftuch und Cocktail, das sehen die bestimmt nicht oft. Diese Tage gehören mit zu den schönsten meines Lebens, die werde ich nie vergessen. Paris ist ein Traum! Ich hätte mir gewünscht, noch Monate dort zu bleiben! Ich habe mich so frei gefühlt! Das möchte ich wieder erleben. Warum soll ich auf diese Freiheit verzichten? Und Dimi werde ich auf keinen Fall aufgeben!«

Und so beschloss sie, früher als geplant, zu verschwinden. Aber nun stand sie vor neuen Problemen. Sie hatte inzwischen die Schule abgebrochen. Sie war immer eine gute Schülerin gewesen, aber seit dem Stress zu Hause waren ihre schulischen Leistungen abgestürzt. Sie hatte sich erfolgreich um eine Maßnahme des Jobcenters beworben, um Geld für die Flucht zu verdienen. Ihre Eltern wussten nichts von diesen Veränderungen, jeder Brief, der ihnen das hätte verraten können, wurde geschickt von Aliyah abgefangen.

Immer wieder erzählen mir die Mädchen, dass sie die Schule als einen gewissen Freiraum schätzen, dass sie aber den Anforderungen dort oft nicht nachkommen können. Die familiären Pflichten rauben ihnen die Zeit und die Ruhe, die man zum Lernen braucht. Und die ständige Kontrolle, der sie bei ihrem Tun unterliegen, erschwert es ihnen, den Kopf frei zu bekommen, aufnahmebereit für anderes zu sein. Nur die wenigsten halten dieser Dauerbelastung stand, nur die wenigsten kämpfen sich durch, weil sie wissen, dass ein guter Schulabschluss eine Chance auf eine bessere Zukunft ist. Manche schaffen es sogar bis zum Studium, in der Hoffnung, damit der ständigen Überwachung durch die Familie zu entkommen. Oft ist das ein Trugschluss, denn viele Familien gestatten es ihren Töchtern nicht, in einer anderen Stadt zu studieren, womöglich gar in ein Studentenwohnheim zu ziehen oder sich mit Kommilitonen nach der Uni zum Lernen zu treffen. Studieren bedeutet dann meist noch mehr Belastung für die jungen Frauen, sie müssen den Erwartungen der Familie gerecht werden, haben kaum Freiräume und sollen dann auch noch allen Prüfungsanforderungen gewachsen sein.

Mir machte diese neue Entwicklung ziemliche Sorgen. Alle bisherigen Pläne für Aliyahs Flucht und die Zeit danach gerieten damit ziemlich durcheinander. Was sollte Aliyah ohne eine abgeschlossene Schulausbildung später machen? Als sie mir die Sache beichtete, hielt ich ihr eine kleine Moralpredigt. Im Nachhinein habe ich volles Verständnis für ihre Entscheidung, den Zeitpunkt ihrer Flucht vorzuziehen, denn Mevludes Drängen wurde immer unerträglicher.

* * *

Und so standen wir einige Wochen später in der Eingangshalle vom Flughafen Tegel. Ich wollte Aliyah auf ihrem letzten Stück Weg vor ihrer Reise ins Ungewisse begleiten. Damals hatten wir uns vorher nicht klargemacht, dass der Flughafen ein gefährlicher Ort sein könnte, weil fast wöchentlich irgendwelche Familienangehörige oder Bekannte von Aliyah in die Türkei flogen oder aus der »Heimat« zurückkamen. Aliyah fiel das erst ein, als wir schon in der Halle standen. Sie war daraufhin so verängstigt, dass sie sich bis zum Einstieg in die Maschine hinter einer Werbetafel versteckte und immer wieder panisch um sich schaute, voller Angst, es könnte im nächsten Moment jemand vor ihr stehen, der wissen wollte, warum sie sich hier am Flughafen herumtreibe.

Und dann war sie auch noch dem familiären Telefonterror ausgesetzt. Alle paar Minuten klingelte ihr Handy. Ihr Vater, ihre Schwester, ihre Cousine – alle riefen an. Bis zu diesem Erlebnis hatte ich manches Mal gedacht, Aliyah würde vielleicht übertreiben, wenn sie von der familiären Kontrolle auf Schritt und Tritt sprach. Jetzt wurde ich Zeuge, wie das tatsächlich aussah und in welche psychische Bedrängnis sie dadurch geriet. Sie war erst eine halbe Stunde zu Hause überfällig, als die Serie der Anrufe einsetzte, unmittelbar davor hatte sie noch ein Telefongespräch mit ihrem Vater gehabt. Aber als man bemerkte, dass sie nicht pünktlich daheim war, wurde ihr telefonisch zugesetzt. Obwohl sie kein Gespräch annahm, wurde sie bei jedem Klingeln immer blasser, sie war kurz davor, sich vor lauter Panik zu übergeben – bis ich ihr riet, das Handy endlich auszuschalten und mir die SIM-Karte zu geben, damit sie nicht in Versuchung geriet, am Ende doch noch zu antworten oder die vielen SMS zu lesen, mit denen ihre Schwester und ihre Cousine sie bombardierten.

Nachdem das Handy aus war und sie etwas Wasser getrunken und ein Croissant gegessen hatte, brachte ich Aliyah mit kleinen Anekdoten aus alten Zeiten zum Lachen und fragte sie nach den schönen Dingen, die sie gern tun würde, wenn sie denn endlich in einer anderen Stadt leben würde und frei wäre. Die Vorfreude auf eine Zukunft ohne familiären Terror versetze sie sofort in bessere Stimmung. Ich drückte sie noch einmal fest und sah ihr hinterher, bis sie durch den Check-in gegangen und im Wartebereich der Passagiere verschwunden war. Es war schön und traurig zugleich, sie auf ihrem ersten Schritt in ein freies Leben zu beobachten. Die SIM-Karte aus ihrem alten Leben warf ich in den Müll.

Geheime Treffen im Shoppingcenter

Lange vor ihrer Flucht trafen Aliyah und ich uns regelmäßig an geheimen Orten, wo sie mich über den neuesten Stand der Dinge zu Hause informierte und wir gemeinsam überlegen konnten, wann der beste Zeitpunkt für eine Flucht gekommen war. Sie hatte das Gespräch gesucht. »Ich muss einfach mit jemandem reden«, hatte sie gemeint. »Immerzu muss ich Lügen erfinden, um wegzukommen, immer diese Angst, dabei erwischt zu werden! Das ist schwer auszuhalten. Und oft denke ich in letzter Zeit, jetzt feiere ich das letzte Mal Bayram mit meiner Familie, es ist der letzte Geburtstag meiner Schwester, bei dem ich dabei bin, zum letzten Mal begrüßen wir alle zusammen das neue Jahr an Silvester – vielleicht werde ich sie nie wiedersehen, meine Geschwister, meine Mutter, meinen Vater. Dieser Gedanke tut weh! Ich brauche jemanden, der mich versteht, der dieses Leben kennt, vor dem ich flüchten werde.«

Es ist schon merkwürdig, wenn ausgerechnet ein gutbesuchtes Einkaufszentrum der einzige Ort ist, an dem man sich in seiner eigenen Stadt unbeobachtet und sicher fühlt. Aliyah und ich trafen uns einmal die Woche in einem solchen »Center«, wie Muslime zu sagen pflegen – ein Konsumtempel wie tausend andere, nur mit dem Unterschied, dass er sich tief im Osten der Stadt befand. Denn dorthin verirrte sich kaum jemand aus Aliyahs muslimischer Nachbarschaft. Das Einkaufszentrum und der fade Kaffee der Espressobar mit den gutgepolsterten Stühlen wurden ein Ort der Freiheit für uns beide. Wir fielen etwas aus dem Rahmen, weil Aliyah ein Kopftuch trug, Menschen mit offensichtlich orientalischen Wurzeln kauften dort im Osten der Stadt nicht ein.

Aliyah hatte diesen Ort ausgewählt, sie war während der Jahre ihrer Beziehung zu Dimi ein perfekter Scout für sichere Orte der Zweisamkeit geworden. Sie schulte auch meinen Blick dafür, dass solche künstlichen Konsumtempel für viele muslimische Teenager tatsächlich Rückzugsorte sind, selbst wenn draußen die Sonne scheint. Ein Paar, das in normalen Verhältnissen lebt, würde sicherlich ganz andere Plätze aufsuchen, vielleicht Hand in Hand durch die Innenstadt bummeln, sich ein romantisches Eckchen im Grünen suchen oder einander zu Hause besuchen. Doch Aliyah und Dimi waren nie unter normalen Bedingungen zusammen.

Wie anstrengend es ist, sich ständig verstecken zu müssen, dafür bekommt man erst ein Gefühl, wenn man es selbst miterlebt. So jedenfalls erging es mir bei unseren Zusammenkünften, jedes Erschrecken von Aliyah fuhr auch mir durch Mark und Bein. Anfänglich hatten wir den Fehler gemacht, uns an die Fensterfront zu setzen, die direkt an einer vielbefahrenen Straße lag – bis ich zweimal sah, wie Aliyah plötzlich zusammenzuckte, als ein Auto vorbeifuhr, in dem sie einen Bekannten gesichtet hatte, oder als eine Gruppe dunkelhaariger Halbstarker wie aus dem Nichts vor unserer Scheibe auftauchte und Aliyah darunter einen entfernten Bekannten ihres Bruders zu entdecken glaubte. Es war ein Schock für sie. Und für mich auch. Zum Glück blieben beide Begegnungen folgenlos, aber schon die Ungewissheit, ob uns jemand gesehen haben und womöglich der Familie davon berichten könnte, versetzte Aliyah über Tage in tausend Ängste.

Unsere Treffen fanden meist zu einer Tageszeit statt, wenn

besonders viele Rentner bei Kaffee und Kuchen und Billie-Holiday-Klängen die Zeit totschlugen. Das Personal in der Espresso-Bar war immer ausnehmend nett zu uns, und nach unserem dritten Besuch hatten wir dort eine Art festen Stammplatz. Unser Tisch befand sich im mittleren Teil des Lokals, gut versteckt hinter einer großen Palme. Man hatte freie Sicht, ohne selbst gesehen zu werden.

Wir vereinbarten vorsichtshalber eine Legende, sollte Aliyah bei ihren heimlichen Treffen mit mir erwischt werden. Dann sollte sie behaupten, ich sei die Schriftstellerin, die ihr half, ein Referat zur Lebenssituation junger Muslime in Deutschland vorzubereiten. Auf die Frage, warum wir uns dazu hier im tiefsten Osten treffen mussten, sollte sie sagen, ich sei diejenige gewesen, die diesen Ort vorgeschlagen hatte. Für den Fall der Fälle hatten wir sogar ein paar Notizen vorbereitet, die Aliyah jederzeit als Alibi vorweisen konnte. Wir waren uns sicher: Wenn es um gute Noten in der Schule ging, würde ihr Vater wenig Einwände gegen ein solches Treffen haben. Und trotzdem wäre eine solche Entdeckung nicht gut, für uns beide nicht. Denn ich müsste damit rechnen, nach Aliyahs Flucht von der Familie behelligt zu werden. Nicht umsonst hatte Aliyah vorsorglich alle Beziehungen zu Menschen, die ihr wichtig waren, bereits gekappt. Sie wollte niemanden in diese Geschichte mit hineinziehen. Nur die Personen durften eingeweiht werden, die unmittelbar als Helfer beteiligt waren.

Weder die Mitarbeiter der Jugendeinrichtung, in die Aliyah manchmal ging, noch ihre zwei besten Freundinnen wussten, was sie vorhatte – der Verrat von Amal, die Cousine Ilayda in die Liebesgeschichte mit Dimi eingeweiht hatte, war ihr eine Lehre gewesen. Aber es fällt schwer, über einen so dramatischen Einschnitt im Leben nicht zu reden. Aliyah musste oft mit den Tränen kämpfen, wenn andere Mädchen in der Jugendeinrichtung von ihren Zukunftsträumen erzählten. Dann musste sie erst einmal tief Luft holen, um sich wieder zu beruhigen. Im Nachhinein stellte sich heraus, dass das Schweigegebot richtig gewesen war. Ich glaube nicht, dass ihre Freundinnen dem Druck standgehalten hätten, dem sie von Aliyahs Familie nach dem Verschwinden der Tochter ausgesetzt waren. Vielleicht hätten sie sich auch um den Finger wickeln lassen, wären beeindruckt gewesen von Murats Tränen und hätten ihm geglaubt.

Von Sarah, einer von Aliyahs Freundinnen, weiß ich, dass sie sehr unter der Trennung von Aliyah gelitten hat. Auch sie träumte manchmal davon, ihrer Familie zu entkommen. Im Jugendclub, wo sie sich frei äußern können, klagen viele Mädchen über die Verbote und die Kontrollen ihrer Familien. Besonders im Sommer, wenn sie am liebsten schwimmen gehen würden, das aber nicht dürfen, oder abends gern einmal länger draußen geblieben wären – wie andere Mädchen eben auch. Auch Sarah hatte immer wieder angekündigt, dass sie eines Tages abhauen würde. Aliyah aber traute ihr das nicht wirklich zu, zu sehr hing die Freundin an ihren kleinen Geschwistern, zu oft betonte sie, sich ein Leben ganz ohne ihre Familie nicht vorstellen zu können. Inzwischen ist Sarah mit einem Cousin verlobt. Demnächst wird sie heiraten. Sie hat ihrer Familie keine Schande gemacht. Aliyah hat keinen Kontakt mehr zu ihr. Wer vor seiner Familie auf der Flucht ist, muss alle Verbindungen zu seinem früheren Leben kappen. Das ist auch eine Schutzmaßnahme für andere, besonders für all jene, die in den Verdacht geraten könnten, Mitwisser oder gar Fluchthelfer gewesen zu sein, und damit den rachsüchtigen Familienmitgliedern entflohener Frauen ausgesetzt wären.

***

Aliyah und ich verbrachten immer zwei Stunden in dem Center und redeten über ihre Zukunftspläne. Wir hatten einen Treffpunkt ausgemacht, an dem sie auf dem Weg dorthin zu mir ins Auto stieg. Wir hatten dafür eine ruhige Seitenstraße bestimmt, damit niemand uns dabei sah. Am Anfang kamen mir solche Vorsichtsmaßnahmen fast übertrieben, wie Bilder aus einem schlechten Thriller vor. Doch Aliyahs Geschichten holten mich schnell wieder in die Realität zurück. Sie vermittelten mir eine Ahnung davon, was es heißt, unter ständiger Beobachtung zu stehen, weil man sich als Mädchen verdächtig macht, wenn man kein Interesse für die vorgeschlagenen Heiratskandidaten zeigt. Nicht nur die Mutter und die Tanten übten Druck in dieser Frage aus, auch ihre Schwester Gül wartete ungeduldig auf eine Entscheidung von Aliyah.

Gül versuchte, sie ständig auszufragen, um die gesammelten Informationen dann heimlich an Mevlude weiterzugeben. Es waren oft nur Kleinigkeiten, eine Zigarette, die Aliyah heimlich geraucht hatte, oder ihr Kontakt zu einem Mädchen, das von Mevlude und Murat nicht gebilligt wurde, weil es in ihren Augen kein guter Umgang war. Eigentlich wusste Aliyah längst von Güls Gemeinheiten, hielt es aber für besser, ihre Schwester und die Mutter mit solchen Fehltritten zu beschäftigen, um ihre Geschichte mit Dimi aus dem Schussfeld zu rücken. Und ohnehin war es schwierig, Güls ständigen Fragereien zu entkommen, schließlich teilten sich die Schwestern ein Zimmer und einen Kleiderschrank.

Aliyah erklärte mir, dass Gül einen besonderen Grund dafür hatte, ihrer Schwester immer wieder übel mitzuspielen: Sie ärgerte sich, dass ihre große Schwester sich weigerte, einen der Heiratskandidaten zu akzeptieren. Aliyahs Sturheit stand ihr im Wege. Gül wollte ihren Cousin Eren heiraten, doch dazu musste vorher Aliyah unter die Haube gebracht worden sein.

So schreibt es die Tradition vor. Würde Aliyah nicht als Erste heiraten, könnte innerhalb der Sippe schnell der Eindruck entstehen, irgendetwas stimme mit der Familie nicht, und das wäre für den Ruf der Mädchen schlecht.

Gül konnte es kaum erwarten, die Beziehung zu Eren endlich offiziell zu machen. Sie hatte sich bereits ein Verlobungskleid ausgesucht und hatte auch schon ganz genaue Vorstellungen davon, wie ihr Brautkleid aussehen sollte. Aliyah hat bis heute Mitleid mit Gül und glaubt nicht recht daran, dass es der freie Wille ihrer Schwester ist, diesen Cousin zu heiraten. Früher sei Gül doch ganz anders gewesen, meinte sie. Da hatte Gül sich geweigert, ein Kopftuch zu tragen, und diese kleine Freiheit, mit Aliyahs Unterstützung, bei ihren Eltern auch durchgesetzt. Das war es dann aber auch schon. Danach hatte sie aufgehört zu rebellieren. Sie nahm an keiner Klassenfahrt teil, verabredete sich nie mit Freunden außerhalb des Viertels, und Kontakte zu Jungen vermied sie. Ihr Ziel, auf das sich alles richtete, war die Hochzeit. Durch die Heirat mit einem Mann, der den Wünschen der Eltern entsprach und mit dem sie gemeinsam aufgewachsen war, so hoffte sie, würde sie allen in der Sippe gefallen. Es sei dieser Wunsch nach Anerkennung und der Traum, in einer eigenen Wohnung endlich freier sein zu können, der Gül antrieb, das jedenfalls glaubte Aliyah. »Dabei«, so spottete sie, »ist der einzige Vorteil einer solchen Ehe doch nur, dass man sich schon lange kennt und um die Macken des anderen genau weiß!«

* * *

Manchmal unterbrachen wir unsere Gespräche im Einkaufszentrum und machten eine kleine Tour durch die Läden, dann zeigte Aliyah mir die Kleider und Bikinis, die sie sich bereits für ihr Leben nach der Flucht gekauft hatte. Mich machte es traurig, mit welch kindlicher Begeisterung sie die bunten Minikleider im Laden durchstöberte und wie ihre Augen vor Vorfreude leuchteten, als sie mir ein schwarz-weißes Etuikleid zeigte. Konnte das denn alles im Leben sein, fragte ich mich im Stillen, ahnte aber, dass ein solcher Gedanke gar nicht erfasste, was Aliyah mit solchen Einkäufen verband. Für sie war es die Aussicht auf den Tag, an dem sie sich ihren eigenen Kleiderschrank einrichten würde, mit all den Sachen, die ihr gefielen, ohne jemandem dafür Rechenschaft ablegen zu müssen. In solchen Momenten konnte sie für einige Minuten vergessen, dass sie in zwei Stunden wieder zu Hause sein musste. Ich wollte sie auch nicht aus ihren Träumen reißen, aber gleichzeitig war ich getrieben von dem Bedürfnis, absolut sicher zu sein, dass es nicht die Klamotten und das Styling waren, die Aliyah bei ihren Plänen antrieben. Nicht dass nicht auch das ständige Verbot solcher Dinge, die Zeichen eines normalen Teenagerlebens sind, ein Grund gewesen wäre, auszubrechen und der Familie den Rücken zu kehren. Aber irgendwann, so fürchtete ich, könnte die Begeisterung für solche Freiheiten doch verblassen, und dann besteht die Gefahr, dass man bereut, seine Familie verlassen zu haben.

Aber Aliyah versicherte mir wieder und wieder, dass sie sich alles genau überlegt habe. Sie wisse, dass es »ein harter Kampf« werden würde. »Ich habe doch ohnehin ständig ein schlechtes Gewissen gegenüber meinen Geschwistern und den Menschen, die mir wichtig sind. Aber was soll ich machen? Soll ich etwa abwarten, bis mir der nächste Heiratskandidat aufgedrängt wird?« Ja, gab sie zu, sie habe Trennungsängste, oft spüre sie, dass es schwer werden würde, ohne ihre Geschwister und die Eltern. Besonders ihre jüngeren Geschwister würde sie vermissen. Wenn solche Gedanken sie zu Hause überfielen, schloss sie sich meistens auf der Toilette ein, um sich auszuweinen – bis sie es schaffte, solche Gedanken wieder wegzuschieben oder sich an die vielen Momente in ihrem Leben zu erinnern, in denen sie sich gewünscht hatte, eine andere zu sein, in einem anderen Körper zu stecken oder andere Eltern zu haben.

* * *

Wäre Aliyah im anatolischen Heimatdorf ihrer Eltern geboren, hätte sie vermutlich nie an eine Flucht aus der Familie gedacht. Ich bin vor einigen Jahren dort gewesen. Damals wusste ich gar nicht, dass Aliyahs Eltern aus diesem Ort stammten. Man hat das Gefühl, in eine andere Zeit zu fallen, so archaisch mutet das Leben dort an. Wenn man es mit eigenen Augen sieht, versteht man, warum jenen Dorfbewohnern, die wie Murat und Mevlude den weiten Weg nach Deutschland machen, der Anschluss an eine freie Gesellschaft nur schwer gelingt.

In Anatolien gibt es grandiose Landschaften, in denen die Natur zu jeder Jahreszeit ein überwältigendes Ereignis ist – kristallklare Seen, weite Ebenen neben tiefen Wäldern und satte Wildblumen- und Kräuterwiesen inmitten imposanter Bergketten. Wer in den Bergen lebt, ist in den Wintermonaten von der Außenwelt abgeschnitten und muss rechtzeitig Vorräte anlegen, die dem kargen Boden abgetrotzt werden, um die kalten Zeiten zu überleben.

Die Umgebung, aus der Aliyahs Eltern stammen, gleicht eher einer Wüstenlandschaft – eine kleine Gemeinde in der Nähe vom südöstlichen Mardin, dieser uralten Stadt mit einer wechselvollen Geschichte nahe der syrischen Grenze, wo die Sommer unerträglich heiß und die Winter bitterkalt sind. Kaum ein Baum spendet Schatten in den trostlosen Betonbauten des Ortes, die entlang der Staubstraßen offensichtlich hastig errichtet worden sind. Ein Fremder, der durch den Ort geht, zieht sofort alle Blicke auf sich, denn hier kennt jeder jeden. Jeder im Dorf hat seinen festen Platz in dieser Gemeinschaft. Man ist aufeinander angewiesen, weil der Staat hier eigentlich kaum existiert. Wenn man Glück hat, gibt es eine Schule in der Nähe, vielleicht sogar eine Bushaltestelle. Je weiter man in den Südosten der Türkei kommt, desto seltener findet man solche Anbindungen an die übrige Welt.

In den Teestuben herrscht Hochbetrieb, ein sicheres Anzeichen für die Arbeitslosigkeit der meisten Männer. Wo man auch hinschaut, sieht man nur Männer. Frauen bleiben im öffentlichen Leben unsichtbar, nur manchmal lugt ein Kopftuch heimlich hinter einem Vorhang hervor, oder man sieht einen schwarzen Schatten durch einen Türspalt huschen.

Eine Frau, die wie ich allein durch die Straßen spaziert, fällt sofort auf. Deshalb dauerte es auch nicht lange, bis mich Goran ansprach, ein junger Mann aus Berlin, wie wir bald gemeinsam herausfanden. Sein Leben in dieser Tristesse war nicht frei gewählt. Er war aus Deutschland abgeschoben worden – ein krimineller Wiederholungstäter, der es nicht geschafft hatte, sich rechtzeitig einen Aufenthaltsstatus durch die Heirat mit einer deutschen Frau zu sichern. Jetzt war er auf der Suche nach einer geeigneten Kandidatin, um wieder zurückkehren zu können. Eigentlich suchte nicht er selbst, sondern seine Familie in Deutschland machte das. Er behauptete, seine Eltern seien bereit, 20 000 Euro für eine solche Scheinehe hinzublättern. »Wäre ich in Deutschland, würde ich selbst ein Mädchen finden, die deutschen Mädchen sind ja so leicht zu haben!« Das war sein Kommentar dazu. Wenn ich ihn mir so ansah, mit seiner stark gegelten Frisur und seinem ungepflegten Äußeren, stellte ich mir das nicht so leicht vor, aber er tat so, als verfügte er über einschlägige Erfahrungen.

Wohl fühlte er sich nicht in dieser für ihn ungewohnten Umgebung, die misstrauischen und abfälligen Blicke der Dorfbewohner ließen keinen Zweifel daran aufkommen, dass sie den neuen Bürger nicht gerade mit Freuden in ihrer Mitte begrüßten. Goran aber gab sich alle Mühe, souverän und selbstsicher zu wirken. Das dürfte ihm auch nicht allzu schwer fallen, stolz erzählte er mir, dass er die geballte Macht einer mehrere hundert Menschen umfassenden kurdisch-arabischen Großfamilie hinter sich wusste – sowohl hier in der Wüste wie auch in Deutschland.

Er lud mich zur Hochzeit seiner Cousine ein, die gerade fünfzehn geworden war und, wie er sagte, das große Los gezogen hatte: Ihr künftiger Ehemann war ein Cousin aus Deutschland. So sieht man das hier, Deutschland ist für die Menschen aus Gorans Dorf das Ziel ihrer Träume. »In Deutschland braucht doch niemand zu arbeiten, und für Kinder gibt's sogar Geld!«, erklärte er mir. Das glauben viele Heiratsmigranten der jüngeren Generation. In den Geschichten, die man sich in diesen Landstrichen über Deutschland erzählt, sind alle Schwierigkeiten, alle Hindernisse und Unwägbarkeiten eines Lebens in der Fremde, auf die man – besonders ohne Bildung und ohne Sprachkenntnisse – unweigerlich treffen wird, völlig ausgeblendet. Was unterm Strich zählt, ist das vom Staat geschenkte Geld und der Arzt, der jedem zur Verfügung steht. Die Vorstellung, sein Geld durch harte Arbeit zu verdienen, existiert hier schon lange nicht mehr.

* * *

Das war noch anders zu der Zeit, als der sechzehnjährige Murat als Gastarbeiter nach Deutschland kam. Es waren die Jahre, als alles möglich schien. Er arbeitete hart, um sich ein neues Leben aufzubauen, stand als Hilfsarbeiter in Imbissbuden zehn Stunden auf den Beinen und packte überall an, wo er für ein paar Mark jemandem zur Hand gehen konnte. Anders als manche seiner Cousins, die zeitgleich mit ihm eingewandert waren, ließ er sich von den hiesigen Freiheiten nicht verführen: Er gönnte sich nichts, keine Partys, keinen Alkohol, kein Glücksspiel und keine Geliebte – die leistete er sich erst später. Sein starker Glaube an Allah und die Verbote, die ihm seine Religion auferlegte, gaben ihm damals den Halt, den er brauchte, um diese harte Probezeit durchzustehen. Aliyah findet das heute noch bewundernswert.

Murat ist Kurde, wie die meisten Bewohner in seinem Dorf. Seine Frau Mevlude ist seine Cousine. Er lernte sie auf einer Hochzeit kennen, auf der man ihm zunächst Mevludes ältere Schwester, die achtzehnjährige Hanife, gezeigt hatte. Doch Murat wollte Mevlude. Er heiratete sie Ende der 1980er Jahre. Da war seine Frau fünfzehn Jahre alt. Verliebt waren die beiden nicht, aber sie wussten, dass ihre Verbindung ihre Familien zufriedenstellen würde.

Murats Familie hatte darauf gedrängt, dass in der alten Heimat eine Frau für ihn gefunden werden müsse. Er war bereits über zwanzig, und seine Eltern befürchteten, dass er in einem Land wie Deutschland auf dumme Ideen kommen, sich womöglich gar mit einer Deutschen einlassen und – noch schlimmer – mit einer dieser leicht zu habenden Ungläubigen ein Kind zeugen könnte. Für Murats Mutter, die ihren Sohn argwöhnisch im Auge hatte, war diese Vorstellung schlimmer als der Tod. Wie hätte sie das den Verwandten in der Türkei erklären sollen? Ein Kind mit einer Nichtmuslimin? Und wie sollte sie ein vernünftiges muslimisches Mädchen für einen Mann einwerben, der bereits ein Kind hatte? An eine Jungfrau war dann gar nicht mehr zu denken! So einer konnte froh sein, wenn er überhaupt noch eine abbekam, und das würde bestenfalls eine sein, die sonst keiner haben wollte.

Ein Mann war nur dann eine gute Partie, wenn man von ihm sagen konnte: Er raucht nicht, er trinkt nicht, er bringt Geld nach Hause, ist gottgläubig und ihm hängen keine Frauengeschichten an, zumindest nicht solche, die öffentlich oder folgenschwer sind. Murat war eine gute Partie, zumal er in der Lage war, bei seiner Werbung um Mevlude ein beachtliches Brautgeld zu bieten. Ein »Nein« zu diesem Kandidaten war Mevlude schon deshalb gar nicht mehr erlaubt, gefragt worden war sie ohnehin nicht.

Mevlude wäre der Gedanke an Selbstbestimmung auch fremd gewesen. Wer in einem anatolischen Dorf aufgewachsen ist, lernt, sich seinem von der Familie bestimmten Schicksal zu fügen. Die Schwiegermütter verhandeln oft genug schon über das Brautgeld, bevor die Braut überhaupt von ihrem Glück weiß.

Mevlude war einverstanden mit Murat. Sie hielt es für besser, einen Mann zu haben, der sie mitnahm nach Deutschland, als für immer in der Einöde ihres Dorfes zu versauern. Sie war noch minderjährig, aber damals war es angesichts des chaotischen Zustands, in dem sich das türkische Melderegister befand, noch ein Kinderspiel, sie auf den nötigen Dokumenten als volljährig auszuweisen und zwecks Familienzusammenführung nach Deutschland zu bringen. Das Erdogan-Regime hat eine solche Fälschung inzwischen erschwert, möglich aber ist sie immer noch – ich habe das für eine journalistische Berichterstattung selbst getestet, und es hat funktioniert. (Wie ich es gemacht habe, werde ich hier nicht verraten, ich möchte nicht zum Nachahmen animieren.)

Als die frisch Verheirateten nach Deutschland kamen, zogen sie bei Murats Eltern ein. Murats Vater hatte darauf bestanden. Das Geld, das sein Sohn verdiente, musste er bei seinen Eltern abliefern. Murat fügte sich – so sei es Sitte, man habe den Älteren zu gehorchen, sich notfalls für sie aufzuopfern, das bekamen auch seine Kinder immer wieder zu hören. Bei den Schwiegereltern, erzählte Mevlude ihren Töchtern, sei sie die Haussklavin gewesen, die zu kochen, zu putzen und still alle Demütigungen zu ertragen hatte. Aliyah konnte nicht verstehen, warum ihre Mutter sich ein solches Leben hatte gefallen lassen. Aber Mevlude war zu jung, um sich dagegen zu wehren, und sie wollte unbedingt vor allen als gute Ehefrau dastehen. So ertrug sie anfänglich auch stumm die Schläge von Murat. Das änderte sich, als sie endlich eine eigene Wohnung beziehen durften.

Die damals gerade geborene Aliyah wurde bei den Großeltern gelassen, um diese zu besänftigen. Sie fühle sich sonst so einsam, hatte Murats Mutter geklagt. Auch wenn Aliyah gern mit ihrer Großmutter zusammen war, die ihr Kleider nähte und sie im Sommer mit in die Türkei nahm, so fühlte sie sich doch von ihren Eltern im Stich gelassen: »Die haben mich zurückgelassen wie ein Pfand, als müssten sie sich freikaufen. Wie man sein eigenes Kind einfach weggeben kann und dann auch noch zu der Schwiegermutter, die einen immer wie Dreck behandelt hat – das verstehe ich nicht!« Mevlude aber atmete auf, als sie ihr Sklavendasein verlassen durfte. Sie hoffte auf ein besseres Leben, wenn Murat und sie ihre eigenen vier Wände hätten. Doch es kam anders.

Dass sie Schläge von Murat bezog, war nicht weiter ungewöhnlich, ein richtiger Mann macht das gelegentlich. Murat allerdings tat das regelmäßig, besonders seit er sich eine Geliebte hielt. Und ebenso regelmäßig trieb Mevlude ihn mit ihren Eifersuchtsszenen zur Weißglut. Murat musste dann Dampf ablassen und seine Frau wieder schlagen, daraufhin folgten die üblichen Eheszenen zwischen den beiden – ein ewig sich wiederholender Teufelskreis. Mevlude litt und ließ Murat leiden. Sie behandelte ihren Mann dann oft wie einen Fremden und drohte, mit den Kindern zurück in die Türkei zu ihren Eltern zu gehen.

Dabei soll es eine Zeit gegeben haben, in der die beiden besser miteinander ausgekommen sind, zumindest erzählte Mevlude das ihren Töchtern. Geglaubt hat Aliyah ihr das nicht, denn das hätte doch Spuren hinterlassen müssen, meinte sie. Irgendetwas wäre dann noch da, eine Umarmung oder kleine Gesten der Zuneigung. Davon aber, sagt Aliyah, habe sie nie etwas mitbekommen. Liebe, wenn es sie je gegeben haben sollte, gab es schon längst nicht mehr in dieser Beziehung, nur Sex spielte noch eine Rolle.

Guter Sex ist den Männern vorbehalten

Als Aliyah vier wurde, eröffnete ihre Großmutter ihr, dass sie sich anders zu benehmen und anders zu kleiden habe, da sie kein Junge sei. Es war das Jahr, in dem man ihr das Kopftuch anlegte, ihre Großeltern wollten es so. »Ein vernünftiges Mädchen macht das so. Die Männer sollen nicht schlecht von dir denken«, sagte ihr Großvater. Ihre Großeltern waren sehr religiös und mahnten die Enkelin, bei allem, was sie tat, immer Allah zu danken.

Sie wurde dazu angehalten, nicht breitbeinig dazusitzen und auf keinen Fall mehr mit Jungen zu spielen. Hosen zu tragen, war ihr fortan verboten, knöchellange weite Kleider, Röcke oder Mäntel waren das Gebot, wenn sie das Haus verließ. Aliyah hasste diese Vorschriften, »blanke Sexualisierung«, nannte sie das später mir gegenüber. »Wie oft habe ich die deutschen Mädchen in meiner Klasse beneidet, die im Sommer in ihren luftigen Kleidern herumlaufen durften! Wie sehr habe ich mir Eltern gewünscht, die mir das erlauben würden! Aber mein Leben war so anders, so streng geregelt. Als Kind hat mich das oft stumm gemacht.«

Einmal, so erzählte sie mir, habe eine Vertretungslehrerin sie auf das Kopftuch angesprochen. Vor der ganzen Klasse habe die sich empört: »Warum trägst du ein Kopftuch? Und das sogar bei mir? Du weißt doch, was ich davon halte!« »Ich konnte gar nicht antworten«, sagte Aliyah, »so sehr habe ich mich geschämt, weil ich die Blicke der anderen spürte. Dabei wäre ich dankbar gewesen, wenn mich mal eine meiner Lehrerinnen zur Seite genommen und mit mir darüber gesprochen hätte, so ganz im Vertrauen. Es hätte mir geholfen, mich nicht so allein zu fühlen. Mit meinem Kopftuch hatte ich oft das Gefühl, nicht dazuzugehören. Dabei wünscht man sich als Kind doch nichts sehnlicher, als so zu sein wie alle anderen. Ich wollte auch gern so unbeschwert sein können wie die anderen, ich wollte nicht anders sein!«

Aliyah trug das Kopftuch bis zu ihrer Flucht. Es hatte Gründe, dass sie, anders als ihre Schwester Gül, daran festhielt. Sie hasste »das Gewese«, das ihre Cousinen um ihre Kleiderordnung machten, mit denen sie die Blicke der Jungs herauszufordern versuchten. Während die sehr körperbetonte Sachen trugen, die sie farblich und geschmackvoll mit ihren Schleiern abstimmten, war Aliyah eher eine graue Maus. Das machte sie bei den Tanten besonders beliebt. Nie kaufte sie sich hohe Schuhe. Nie zog sie einen Minirock über ihre Leggings, so wie es manche Mädchen gern taten, um auf diese Weise die strenge Kleiderordnung ein wenig aufzubrechen und trotz Kopftuch sexy zu wirken. Sie trugen Bustiers über Langarmshirts und Leggings, zu denen sie Miniröcke mit Schlitz und Plateauschuhe kombinierten. Aliyah fand, dass die Mädchen manchmal »nuttiger« aussahen als die Frauen vom Straßenstrich. Zu den engen Klamotten wurde dann auch noch das Kopftuch auffällig drapiert und der optische Eindruck einer *femme fatale* mit Schleier erzeugt. Strasssteinchen, die man sich auch an die Augen oder die Nase klebte, gehörten zu den Lieblingsdekorationen der Mädchen. Und wenn man schon kein Haar zeigen durfte, dann wurde der Dutt unter dem Schleier eben besonders hoch und fett gebunden, so dass ganz offensichtlich war, welche Pracht unter dem Tuch steckte. Auch lange Fingernägel, bunt bemalt oder mit Glitzer dekoriert, gehörten zur Kampfkleidung muslimischer Mädchen. Und wer nicht in der Lage war, sich falsche Wimpern so anzukleben, dass sie als echte durchgehen konnten, der war einfach out.

Aliyah war meistens out, sie hatte keine Lust, sich wie ein Weihnachtsbaum zu schmücken, und zog es vor, ihre dunklen Gewänder zu tragen, bis zu dem Tag, an dem sie alles in den Müll werfen und endlich wie ein normaler Teenager herumlaufen könnte. Es war ihr Schutz, denn sie wollte zu Hause und bei der Verwandtschaft den Eindruck erwecken, an weltlichen Dingen kein großes Interesse zu haben. So nahm ihr wenigstens jeder ab, dass sie die Unschuld vom Lande war, und keiner hätte ihr zugetraut, dass sie bereits mit 16 Jahren ihre Jungfräulichkeit verloren hatte.

* * *

Ein Kopftuch ist mehr als nur eine Bedeckung der Haare. Eine Frau mit Kopftuch zeigt sich nicht nur im textilen Sinne zugeknöpft; sie vermeidet Gespräche und Körperkontakt mit Männern und nimmt eine distanzierte Haltung ein. Sie signalisiert damit Ehrbarkeit, die nicht nur in islamisch-konservativen Kreisen damit gleichgesetzt wird, dass die Frau sexuell nicht verfügbar ist. Und damit sind wir beim größten Tabuthema islamischer Gemeinschaften – dem Sex. Anders gesagt: der großen Gefahr, ein Mädchen könnte seine Keuschheit verlieren. Alles, was es machen oder nicht machen darf, entscheidet sich daran.

Die Ehre einer Familie, einer Sippe, einer Gemeinschaft bemisst sich an diesem zentralen Punkt: der Jungfräulichkeit ihrer unverheirateten weiblichen Mitglieder. Auch wenn das Gebot der Jungfräulichkeit vor der Ehe nicht nur in muslimischen, sondern auch in anderen religiösen Gemeinschaften gilt, so wird sie von ersteren doch besonders stark kontrolliert. Der weibliche Körper ist Machtinstrument und Statussymbol zugleich, er gehört allen, nur nicht der Frau selbst. Alle Familienmitglieder tragen dabei Verantwortung für die unberührte Vagina der Töchter und Schwestern.

Die Überhöhung der Jungfräulichkeit hat ihren Ursprung in vorislamischer Zeit, sie ist ein Relikt patriarchalischer Gesellschaften, das heute zu einer Norm für alle erklärt wird. Jeder weiß, wie ein Mädchen sich zu verhalten hat, deswegen redet auch jeder dabei mit.

Wer es religiös begründen will, der greift zu dem *Buch der Ehe* von Al Ghazali aus dem 12. Jahrhundert. Der bis heute in der islamischen Lehre hochangesehene Gelehrte preist »drei Vorzüge« der Jungfräulichkeit an: Der erste bestehe darin, »dass die Frau den Mann liebgewinnt, mit ihm vertraut wird und so die ersten Eindrücke von dem, was Liebe heißt, empfängt«. Wer schon »andere Männer kennengelernt und verschiedene Verhältnisse erprobt hat«, warnt der Islamgelehrte, könne womöglich auf die Idee kommen, dass »irgendeine Eigenschaft missfällt« und die Frau »gegen den Gatten eine Abneigung fasst«. Ohnehin habe der Mann »einen gewissen Widerwillen gegen eine solche, die schon ein anderer berührt hat«. Und drittens »wird eine Frau nur nach dem ersten Mann seufzen, und die erste Liebe ist zumeist auch die dauerndste«.

Gute Frauen haben nur einen Mann im Leben, mit dem sie alt werden und sterben, alles andere ist schlecht. Allein der Umstand, dass eine junge Frau bis zur Ehe keinen Geschlechtsverkehr hat, macht sie zu einem Ideal, zu einem Vorbild, das nicht zwingend noch andere Vorzüge aufweisen muss. Bildung, Erfolg im Beruf, ein erfülltes Sozialleben – all das zählt nicht im Vergleich mit der »Reinheit«, die auch als Unschuld bezeichnet wird. Die ideale Ehefrau ist anpassungswillig und formbar, und der Mann bestimmt, was im Bett läuft.

Ich habe in den letzten Jahren immer wieder Freitagsansprachen von Imamen gehört, in denen den Männern vermittelt wurde, welche religiösen Pflichten eine Ehefrau habe. Sie dürfe ihrem Mann gegenüber alle sexuellen Feinheiten beherrschen, es sei sogar wünschenswert, dass sie über gewisse Verführungskünste verfüge. Sie solle wie ein junges Reh vor ihrem Mann hüpfen, sich für ihn so zurechtmachen, dass seine sexuelle Begierde geweckt wird. Man glaubt, O-Töne aus einem billigen Groschenroman zu hören, wenn man von solchen und ähnlichen Bildern und Metaphern belehrt wird.

Im Koran selbst gibt es keine eindeutigen Regelungen zur irdischen Jungfräulichkeit, nur die sogenannten Huris (Jungfrauen im Paradies) werden in neun Suren erwähnt. Sie sind keine Frauen, sondern jene wunderbaren Wesen, die in Sure 55 so beschrieben werden: »Sie lehnen sich auf Unterlagen, deren Futter aus Brokat sind. Und die Ernte der beiden Gärten hängt herab. Welche der Wohltaten eures Herrn wollt ihr beide für Lügen erklären? Darin sind (Frauen), die ihre Blicke zurückhalten, die vor ihnen weder Mensch noch Djinn beschlafen hat – Huris, die in den Zelten zurückgezogen wohnen.«

Wenn den Männern im Paradies ewiger Sex mit ewigen Jungfrauen versprochen wird, die nach jedem Geschlechtsverkehr wieder zu Jungfrauen werden, fragt man sich, was denn eine Frau wohl nach einem gottgefälligen Leben im Paradies erwartet?

Die israelische Filmemacherin Natalie Assouline wollte es wissen und hat für ihren herausragenden Dokumentarfilm *Shahida – Allahs Bräute* gescheiterte palästinensische Selbstmordattentäterinnen im Hasharon-Gefängnis in Israel interviewt. Unter anderem fragte sie die Frauen nach dem Lohn, der eine gute Muslimin im Paradies erwartet. Gott werde sie im Paradies damit belohnen, dass sie zu Herrscherinnen über die Huris würden, war die Antwort. Pech für alle irdischen Frauen – der gute Sex bleibt den Männern vorbehalten. Im Himmel wie auf Erden.

* * *

Aliyah sagt, dass Eltern aus konservativen Familien immer nur daran denken, dass ihre Tochter bei der nächstbesten Gelegenheit Sex haben könnte. Jeder unbeaufsichtigte Kontakt mit dem anderen Geschlecht birgt die Gefahr unzüchtigen Verhaltens.

Wenn sie fragte, ob sie mit ihren Freundinnen spazieren gehen dürfe, dann hieß es: Was willst du draußen, was gibt es da? Immer war es eine unterschwellige oder direkte Anspielung darauf, dass die Tochter wohl nur eins im Sinn habe: einen Jungen zu treffen. Es machte Aliyah wütend, dass ihr ganzes Leben dieser Befürchtung geopfert wurde. Es kränkte sie, so auf einen Trieb reduziert zu werden, und sie empfand es als Zumutung, darum jeden Schritt, den sie tat, erklären und rechtfertigen zu müssen.

»Ein Mann befindet sich nie allein mit einer Frau, ohne dass nicht der Teufel sich als dritter zu ihnen gesellt«, pflegte ihr Großvater immer zu sagen – Worte, die als Überlieferung des Propheten gelten. Diese einseitig von Männerphantasien geprägte Vorstellung von weiblicher Sexualität hat sich Mädchen wie Aliyah tief ins Bewusstsein geschrieben. Wem als Mädchen schon beigebracht wird, welche sexuellen Begierden bei Männern geweckt werden, wenn es zu kurze Röcke trägt oder

Fahrrad fährt, der verinnerlicht diese Regeln automatisch. Wer mit einem solchen Frauenbild aufwächst, hat Schwierigkeiten, ein normales Verhältnis zu seinem Körper zu entwickeln. Die Schamgrenze fängt bei manchen schon da an, wo andere Menschen nie auf die Idee kommen würden, etwas Unanständiges zu tun. Es gibt Frauen, die es strikt vermeiden, öffentlich ein Eis zu lecken, man nimmt die Kugel lieber mit einem Löffel aus einem Becher.

Auch für Aliyah war Sex etwas Unanständiges, so war es ihr schon von den Großeltern beigebracht worden. Jede Berührung, die nicht zwingend notwendig war, sondern als Liebkosung oder Streicheleinheit verstanden werden konnte, galt als unangebracht und war tabu.

Geküsst hätten ihre Eltern sich in Gegenwart ihrer Kinder nie, meint Aliyah. Wenn ihr Vater es wagte – und das passierte selten genug –, ihre Mutter in Gegenwart anderer in den Arm zu nehmen, fanden ihre Großeltern ein solches Verhalten schändlich und ließen ihre Enkelin das auch wissen. Nur manchmal sah die kleine Aliyah, wie ihr Vater draußen auf der Straße, wenn sie alle aus dem Blickfeld der Großeltern verschwunden waren, die Hand der Mutter ergriff. Das waren seltene Momente, in denen Aliyah immer besonders glücklich war. Denn dann hatte sie das Gefühl, zu einer ganz normalen Familie zu gehören.

Nur das obligatorische Küssen von Besuchern war erlaubt. Frauen mussten Frauen zur Begrüßung und zum Abschied immer auf die Wange küssen, dabei war es egal, ob man die Person mochte oder nicht, es galt als selbstverständlich. Auch Männer küssten einander oder hakten sich beim Spazierengehen unter, solche körperlichen Berührungen gehörten zum Alltag.

Wundern muss man sich nicht, dass dort, wo Mädchen bereits als Kinder sexualisiert werden, wo Männer und Frauen in den meisten Bereichen ein voneinander getrenntes Leben führen, wo das Leben einer Frau weniger wert ist als das eines Mannes, die meisten Übergriffe auf Frauen stattfinden. Die Vergewaltigungen in indischen Dörfern, oft vom Dorfrat als Strafe für eine ungehorsame Frau gefordert, und die sexuellen Angriffe auf Frauen, die auf dem Tahir-Platz in Kairo stattgefunden haben, zeigen, wie manche Männer reagieren, wenn sie glauben, frei über Frauen verfügen zu können.

* * *

Sex war in Aliyahs Familie – direkt oder indirekt – ein Dauerthema. Ständig wurde sie von ihren Tanten, die fast täglich zu Besuch kamen, begafft und begutachtet, ob ihr Po denn rund genug sei, ob sie schon die weiblichen Formen habe, die »einen Mann glücklich machen«, selbst die Beschaffenheit ihrer Haut war Gesprächsthema. In Aliyah lösten solche Nachstellungen nicht nur Beklemmungen, sondern oft auch Depressionen aus. Sie fühlte sich dabei wie ein Stück Vieh auf dem Weg zum Schlachthof.

Natürlich hatte sie, wie jeder andere Teenager auch, ein Interesse an Sexualität und war dankbar, dass sie wenigstens in der Schule Aufklärungsunterricht erhielt. Ihre Mutter meinte, dass man darüber erst sprechen sollte, wenn die Hochzeitsnacht anstünde. Und dann würde der Ehemann einem schon zeigen, wie es geht. Mevlude war auch von niemandem aufgeklärt worden, das Einzige, was ihr die alten Frauen mitgaben, war, dass es zwar weh tun, aber nicht lange dauern würde und dass Schmerzen dabei völlig normal seien. Ein Geburtsschmerz sei viel schlimmer, und den hätten ja auch alle überlebt.

Als Aliyah den Wunsch verspürte, mit Dimi intim zu werden, hatte sie mit sich zu kämpfen. Als sie das erste Mal Sex mit ihm hatte, fühlte sie sich danach lange Zeit schlecht. Obwohl sie Dimi grenzenlos vertraute und er auch sehr sensibel mit ihr war, wurde sie die Scham nicht los, etwas Verbotenes getan zu haben, das ihr fortan wie ein Schandmal anhaften würde, sollte Dimi nicht der erste und letzte Mann in ihrem Leben sein. Ihre Angst, die Beziehung könnte in die Brüche gehen, wurde noch größer. Gleichzeitig war sie dankbar und froh über diese Erfahrung. Plötzlich hatte dieses von ihrer Familie so zentral verhandelte und aufgebauschte Thema der Jungfräulichkeit von einem Moment auf den anderen seine große Bedeutung verloren. Je öfter sie mit Dimi schlief, desto selbstverständlicher wurde Sex für die beiden. Die Erwartungen waren nicht mehr so aufgeladen, man konnte sich auf andere Dinge konzentrieren, zum Beispiel darauf, wie der andere dachte, welche Träume und Pläne sie beide für die Zukunft hatten und wie man diese gemeinsam verwirklichen könnte.

Auch der erste Besuch beim Frauenarzt war ein Problem für Aliyah, sie wollte unter keinen Umständen gesehen werden. Deshalb musste es ein Arzt in einem Viertel sein, in dem nur wenige muslimische Migranten lebten. Mit der Zeit aber wurden auch diese Arztbesuche zu einem normalen Bestandteil ihres Lebens.

Sie könne sich eigentlich glücklicher als die meisten Mädchen schätzen, meinte sie. »Denn obwohl ich gezwungen war, oft zu lügen und alles, was ich mit Dimi erlebte, zu verheimlichen, hatte ich doch den großen Vorteil, dass Dimi und mir oft die Wohnung seiner Schwester zur Verfügung stand. Ich musste nicht, wie viele andere, Sex in Tiefgaragen oder billigen Absteigen über mich ergehen lassen.« Sie wusste, dass viele Mädchen sich von ihrem Freund dazu überreden ließen, schnellen Sex im Hausflur oder auf einer öffentlichen Toilette zu haben – »das ist doch grauenvoll!«, sagte Aliyah.

Jeder im Viertel kannte die Geschichte von Cigdem.

Cigdem oder »Beende dein Schweigen, nicht dein Leben«

Cigdem hatte oft an Selbstmord gedacht. Zum Glück ist sie jetzt darüber hinweg, aber immer noch traumatisiert von den Erfahrungen, die sie machen musste. Das einst so offene und neugierige Mädchen hat sich, von starken Schuldgefühlen geplagt, ganz zurückgezogen, in der Schule meidet sie jeden Kontakt, versucht, sich auf den Unterricht zu konzentrieren und verbringt die meiste Zeit zu Hause. Schuld daran ist Mahmoud, schuld sind aber auch alle, die ihn in seinem zerstörerischen Verhalten unterstützt haben.

Einst liebte Cigdem Mahmoud, auch wenn sie das heute kaum mehr verstehen kann. Da war sie siebzehn. Ihre Eltern wussten von der Beziehung, Cigdem wollte sie nicht verheimlichen. Die Beziehung müsse aber ernsthaft sein, mahnten sie ihre Tochter, und Sex sei verboten. Mahmoud versprach, Cigdem zu heiraten, er liebe sie und könne ohne sie nicht leben, beteuerte er. Die Eltern glaubten ihm, sie betrachteten Mahmoud als zukünftigen Bräutigam ihrer Tochter, und da sie bald seine Frau werden sollte, war er für Cigdems Ehre mitverantwortlich. Dieses »Versprechen« wird von den Eltern nach außen kommuniziert, dann müssen auch sie sich nicht rechtfertigen, wenn irgendein Verwandter oder Bekannter die beiden zusammen auf der Straße sieht. Im Gegenzug allerdings ist damit der Druck auf das Mädchen auch entsprechend erhöht, sich »anständig« zu verhalten und keinerlei Kontakte zu anderen Jungen zu pflegen.

Cigdems »Freundinnen« reagierten missgünstig auf das junge Liebespaar. Sie hätten auch gern einen Freund gehabt, mit dem sie sich auf der Straße sehen lassen dürften. Manche wären selbst gern mit Mahmoud zusammen gewesen. Ein Junge, der bei den Eltern ein Heiratsversprechen abgibt, gilt als gute Partie, erst recht, wenn er, wie Mahmoud, seine Freundin mit Geschenken überhäufte, wenngleich die oft von zweifelhafter Herkunft waren. Cigdem machte der Neid der anderen Mädchen wohl zu schaffen, aber sie tröstete sich damit, dass sie als eine »Versprochene« ein höheres Ansehen im Viertel genoss.

Eines Tages gingen Cigdem und Mahmoud in die Wohnung seiner Großmutter, um zu chillen. Die Oma war nicht da. Es kam zu analem Sex, Cigdem wollte ihre Jungfräulichkeit schützen. Analsex ist eine gängige Praxis unter Musliminnen, die sich so ihre Jungfräulichkeit bis zur Ehe bewahren, gleichzeitig aber nicht Gefahr laufen wollen, dass ihr Freund und zukünftiger Ehemann Sex mit anderen Frauen hat. Denn auch das gibt es – Mädchen, die es billigend in Kauf nehmen, dass ihr Verlobter sich mit Prostituierten oder anderen Mädchen sexuell vergnügt. Sie fügen sich, weil ihnen von ihren Müttern meist schon früh vermittelt wurde, dass Jungen und Männer eben so triebgesteuert seien: Sex sei für sie ein Bedürfnis, das unbedingt befriedigt werden müsse.

Auch Mahmoud stellte Cigdem vor die Entscheidung, ob sie es hinnehmen wolle, dass er mit anderen Frauen schliefe, oder ob sie ihn zumindest anal befriedigen wolle. Obwohl Cigdem nicht »richtig« mit Mahmoud schlief, ging es ihr schlecht dabei, der Analsex war nur für Mahmoud befriedigend, für sie aber sehr schmerzhaft. Und dass er ihn von nun an, immer wenn sich eine Gelegenheit bot, auf öffentlichen Toiletten oder im Keller eines Hochhauses, einforderte, machte sie erst recht unglücklich. Ihr war das zuwider, und sie spürte, wie sie körperlich und seelisch darunter litt. Doch Mahmoud nahm sie danach immer tröstend in den Arm und versicherte ihr, dass alles so seine Richtigkeit habe, schließlich werde sie bald seine Frau, und dann würden sie in ihrem Schlafzimmer richtigen Sex haben. Und Cigdem beruhigte sich damit, dass er schließlich ein Versprechen gegeben und sie ihm gezeigt hatte, dass sie ihre Jungfräulichkeit bis zur Hochzeitsnacht bewahren wollte. Sie empfand sich als »sauberes« und anständiges Mädchen und fühlte sich sicher. Das sollte sich bald ändern.

Cigdem hielt sich an das Verbot, von anderen Jungen hielt sie sich fern, fand aber nichts dabei, in den Hofpausen der Schule sich auch mit ihren Klassenkameraden zu unterhalten. Anderen entging das nicht. Und schon wurde Mahmoud die Nachricht überbracht, dass Cigdem ständig mit Jungen herumstehe, vielleicht suche sie sich ja einen neuen Freund. Mahmoud flippte aus und rächte sich: Er erzählte überall herum, dass er Sex mit Cigdem gehabt hatte. Für Cigdem hatte das Folgen: Nun wurde sie von ihren Mitschülerinnen und Mitschülern angepöbelt, beleidigt, begrabscht. Ihre Lehrer bekamen das mit, reagierten aber nicht, sondern taten das als jugendliche Alberei ab. Die meisten hatten sich längst damit abgefunden, dass sie die Strukturen, in denen muslimische Teenager aufwachsen, kaum durchschauen.

So stand Cigdem dieser Situation allein und hilflos gegenüber. Ihr Ruf war ruiniert, selbst ihre besten Freundinnen beschimpften sie. Eines Tages wurde sie auf dem Schulweg überfallen und sexuell genötigt. Mahmoud war dabei und sah zu, sie sei jetzt nicht mehr seine »Versprochene«, sondern eine »Hure«. Er gab Cigdem »frei«. Zum Glück wehrte sich das Mädchen nach Kräften gegen den Überfall, sonst wäre sie womöglich in irgendeinen Keller verschleppt und vergewaltigt worden.

Diese Gefahr drohte ihr fortan täglich, ohne Angst und ohne Begleitung konnte sie nicht mehr durch ihr Viertel gehen. Um sich selbst vor möglichen Racheakten ihrer Familie zu schützen, rief Mahmoud ihre Eltern an, um ihnen von dem Analsex mit Cigdem zu berichten. Sie habe dadurch gezeigt, dass sie kein »sauberes« Mädchen sei. Die Eltern waren wütend – weniger auf den potentiellen Schwiegersohn als auf die Tochter. Cigdems Mutter zwang sie, mit ihr zum Frauenarzt zu gehen und sich ihre Jungfräulichkeit bescheinigen zu lassen. Mit der Bescheinigung ging sie danach durch den Kiez und versicherte allen, dass ihre Tochter ein ehrenwertes Mädchen sei. Sie hoffte vielleicht immer noch, dass sich zwischen Cigdem und Mahmoud wieder alles einrenken ließe und es doch noch zu der versprochenen Hochzeit käme.

Cigdem wusste es besser. Selbst wenn Mahmoud sie heiraten wollte – seine Familie und sein Umfeld würden das niemals akzeptieren. Weil seine Freunde Cigdem in seinem Beisein sexuell belästigen durften und er allen im Viertel bis ins Detail erzählt hatte, welche Sexpraktiken er mit Cigdem ausprobiert hatte, würde er seine Ehre verlieren, wenn er sie jetzt noch zur Frau nähme.

* * *

Nicht alle Eltern reagieren so wie Cigdems Mutter, die vor dem Rufmord an ihrer Tochter kapitulierte. Aber auch aufgeklärte Eltern, die sich den rigiden Moralvorstellungen ihrer muslimischen Nachbarschaft nicht anpassen, können, wenn sie ihren Töchtern Freiheiten gestatten, die andere Mädchen nicht haben, zwischen die Fronten geraten: dem Leben in einer offenen Gesellschaft einerseits und der rigiden Geschlechtertrennung andererseits, die konservative Muslime für unerlässlich halten und die ihre Söhne als Sittenwächter in Vierteln mit einer überwiegend muslimischen Nachbarschaft durchsetzen. Und nicht nur Cigdems Schicksal zeigt, dass zu deren Claqueuren oft auch neidische Mädchen gehören.

Die Leiterin eines Jugendclubs berichtete mir eines Tages von Hülya, die einige Jahre ihr Schützling gewesen war, dann aber nicht mehr in der Einrichtung erschien. Hülya war sehr modebewusst und zeigte gern ihre körperlichen Reize, enge Jeans, Top mit Ausschnitt – für Hülya nichts Ungewöhnliches. Wenn sie mit ihren Eltern in den Sommerferien in der Türkei war, sah sie auf den Straßen von Istanbul, Izmir, Ankara und in anderen Städten viele Frauen und Mädchen, die sich figurbetont kleideten. Warum also sollte sie das nicht auch tun?

Hülya war auch gern mit ihren Kumpels im Stadtteil unterwegs, hing mit ihnen auf öffentlichen Plätzen ab, ging mit ihnen bummeln und manchmal auch ins Kino. Ihre Eltern hatten nichts dagegen, solange es bei solchen Teenager-Freundschaften blieb und Hülya mit keinem Jungen enger zusammen war. Familien mit einem höheren Bildungshintergrund und einem liberalen Religionsverständnis ist bewusst, dass ihre Töchter in einer modernen Gesellschaft heranwachsen.

Andere Mädchen aus Hülyas Schule hatten solche Freiheiten nicht, das weckte den Neid auf die Klassenkameradin. Sie fingen an, Stimmung gegen Hülya zu machen. Immer häufiger wurde ihr das Wort »Schlampe« nachgerufen. Auch das Gerücht, sie habe Sex mit Jungen gehabt, wurde gezielt gestreut. Hülya hatte Angst, dass ihre Eltern das hören und für wahr halten könnten. Selbst wenn nichts an den Behauptungen stimmte, so drohten diese doch den Ruf der Familie zu ruinieren. Es brauchte nur ein Cousin oder ein entfernter Verwandter oder Bekannter der Familie von Hülyas angeblich unkeuschem Verhalten zu hören, schon wären ihre Eltern gezwungen zu handeln, um sich auch weiterhin als ehrenhafte Menschen in der Community blicken lassen zu können. Man kann sich vorstellen, unter welchen Druck liberal eingestellte Familien so geraten können. Hülyas Eltern erfuhren tatsächlich von dieser üblen Nachrede. Aber sie glaubten ihrer Tochter und hielten zu ihr, sahen allerdings, als diese Diskriminierungen anhielten, keinen anderen Ausweg, als das Viertel zu verlassen.

Die Leiterin eines Jugendclubs, mit der ich über dieses Thema sprach, kennt aus ihrer langjährigen Arbeit viele solcher Fälle. Die Mädchen haben sich ihr anvertraut – mit wem sonst sollten sie über ihr Unglück sprechen können? Nicht alle haben so vertrauensvolle Eltern wie Hülya. Fatima zum Beispiel hatte nicht so viel Glück. Auch sie kommt jetzt kaum noch in den Club, und wenn, dann nur heimlich. Früher war sie regelmäßig nach der Schule da gewesen, um sich mit einer Klassenkameradin auf das Abitur vorzubereiten. Denn das will Fatima unbedingt machen. An einer Ganztagsschule endet der Schulalltag oft erst gegen vier Uhr nachmittags. Deswegen saß Fatima häufig bis um acht im Club. Das passte ihrem Bruder Ibrahim nicht. Irgendwann fing er an, seiner Schwester zu befehlen, pünktlich um sechs zu Hause zu sein. Fatima hielt sich nicht daran, ein erfolgreicher Schulabschluss war ihr wichtiger. Immer häufiger kam es zum Streit zwischen den beiden, und als Ibrahim von seinen Kumpels angemacht wurde, seine Schwester treibe sich herum, er habe sie wohl nicht unter Kontrolle, fing er an, Fatima zu schlagen. Die Eltern der beiden, ohnehin misstrauisch wegen Fatimas spätem Nachhausekommen, stellten sich auf die Seite des Sohnes. Sie machten ihrer Tochter heftige Vorwürfe, egoistisch sei sie und kümmere sich gar nicht mehr um ihre Familie – wahrscheinlich treffe sie sich doch heimlich mit einem Jungen. Als Fatima schließlich

Rat bei einem arabischstämmigen Psychologen suchte, ermahnte der sie, sich an die Regeln der Familie zu halten und nicht weiter »zu provozieren«. Sie müsse geduldiger werden.

***

Den täglichen Spagat zwischen der Familie mit ihrer oft rigiden Moralvorstellung aus einer vormodernen Zeit und den Verlockungen eines freien Lebens jenseits von religiöser und kultureller Tradition hält nicht jede junge Frau auf Dauer aus. Manche Mädchen zerbrechen an diesem Widerspruch. Andere leiden so heftig unter einem Schuldbewusstsein, wenn sie Opfer einer sexuellen Attacke geworden sind, dass sie mit dem Gedanken an Selbstmord spielen.

Als Aische fünfzehn war, erhielt sie Nachhilfeunterricht in Mathematik von einem jungen Studenten aus arabischer Familie. Aische war ehrgeizig, und ihre Eltern wollten, dass sie einen guten Schulabschluss macht. Nasser, so hieß ihr Nachhilfelehrer, war ihnen von dem Ehrenamtlichen-Service der Schule vermittelt worden. Die Eltern hielten ihn für einen seriösen Partner.

Eines Tages war der Nachhilferaum der Schule verschlossen, in dem sich Aische und Nasser immer trafen. Nasser schlug vor, den Unterricht in seine Wohnung zu verlegen. Aische ging ahnungslos mit – sie traute Nasser, er war immer sehr nett und höflich zu ihr. In der Wohnung allerdings wurde er plötzlich zudringlich und vergewaltigte seine Schülerin. Aische war am Boden zerstört, sie wusste in ihrer Verzweiflung nicht mehr ein noch aus. Sie schämte sich zutiefst und fühlte sich schuldig: Wie hatte sie nur mit ihm alleine mitgehen können? Nun hatte sie große Angst, was ihre Eltern tun würden, wenn sie davon erführen. Sie erzählte niemandem von ihrem Unglück, musste aber doch pausenlos daran denken. Sie kam sich schmutzig vor, und ein schmutziger Mensch soll nicht mehr leben, so dachte sie.

Drei Jahre ging das so. Dann versuchte Aische, sich umzubringen. Sie schnitt sich die Pulsadern auf. Zum Glück wurde sie rechtzeitig gefunden und ins Krankenhaus gebracht. In der Klinik arbeitete ein arabischer Psychiater. Er sprach mit Aische, aber geholfen hat er ihr nicht. Er erzählte ihren Eltern von der Geschichte, vielleicht fand auch er, dass das Ansehen der Familie wichtiger war als Aisches Seelenheil. Aber Aisches Eltern reagierten anders, als er erwartet hatte. Sie waren wütend auf den Psychiater, der mit seinem Verstoß gegen die Schweigepflicht alles andere als ihr Vertrauen gewonnen hatte. Sie wollten nie wieder etwas mit diesem Mann zu tun haben, der im Viertel von Ärzten, Polizisten und anderen Behördenmitarbeitern auch heute noch als Mediator zwischen den Kulturen eingesetzt wird.

* * *

»HAYATINA DEĞIL SUSKUNLUĞUNA SON VER – Beende dein Schweigen, nicht dein Leben« stand bis vor einigen Jahren in großen Lettern auf einem Plakat, das in Berliner Stadtbezirken mit einem hohen Anteil türkischer und arabischer Migrantenfamilien hing, daneben die Telefonnummer einer Krisenhotline. So lautete der Slogan einer Kampagne der Berliner Charité zur »Suizidpräventionsinitiative für Frauen mit türkischem Migrationshintergrund«. Geleitet wurde sie von der Oberärztin Meryam Schouler-Ocak. Sie war einst selbst als kleines Mädchen aus einem türkischen Dorf nach Deutschland gekommen, und mit dieser Initiative wollte sie suizidgefährdeten Mädchen und Frauen aus muslimischen Familien unbürokratisch Hilfe anbieten und zugleich in einer mehrjährigen Studie klären, warum die Selbstmordrate junger Migrantinnen doppelt so hoch ist wie bei ihren deutschstämmigen Altersgenossinnen. Sie leiden an dem Konflikt zwischen ihren traditionellen Elternhäusern und einem liberalen Gesellschaftsumfeld, das Doppelleben vieler muslimischer Mädchen und Frauen, so die Ärztin, sei häufig der Auslöser für seelische Erkrankungen, die im schlimmsten Fall zu Selbstmordversuchen führen.

Eine endgültige Auswertung der wissenschaftlichen Untersuchung liegt noch nicht vor, Zwischenergebnisse aber gibt es. Und die zeigen signifikante Geschlechterunterschiede: Während die »Selbsttötungsrate« von türkischen Männern in Deutschland nicht höher ist als die in ihrem Herkunftsland, ist die »Häufigkeit von vollendeten Suiziden bei Mädchen und jungen Frauen ungefähr doppelt so hoch wie bei gleichaltrigen Frauen aus deutschen Familien«. Und die Zahl der Selbstmordversuche übersteigt die bei Gleichaltrigen ohne Migrationshintergrund sogar um das Fünffache. Frauen mit türkischem Migrationshintergrund sind dabei zudem deutlich jünger als deutsche.

Die meisten Selbstmordversuche verüben Migrantinnen der zweiten Generation. Sie sind schon in Deutschland aufgewachsen, und die Normen und Werte, die ihre Eltern bei ihrer Auswanderung aus der Heimat mitgebracht haben, stehen in Widerspruch zu dem, was ihre Töchter in einer freien Gesellschaft sehen und erleben. Da verwundert es nicht, dass als eine wichtige Ursache für Selbstmordgedanken bei jungen türkischen Frauen die große Spannung zwischen traditionellen Rollenerwartungen in der Familie und modernen Lebensformen im Aufnahmeland ausgemacht wurde. Eine niederländische Studie zeigt, dass ein großer Teil der türkischen Migrantinnen

Selbstmordversuche unternehmen, weil sie ihr Leben als zu kontrolliert empfinden und ihre Angehörigen sie der »Verletzung der Familienehre« bezichtigen.

Teil des Projekts sind auch Schulungen für Ärzte, Lehrer und Pädagogen – für all jene, die häufig für die Mädchen und Frauen die einzigen Kontaktpersonen außerhalb der Familie sind. Aische hatte gewagt, ihr Schweigen zu beenden – man hätte sich nur gewünscht, dass der arabische Psychiater, den sie um Hilfe bat, das Schulungsprogramm von Frau Schouler-Ocak durchlaufen hätte.

»Ab heute heißt du Nora«

Es gibt viele hierzulande, die Zwangsehen als Extremfälle innerhalb der muslimischen Migrantenszene betrachten. Besonders vonseiten der Migrationsforscher wird das immer wieder betont – als sei das ein zu vernachlässigendes Problem. Aber was wissen sie denn eigentlich von dem Leben muslimischer Mädchen und Frauen, denen das Recht auf ein selbstbestimmtes Leben versagt wird? Und was von den Drohungen, den Ängsten, denen jene ausgesetzt sind, die sich aus dieser Unterdrückung zu befreien versuchen?

Wie das Leben aussieht, wenn eine Frau es wagt, aus einer Zwangsehe auszubrechen, hat Nora mir erzählt. Nora, so heißt sie erst seit vier Jahren, früher trug die heute 42-Jährige, die als jüngstes von acht Geschwistern mit ihren Eltern in der Ära der Gastarbeiter, etwa zur gleichen Zeit wie Aliyahs Eltern, nach Deutschland kam, einen anderen Namen. Eine klassische Geschichte, der Aufbruch vom Osten in den Westen und bei beiden Familien mit im Gepäck: die Traditionen und Werte einer Heimat, mit denen noch die nächsten Generationen zu kämpfen hatten. Daran hat sich bei manchen bis heute wenig geändert.

Auch für Nora sollte der Ehemann von der Familie bestimmt werden, und schon als Kind hatte sie gelernt, als Mädchen habe sie zu gehorchen. Sie durfte nicht rausgehen, keine Freunde treffen, nicht Fahrrad fahren, nicht schwimmen, nichts sagen, außer wenn sie gefragt wurde – einzig ihr Geschlecht war der Grund für alle diese Verbote. Die Geschichten der Frauen, denen ein menschenwürdiges Leben versagt bleibt, weil sie Frauen sind, ähneln sich.

Dann aber, so erzählt sie, sei der »Glücksfall« ihres Lebens eingetreten: Ihre Eltern kamen bei einem Autounfall um, als Nora neun Jahre alt war. Als sie das tatsächlich einen »Glücksfall« nennt, stockt mir der Atem – wie schlimm muss eine Kindheit sein, wenn man den Tod der Eltern als Segen empfindet. Damals wurde sie von der Schule abgeholt und nach Hause gebracht, ihre Eltern seien im Krankenhaus, erzählte man ihr. Aber als sie den Menschenauflauf vor der Haustür sah, wusste sie, dass etwas Schlimmeres passiert sein musste. Verwandte hatte die Familie in Deutschland kaum, aber Freunde und Bekannte waren gekommen, viele weinten, nahmen sie in den Arm und beteten. Es waren lauter Menschen, die aus derselben Region wie Noras Eltern stammten und die ihr Vater im Asylantenheim seiner Anfangszeit und später in der Moschee kennengelernt hatte.

In der Küche saß ihr ältester Bruder am Tisch, in seiner Hand der blutige Armreif der Mutter, er habe geschrien und geweint, sagt sie. Für das kleine Mädchen war es ein erschreckender Anblick, noch nie zuvor hatte sie ihren Bruder weinen gesehen. Da war ihr klar, Mama und Papa würden nie wiederkommen.

Die Erinnerungen an ihre Mutter verblassten immer mehr, erzählt mir Nora, manchmal träume sie noch von ihr, dann wache sie auf und spüre den Verlustschmerz in ihrer Brust. Mit ihr war trotz aller gegenteiligen Erfahrung die große unerfüllte Sehnsucht nach Liebe und Geborgenheit verbunden.

* * *

Noras Leben wurde leichter und fröhlicher, als sie ins Kinderheim gebracht wurde. Vier Jahre verlebte sie dort, und sie nennt diese Zeit die glücklichste ihres Lebens. Ihre Geschwister waren noch zu jung, um die Vormundschaft beantragen zu können, und von den Bekannten wollte sie keiner haben. Sie sahen ihre muslimische Pflicht mit der Überführung der Leichen in die anatolische Heimat als erfüllt an. Das Kind wäre in ihren Augen nur eine finanzielle Belastung gewesen.

Ihre älteren Schwestern haben danach – obgleich da noch keine von ihnen volljährig war – sofort geheiratet, den Erstbesten, sie wollten nur eins: ein Leben ohne Schande. Nora sagt, für ihre Schwestern sei die Ehe eine Zuflucht gewesen. Es ist irritierend, wenn man sich vorzustellen versucht, dass da Teenager sind, die so gefangen sind in den patriarchalischen Strukturen, so geprägt von dem, was die Verwandtschaft denkt und sagt, dass sie selbst dann noch, wenn ihre Eltern nicht mehr leben, es vorziehen, Gefangene in einem System zu bleiben, das ihnen keine Freiheit lässt.

Im Heim hat Nora zum ersten Mal aufgeatmet, sie durfte Kind sein, es war ein Traum, der endlich in Erfüllung ging. Ohne Familie, ohne Kontakt zu Menschen, mit denen sie aufgewachsen war, begann für sie eine Zeit, in der die Verheißungen eines erfüllten Kinderlebens wahr wurden. Sie hatte Freunde, es gab Erwachsene, die sie nicht schlugen, sondern sich um sie kümmerten, sie wurde gefordert und gefördert, entdeckte ihre Talente und Wünsche und fühlte sich zum ersten Mal in ihrem Leben als freier Mensch. Doch diese Zeit des Friedens währte nur kurz.

Als ihre Schwester zwanzig war, eine abgeschlossene Ausbildung und eine geeignete Wohnung vorweisen konnte, beantragte sie die Vormundschaft über Nora. Sie machte einen seriösen Eindruck, und so erhielt sie das Sorgerecht. Nora wurde nicht gefragt, der Mitarbeiter des Jugendamtes entschied, dass es eine gute Gelegenheit sei, eine Kostgängerin loszuwerden.

Und nun begann eine Odyssee für die mittlerweile Vierzehnjährige. Ihre Geschwister waren sich immer wieder uneins, was mit dem Mädchen geschehen sollte. Es wurde mal hierhin, mal dorthin geschoben, verbrachte Wochen bei der einen, dann bei der anderen Schwester. Noras Leben war wieder wie damals als Kind, als alles verboten war, nur empfand sie es diesmal als einen großen Verlust, den Verlust der gerade neu gewonnenen Freiheit. Sie wusste inzwischen, wie es ist, ein normales Leben zu führen, wie es sein kann, wenn man wahre Fürsorge erfährt, wenn nicht das zählt, was zwischen ihren Beinen ist, sondern einzig das, was sie im Kopf hat. Sie macht den Mann vom Jugendamt verantwortlich für das, was ihr nach der Zeit im Heim widerfuhr, er habe gewusst, dass sie auf keinen Fall zurück zu ihren Geschwistern wollte, sie hatte es ihm immer wieder gesagt. Aber es hatte nichts genutzt. Die Geschwister hatten sich eingerichtet in einem Leben, das sie von ihren Eltern geerbt hatten, eng gebunden an die Traditionen ihrer alten Heimat, abgeschottet vom deutschen Leben mitten in Deutschland. Die Verwandtschaft in der Türkei, die angeheirateten Schwager und Schwägerinnen, Schwiegereltern und andere Familienmitglieder waren ihnen der Richtstab für ihr Leben, die Vorstellungen einer freien Gesellschaft hatten da keinen Platz. Sie merkten schnell, dass auch Nora keinen Platz in diesem Leben hatte.

Noras einziger Fluchtort war die Schule. Sport sei damals ihr Leben gewesen, erzählt sie mir. Sie war ein Ausnahmetalent, in Leichtathletik und Fußball eine der Besten der Schule. Sie war sogar schon von einem Talentescout entdeckt worden und sollte ein Stipendium bekommen. Für ihre Geschwister war das keineswegs eine freudige Nachricht, bei der sie Stolz auf ihre kleine Schwester empfanden – ganz im Gegenteil: Sie verboten ihr fortan jegliche Teilnahme an Sportveranstaltungen, die über den Pflichtunterricht hinausgingen. Fußballspielen gab es für Nora nicht mehr, nur manchmal konnte sie noch heimlich an Wettkämpfen teilnehmen, aber auch nur, wenn diese während der regulären Unterrichtszeit stattfanden. Alle Verbote ihrer Geschwister, sagt Nora, hätten ihr nicht so viel ausgemacht wie dieses. Ihre sportlichen Erlebnisse zählten zu den wenigen Momenten in ihrem Leben, in denen sie Erfolge hatte, sie war die Siegerin, sie stand im Mittelpunkt, und sie genoss das sehr, weil es das Gegenteil von dem war, was sie zu Hause erlebte.

Doch auch wenn ihre Siege sie unter ihren Mitschülern beliebt machten, so hatte sie doch keine wirklichen Freunde unter ihnen. Für sie, sagt Nora, sei sie eher uninteressant gewesen, weil sie nichts durfte. Freundschaften konnte sie nur zu türkischen Mädchen knüpfen, denn die kannten den Käfig, in dem Nora lebte, bei ihnen war es nicht viel anders. Für sie war es nichts Außergewöhnliches, dass man sich nach der Schule nicht treffen konnte, bei ihren deutschen Mitschülern musste Nora sich immer Ausreden einfallen lassen. Die mangelnden Kontakte zwischen Türken und Deutschen, meint sie, seien auch heute noch ein Grund dafür, dass man sich eher auseinanderlebe als zusammenzuwachsen.

Für Nora endete die Schule in ihrem fünfzehnten Lebensjahr. Ihre älteste Schwester meldete sie offiziell ab, ihre kleine Schwester wolle fortan in der Türkei leben, gab sie an. Noras Geschwister hatten entschieden, dass es nicht gut für ein Mädchen sein könne, das inzwischen alle Rundungen hatte, die es für Männer attraktiv machten, so ohne elterliche Kontrolle in einem Land zu leben, in dem an jeder Ecke die

Versuchungen des Teufels lauerten. Nora war jetzt reif und sollte einem Mann gehören.

Viel Glück in der Heimat und alles Gute, waren die letzten Worte, die der Schulleiter Nora zukommen ließ. Er fragte nicht weiter nach. Nora war nicht die Erste unter den türkischen Teenagerinnen seiner Schule, die nach den Ferien nicht mehr zurückkam. Auch die deutschen Behörden kümmerten sich nicht weiter darum. Wer mit Lehrkräften und Schulleitern spricht, wird die Erfahrung machen, dass sie selbst heute fast nie wissen, was aus ihren muslimischen Schülerinnen geworden ist, die nach den Sommerferien nicht mehr zum Unterricht erscheinen. Es ist schon sehr befremdlich, dass Mädchen, die mitten unter uns aufwachsen, von uns unterrichtet werden und ein Teil dieser Gesellschaft sind, plötzlich verschwinden können, und keiner – außer einigen engagierten Einrichtungen – interessiert sich ernsthaft dafür!

In den nächsten Monaten musste Nora bei ihrer Schwester und ihrem Schwager lernen, eine gute Hausfrau zu werden, fleißig und demütig, pflichtbewusst und ohne eigenen Willen. Ohne die Erfahrungen im Kinderheim, sagt Nora, hätte sie sich wohl diesem Schicksal gefügt. Doch sie wollte mehr als ihre Schwestern und Brüder vom Leben, sie wollte selbst entscheiden, sie kannte den Geschmack der Freiheit. Aber der Traum von der Freiheit rückte an dem Tag in weite Ferne, an dem sie zu einer ihrer Schwestern nach Istanbul gebracht wurde.

***

In der Türkei hatte der Schwager bereits alles vorbereitet, ein Freund von ihm hatte ein Foto von Nora gesehen und Interesse signalisiert. Ferhat war Taxifahrer, hatte seine Militärzeit hinter sich und war in den Augen des Schwagers ein guter Muslim und ehrenhafter Mann, zwar ohne Geld und Bildung, aber mit dem, was einem türkischen Mann am besten steht: Ehre. Nora sah ihn zum ersten Mal, als er sie mit dem Taxi vom Flughafen abholte. Er war ein gutaussehender Mann, und während der Fahrt suchte er über den Rückspiegel ständig Blickkontakt zu ihr. Das gefiel ihr. Oft wünschte sie sich in den nächsten Tagen, einen Mann zu haben, der sie befreit, einen, der ihr noch einmal die Freiheit schenkt, so wie damals, als die netten Mitarbeiter vom Jugendamt sie abgeholt und ins Heim gebracht hatten. In ihren Wunschträumen, beim Abwaschen, Kochen, Bügeln, Putzen wuchs Ferhat zu einem absoluten Idealmann heran. Ihre Phantasie pumpte ihn, der in Wahrheit ein ungebildeter, eifersüchtiger und zu Wutausbrüchen neigender Choleriker war, zum weißen Ritter auf, der sich in ihre Träume schlich und sie mit sanften Küssen weckte. Vielleicht sind es solche Illusionen, die Menschen in der Not Halt und Hoffnung geben und das Elend etwas erträglicher machen. Nora hatte sich damit abgefunden, dass sie seine Frau werden sollte, bevor sie auch nur ein Wort miteinander gewechselt hatten.

Aber es kam der Tag der großen Ernüchterung, ein Tag, der ihr den Schleier von den Augen riss. Sie war allein zu Hause und besorgte, wie es ihre Pflicht war, den Haushalt, als es plötzlich an der Tür klingelte und sie aufmachte. Da stand er, schüchtern und erwartungsvoll sollen seine Blicke gewesen sein. Eigentlich wollte sie ihn abweisen, wie es sich für ein ordentliches Mädchen gehörte, das hatte sie schließlich eingebläut bekommen. Doch er fragte nach einem Glas Wasser, und das durfte sie als gute Muslimin nicht einmal ihrem Feind verwehren. Sie küssten sich. Es war nur ein kurzer Moment, wie lange er andauerte, weiß sie nicht mehr, denn was danach geschah, hat jede genaue Erinnerung ausgelöscht.

Nach dem Kuss ging Ferhat wortlos. Kurz darauf kam Noras Schwager nach Hause und schlug ohne jede Vorwarnung so heftig auf sie ein, wie sie es noch nie erlebt hatte. Wahllos hieb er mit den Fäusten auf das zierliche Mädchen ein, verletzte sie schwer im Gesicht und traktierte sie überall am Körper so sehr, dass sie große Mühe hatte, wieder auf die Beine zu kommen. Diese Schläge waren brutaler als alle, die sie bisher hatte einstecken müssen. Dann schleifte er sie an den Haaren nach draußen, warf ihr ihren Koffer und ihre Habseligkeiten hinterher und rief ihr nach: »Geh, bevor ich dich umbringe! Ich lasse nicht zu, dass du Schande über unsere Familie bringst!«

Ihre Schwester, die nach Hause gekommen war, während Nora misshandelt wurde, stand die ganze Zeit stumm daneben. Sie war überzeugt, dass Nora diese Strafe für ihr unzüchtiges Verhalten verdient hatte. Später erfuhr Nora von ihr, dass es Ferhat gewesen war, der dem Schwager den Vorwand für seinen Gewaltakt geliefert hatte. Unmittelbar nach dem kurzen Zusammensein mit Nora hatte Ferhat ihn darüber informiert, dass sie sich ihm schamlos hingegeben und ihn so geküsst habe, dass er überzeugt war, er sei nicht der erste Mann, dem sie ihre Lippen auf den Mund gedrückt habe. Ein Mädchen aber, das den Anschein erweckt, schon sexuelle Erfahrungen gehabt zu haben, ist eine Schande.

Mit den goldenen Armreifen aus dem Nachlass ihrer verstorbenen Mutter ging Nora zur Istanbuler Filiale von Turkish Airlines, versetzte den Schmuck bei einem Juwelier auf dem Flughafen und bat die Frau am Counter der Fluggesellschaft dringend um ein Ticket nach Deutschland. Doch die Flüge waren ausgebucht, der nächste, auf dem es freie Plätze gab, stand erst in zwei Tagen an. Nora bettelte und flehte, und die

Frau von der Fluggesellschaft ließ sich schließlich erweichen: Sie sorgte nach Rücksprache mit dem Piloten dafür, dass Nora auf dem Notsitz mitfliegen durfte, der eigentlich dem Personal vorbehalten war.

Nachts landete sie in Deutschland und lief, ohne einen Pfennig in der Tasche, bis sie im Morgengrauen bei einer ihrer Schwestern ankam. Sie wusste nicht, wohin sie hätte sonst gehen können. Sie durfte bleiben, zumindest eine Weile. Aber die Schläge, so sagte ihr auch diese Schwester, die inzwischen von den Verwandten in der Türkei über alles informiert worden war, die hätte sie verdient. Sie musste als Putzkraft arbeiten und das schwer verdiente Geld abgeben. Ein Schulbesuch war ihr nicht erlaubt, es gab niemanden, der nach ihr fragte, und sie selbst hatte auch keine Kraft mehr, sie wusste nicht, wie ihr Leben weitergehen sollte. Fest stand nur, was sie tun *sollte*: heiraten.

***

Als sie sechzehn war, wurde sie wieder in die Türkei geschickt, diesmal zu einer Tante, die sie wie ein Dienstmädchen behandelte. Da meldete sich Ferhat unverhofft zurück in ihrem Leben, reumütig kam er angekrochen, um sich für alles zu entschuldigen. Bruder, Schwester, Schwager, Tante, Onkel und Cousin, alle legten ihr nahe, ihn zu heiraten. Eine Vollwaise mit schlechtem Ruf habe nichts Besseres zu erwarten, meinten sie. Nora glaubte ihnen und sagte ja. Für ihn war die Heirat das langersehnte Ticket nach Deutschland, für Nora der Traum von einer eigenen Familie, der zu einem Albtraum wurde.

Was dann folgte, waren Jahre der Demütigungen, Entwürdigungen, Schläge und Bevormundung. Ferhat sah, dass ihm die uneingeschränkte Kontrolle über ihr Leben entglitt, die ihm in der Türkei selbstverständlich gewesen war. Nora sprach fließend Deutsch und war mit den Lebensgewohnheiten in Deutschland vertraut. Ihr Mann hingegen konnte mit sich in diesem für ihn so fremden Land nichts anfangen. Deutsch sprach er trotz eines Sprachkurses kaum. Während Nora jeden Nachbarn im Haus mit Namen kannte und auf dem Spielplatz gern mit den anderen Müttern einen Plausch hielt, blieb Ferhat am Rande, sein Selbstbewusstsein litt zunehmend. Seine ständig wechselnden Aushilfsjobs machten die Situation auch nicht besser. Nora, nicht er, war es, die das meiste Geld nach Hause brachte. Sie arbeitete als Putzfrau in einer Schule – der einzige Job, den sie ohne Schulabschluss bekommen hatte. Die Stimmung zu Hause war oft mies.

Mit achtzehn bekam Nora ihr erstes Kind, eine Tochter, zwei weitere Töchter folgten in kurzen Abständen. Sie kümmerte sich, wie schon zuvor bei ihren Schwestern, um alles, organisierte den Alltag und ging arbeiten. Nie gönnte sie sich etwas, nie hatte sie Zeit nur für sich. Eines Tages beim Putzen der Schulaufgänge, als ihr ein Mädchen mit langen schwarzen Haaren singend und die Stufen hinunterhüpfend entgegenkam, da musste sie an sich denken, als sie in dem gleichen Alter gewesen war. Wie ein Bleigewicht legte sich die Trauer um die verlorene Kindheit und Jugend auf ihre Brust. An jenem Tag fasste sie den Entschluss, ihren Schulabschluss nachzuholen, sie wollte nicht als Putzfrau sterben. Und ihre Töchter, das schwor sie sich, sollten es einmal besser haben als sie, sollten nicht so früh einen Mann heiraten, den sie nicht liebten, sollten sich nicht schlagen und demütigen lassen, sie sollten frei sein.

Nora erkämpfte sich das Recht, zur Abendschule zu gehen, Ferhat stimmte schließlich nach vielen Diskussionen zu. Unter seiner Aufsicht durfte sie sogar einen Kurs machen, der ihr ermöglichte, in einem Frauenhaus zu arbeiten – Ferhat wusste zum Glück gar nicht, was ein Frauenhaus ist. Nora wollte für andere da sein, gerade weil sie selbst so hilflos gewesen war, als es ihr schlechtging. Mit ihrem Abitur in der Tasche und ihrer Arbeit im Frauenhaus gewann sie an Selbstvertrauen. Aus der stummen grauen Maus, die die Kinder betreute, putzen ging und abends ihr Abitur nachholte, wurde eine selbstbewusste Frau, die wusste, was sie will. Ihr Mann hingegen war immer noch der ungebildete türkische Taxifahrer, der seinen Herrschaftsanspruch notfalls auch mit körperlicher Gewalt zu verteidigen versuchte. Aber Nora ließ sich nicht länger davon einschüchtern.

Nach und nach nahm sie sich immer mehr Freiheiten heraus, traf sich mit Freundinnen, die sie beim Putzen oder in der Abendschule kennengelernt hatte. Nachmittags ging sie manchmal ins Kino oder ins Schwimmbad, und sie begann, sich für Kunst und Kultur zu interessieren. Einmal bekam sie von einer Lehrerin an der Abendschule eine Theaterkarte geschenkt: »Nora« von Henrik Ibsen. Sie war tief beeindruckt von dem Stück, das von der Abhängigkeit der Frauen durch die Männer handelt. Für die meisten Zuschauerinnen im Publikum mochte die männliche Bevormundung ein Stoff aus der Vergangenheit sein – für Nora war es Gegenwart. Ibsens Hauptfigur entschließt sich endlich, ihren Ehemann zu verlassen. Der Gedanke, es ihr gleichzutun, sollte Nora von diesem Abend an nicht mehr loslassen.

Aber als sie spät nach Hause kam, gab es, wie so oft, wieder Streit und Schläge von Ferhat. Er bestand darauf, dass eine Ehefrau und Mutter zu Hause zu bleiben hat. Manchmal eskalierten diese Auseinandersetzungen, dann prügelte er wild auf Nora ein, doch sie nahm die Prügel in Kauf, denn auf ihre

Freigänge wollte sie nicht mehr verzichten. Aber nicht nur ihr Mann übte Druck auf sie aus, auch ihre Familie und die Ferhats kontrollierten sie ständig und stachelten die Wut ihres Mannes an: Achte besser auf deine Ehre, deine Frau wird immer aufmüpfiger, bald hast du gar keine Kontrolle mehr über sie!

Dabei hatte Nora sich längs damit arrangiert, dass es diesen Ehemann in ihrem Leben gab, dass es ausweglos sein würde, ihn je wieder loszuwerden. Manchmal war Ferhat friedlich, machte Zugeständnisse und ließ ihr ihre kleinen Freiheiten, um dann am nächsten Tag wieder ganz auf seine alte Position zurückzufallen. Aber wenn er das Gefühl hatte, sie könnte seiner Kontrolle so weit entgleiten, dass er unter seinesgleichen einen Gesichtsverlust erlitt, konnte er wieder zum Tier werden.

Irgendwann wurden seine Gewaltausbrüche unerträglich. Nora rang sich zu einer Anzeige durch. Ferhat musste aus der gemeinsamen Wohnung ausziehen. Er durfte sich ihr jetzt nicht auf mehr als 500 Meter nähern. Das hinderte ihn aber nicht daran, Freunde und Bekannte damit zu beauftragen, seine Frau zu beschatten. Er wollte wissen, ob Nora in dieser Zeit der Trennung, die er nur als kurze Auszeit betrachtete, nach der man wieder zusammen sein würde, einen Fehltritt beging, abends vielleicht aus dem Haus ging und die Kinder allein ließ oder, noch schlimmer, Männerbesuch empfing. Damals begriff Nora, dass es ein friedliches Leben mit Ferhat nicht geben, dass er aber auch niemals von ihr ablassen würde. Er würde auch weiterhin hoffen, dass alles wieder ins Lot käme. Stürbe diese Hoffnung, dann würde auch sie, Nora, sterben müssen, das wusste sie. Er würde ihr ein Leben ohne ihn nicht gestatten.

Und wer sollte ihn daran hindern, sie umzubringen? Wenn er tagsüber vor dem Haus stand, in dem sie mit den Kindern wohnte, und sie hilfesuchend die Polizei anrief, dann bekam sie oft zu hören: Was sollen wir denn machen, dann steht er eben da, haben Sie sich doch nicht so! Erst eine Opferschutzinitiative, an die Nora sich in ihrer Bedrängnis wandte, gab ihr wenigstens ein paar gute Tipps: Sie wechselte die Schlösser der Wohnungstür aus und sorgte dafür, dass die Fenster dunkle Vorhänge bekamen. Für sie und ihre drei Mädchen brach damit eine Zeit der Dunkelheit an. Manchmal kam Ferhat und hämmerte an die Tür. Dann wurde es plötzlich ganz still in der Wohnung, Nora und ihre Töchter wagten kaum zu atmen.

Trotz verbarrikadierter Türen hatten sie keine ruhige Minute. Tagsüber ging Nora studieren, manchmal holte sie ihre Töchter von der Schule ab und nahm sie mit in ihre letzte Vorlesung an der Uni, die Kinder sollten unter keinen Umständen allein sein, zu oft hatte Ferhat ihnen aufgelauert und ihnen Vorwürfe gemacht, dass sie ihre Mutter nicht dazu brachten, den Vater wieder nach Hause zu holen. Er verlangte von seinen Töchtern, dass sie sich für ihn einsetzten, denn ohne Vater, »başi boş« auf Türkisch, ohne Oberhaupt, würden sie abrutschen, sagte er ihnen, sie würden ihren guten Ruf verlieren, weil es keinen Wächter, keinen Mann im Hause gab, der als Garant ihrer Jungfräulichkeit bis zur Ehe gelte. Einer Mutter, deren Leben sich auch außerhalb der vier Wände und der türkischen Community abspielte, würde man ohnehin nachsagen, sie sei leicht zu haben und auf Männersuche. In seiner Sippschaft aus der alten Heimat wurde so gedacht, und für ihn zählte das.

Nora bekam das bei jeder sich bietenden Gelegenheit zu spüren. Verwandte und Bekannte wurden nicht müde sie aufzusuchen, um ihr immer wieder zu sagen: Er trinkt nicht, er spielt nicht, er hat keine Frauengeschichten und er bringt zwar nicht viel, aber immerhin etwas Geld nach Hause. Er lässt dich sogar arbeiten und studieren gehen, eine Frau über dreißig, die studieren darf! Was willst du mehr? Was soll aus deinen Mädchen werden, wer soll euch beschützen, was sollen die Leute sagen? Ein Mädchen, das ohne Vater aufwächst, hat später keine Chancen auf einen guten Mann.

Ferhat und die beiden Familien quälten sie mit ihrer aggressiven Präsenz so lange, bis Nora keine andere Möglichkeit sah, als ihn wieder zu Hause aufzunehmen. Was nützten auch alle gerichtlich verordneten Kontaktverbote, wenn er sich zwar ihr nicht, wohl aber den Kindern nähern durfte? Nach wie vor hatte Ferhat einen Rechtsanspruch darauf, seine Kinder zu sehen.

***

Und damit begann das alte Leben wieder. Einige Monate später stand alles wieder auf Anfang: Ferhat schlug, und Nora zeigte ihn wieder an. Er musste die Wohnung wieder verlassen. Zwei Tage vor dem elften Geburtstag der jüngsten Tochter rief Ferhat seine Tochter an und teilte ihr mit, dass er kommen und ihre Mutter töten würde. Der Geburtstag fand daraufhin in einer Notunterkunft für Frauen statt. Sicher ist sicher, dachte Nora. Gleichzeitig war sie es so leid, in ihrer eigenen Wohnung wie im Gefängnis zu leben, in ihrer Stadt immer auf der Hut zu sein, auf der Flucht vor einem Wahnsinnigen, der von niemandem aufgehalten werden konnte. Sie würde sich immer auf dünnem Eis bewegen, solange sie an diesem Ort blieb. Ferhat würde nie Ruhe geben. Wie aber konnte sie sich von ihm trennen? Nora wusste es nicht.

Dann kam der Tag, der ihr heute rückblickend als unheilvoll und segensreich zugleich erscheint. Es begann mit den Vorbereitungen für eine Hochzeit. Der Clan war groß, wieder mal heiratete irgendjemand, fast jeden Monat stand eine solche

Großveranstaltung an, bei der Hunderte Familienmitglieder, Bekannte und Freunde zusammenkamen, um zu feiern. Nora mit ihren dunklen Augen ist eine schöne Frau, eine, nach der sich Männer umgucken, ohne dass sie dafür etwas tun muss. Auch an diesem Abend schauten ihr die Männer nach, sie trug ein enges Kleid, die langen schwarzen Haare offen. Ihr Mann, der viel getrunken hatte, behauptete, dass Nora gewagt habe, die begehrlichen Blicke zu erwidern. Er zettelte einen Streit an, der in eine Massenschlägerei ausartete, bei der es Verletzte und sogar Schwerverletzte gab, die von Polizei und Feuerwehr aus dem Saal getragen wurden. Kurz bevor die Ordnungshüter eintrafen, wurde Nora von ihrem Ehemann an den Haaren gepackt, wie ein Opferlamm zu Boden gerissen, und Sekunden später hielt er den abgebrochenen Hals einer Flasche in den Händen, um ihr die Kehle durchzuschneiden. Ihre älteste Tochter sprang dazwischen, Ferhat schnitt ihr im Eifer des Gefechts in die Hand, und Nora konnte sich im Gerangel aus seinem Griff befreien. Außer der Tochter war ihr niemand zu Hilfe gekommen, alle hatten zugeschaut – wenn ein Mann so ausrastet, wird er doch einen Grund dazu haben, werden sie gedacht haben. So vermutet Nora. Ferhat wurde verhaftet, war aber schon am nächsten Tag wieder auf freiem Fuß. Nora wusste, dass sie nur wenige Stunden hatte, in denen sie eine Entscheidung über ihr weiteres Leben und das der Kinder treffen musste.

Eins durfte sie jetzt nicht länger tun: bleiben und abwarten und sich darauf verlassen, dass die Polizei ihr im rechten Moment zur Seite stehen würde. Sie selbst musste handeln. Sie wollte keine Kompromisse mehr mit einem Mann eingehen, der ihr schon so oft gesagt hatte, dass er sie umbringen würde. Selbst am Gericht sagte man ihr, dass man sie nicht vor Ferhats Unberechenbarkeit schützen könne, und legte ihr nahe, die Stadt zu verlassen.

In der Zeit ihrer Arbeit im Frauenhaus hatte Nora viel darüber gelernt, was eine Frau tun muss, um einem gewaltbereiten Mann und seiner Familie zu entkommen. Sie leitete die Scheidung ein und beantragte das alleinige Sorgerecht für die Töchter. Danach musste sie möglichst unauffällig bleiben, sie musste peinlich genau darauf achten, nichts zu tun, was Ferhat und seine Familie aggressiv machen könnte. Sie durfte sich nicht reizen lassen, sondern musste die Zähne zusammenbeißen, wenn wieder der Vorwurf kam: Du beschmutzt unsere Ehre! Dass der Weg steinig sein, Geduld erfordern und nicht nur ihr, sondern auch ihren Töchtern viel abverlangen würde, das war Nora klar. Aber dennoch brachten diese Monate sie und ihre Kinder an die Grenzen dessen, was sie psychisch verkraften konnten. Nur der Ausblick in eine friedliche Zukunft, ohne Gewalt, gab ihnen die Kraft und den Willen, durchzuhalten. Es war ein Jahr in Angst und Schrecken, sagt sie heute. Aber ohne das alleinige Sorgerecht würde sie, ob sie es wollte oder nicht, immer wieder mit Ferhat Kontakt haben, so wie auch schon andere Frauen in ähnlichen Situationen vor ihr.

In der Türkei sehen manche Frauen, die in einer ähnlichen Lage sind, nur eine Möglichkeit, sich zu schützen: Sie töten ihren Peiniger. Viele sitzen dann, oft mit ihren Kindern, jahrelang im Gefängnis, der einzige Ort, an dem sie noch einen Platz in einer Gesellschaft finden, in der Frauen ohne Mann, Vater, Bruder, Schwager, Onkel, Großvater, ohne männlichen Vormund kein Existenzrecht als Mensch haben. Dass diese Einstellung auch in Europa, in Deutschland Einzug gehalten hat, einem Land, das von vielen anderen immer als Vorbild für einen Rechtsstaat angesehen wird, macht mich in manchen Momenten sprachlos.

Auch Nora hat sich immer wieder gefragt, warum sie für

so viele Jahre die Gejagte war und nicht etwa Ferhat. In Deutschland hat selbst ein polizeilich bekannter Gewaltverbrecher ein Recht auf seine Kinder, auch dann, wenn er deren Mutter mit dem Tode bedroht. Warum ist das so? Warum muss Nora sich, wie Tausende andere Frauen, verstecken, warum nicht Ferhat?

Männer wie er machen kein Hehl aus ihrem Frauenhass. An ihren mörderischen Absichten finden sie auch nichts Verwerfliches. Sie stellen gar nicht in Frage, welche Pflichten eine Frau nach ihrem Verständnis hat und was Ehre bedeutet. Es macht den Kern ihrer Erziehung aus. Am Beispiel von Hatun Sürücüs jüngstem Bruder Ayhan, der seine Schwester 2005 mit Kopfschüssen hinrichtete, lässt sich erkennen, welches Selbstbild diese Männer leitet. Bis heute haben ihre drei Brüder, denen man vorwirft, die Tat gemeinsam geplant zu haben, kein Wort der Reue über die Lippen gebracht. In ihren Augen haben sie mit dem Mord an der Schwester die Schuld erbracht, die es für Männer zu begleichen gilt, wenn die Ehre durch selbstbestimmte Sexualität eines weiblichen Familienmitgliedes verletzt wird. Freunde aus dem Berliner Umfeld des Mörders können es kaum erwarten, Ayhan zu feiern, wenn er demnächst entlassen wird. Schon heute ist er ein Star in der Haftanstalt Plötzensee in Berlin, ein Mann, der die verlorene Ehre seiner Familie mit dem Blut der Schwester bezahlt hat.

* * *

Drei Kinder im Schlepptau, eine kleine Wohnung, einige Taschen mit den nötigsten Sachen und 50 Euro in der Tasche, so begann Noras neues Leben in einer fremden Stadt. Mit dem Tag, an dem sie aus ihrer Wohnung auszog, verließ sie auch die Familie und die Bekannten für immer. »Wenn ich weg bin, will ich nicht noch einmal gefunden werden«, sagte sie mir. Sie wollte die Vergangenheit hinter sich lassen. Und sie hielt an dieser Absicht eisern fest – trotz aller Schwierigkeiten, die damit verbunden waren.

Sie bekam einen neuen Namen, der eigentlich nur als Aliasname dienen sollte, aber sie hatte das Glück, dass ein unerfahrener Polizist ihr auf diesen Namen Papiere ausstellte. »Wie willst du heißen?«, fragte er sie. Für Nora, die nie das Erlebnis in der Oper vergessen hatte, gab es nur einen Namen: »Nora!« »Also gut, ab heute heißt du Nora!« Und so hatte sie plötzlich und völlig unverhofft Ausweispapiere, die auf diesen neuen Namen ausgestellt waren – ein Missgeschick, das der Beamte später noch bereuen sollte.

Jetzt waren Nora und ihre Töchter zwar vorläufig in Sicherheit, doch trotz der Bemühungen der Polizei, die Behörden von der Dringlichkeit der Situation zu überzeugen, arbeiteten die Ämter nur schleppend. Nora hatte wochenlang kein Geld, um ihren Kindern etwas zu essen zu kaufen. Ständig wurde sie von den Behörden aufgefordert, neue Informationen zu liefern – den Namen des Vaters ihrer Kinder, wo er denn wohne, er müsse wegen Unterhaltszahlungen kontaktiert werden. Warum in solchen Notfällen nicht einmal das Wort der Polizei ausreichte, um den Vorgang zu beschleunigen, war Nora völlig unverständlich. Zeitweilig verlor sie alle Hoffnung. Sie fürchtete, nie ein normales Leben führen zu können, nie die Last der Vergangenheit loszuwerden, immer würde ein Dokument, ein Name, eine Adresse, irgendetwas im Wege sein, das sie mit dem alten Leben, mit Ferhat verband. Und plötzlich wäre sie wieder da, wo sie schon so oft war, mit gepackten Taschen auf der Flucht – es war ein nicht enden wollender Albtraum.

Es gibt keinen Sonderfonds für solche Fälle, keine Härtefallkommission, keine Anlaufstelle für eine Frau, die ihr Leben retten will, so etwas ist in Deutschland nicht vorgesehen. Es gibt Frauenhäuser, die nicht sicher sind, weil immer wieder die geheimen Adressen in die Hände Dritter gelangen, und das ist es auch schon. Wenn diese Gesellschaft nicht in der Lage ist, Frauen wie Nora vor ihren Peinigern zu schützen, dann sollten wir sie doch wenigstens bei ihren eigenen Befreiungsbemühungen nach Kräften unterstützen.

Die Erfahrungen, die Nora während ihrer Arbeit im Frauenhaus gesammelt hatte, waren ihr eine Warnung: Sie wusste nur zu gut, dass es immer irgendwo ein Leck in den mit ihrem Vorgang befassten Ämtern gab, und wollte den Behörden unter keinen Umständen ihren echten Namen nennen. Immer wieder passiert es, wenn auch ohne bösen Willen, dass die Daten von gefährdeten Personen an Dritte gelangen. Dieses Risiko wollte Nora unter allen Umständen ausschließen. Sie wollte die Kontrolle über ihr Leben behalten und die Verantwortung nicht in andere Hände geben.

Deswegen blieb sie hart, den Ausweis mit ihrem neuen Namen gab sie auch nach mehrfacher Aufforderung nicht ab. Sie hatte nur diesen einen Ausweis, an ihm hing ihre ganze Hoffnung auf einen Neuanfang, an ihn klammerte sie sich. Man brauche ihn aber zwingend, ließ man sie wissen, um das offizielle Verfahren für eine Namensänderung einzuleiten. Als die Polizei sie anrief und erneut den Ausweis forderte, drohte sie ihnen mit der größtmöglichen Öffentlichkeit. Sie würde sowohl die deutsche wie die türkische Presse informieren und ihren Fall in allen Einzelheiten schildern – auch dass ihr zwar jeder riet unterzutauchen, niemand aber in der Lage war, sie vor einem mörderischen Ehemann zu schützen. Sie hatte ihre Geschichte vorsorglich aufgeschrieben, jede bürokratische Hürde notiert, die ihr das Leben schwermachte, und diesen

Brief zusammen mit den Gerichtsbeschlüssen zu den Gewalttaten ihres Exmannes und Fotos ihres von Schlägen entstellten Körpers bei ihrem Anwalt hinterlegt, bei der Frauenrechtsorganisation »Terre des femmes«, bei einer Lehrerin ihrer Kinder und einer Handvoll Menschen, denen sie vertraute. Sie sollten ihren Fall öffentlich machen, falls ihr etwas zustieße. »Das werden Sie dann der deutschen und der türkischen Gesellschaft erklären müssen, welche Gesetze so etwas zulassen!«, sagte sie der Polizei.

Die Drohung half. Irgendwann war die ersehnte Scheidung durch. Jetzt stand der Namensänderung Noras nichts mehr im Weg, doch ihre Kinder konnten nicht ohne Weiteres den Namen ändern, der Vater hatte weiterhin Anspruch darauf, sie zu sehen. Nora ließ nicht locker, sie ließ sich nicht von ihrem Kurs abbringen. Und sie schaffte das Unmögliche: Die Behörde, die ihr eigentlich auferlegt hatte, den offiziellen Weg zu gehen, machte in ihrem Fall eine Ausnahme. Nora und ihre drei Töchter bekamen die ersehnten Papiere mit den neuen Namen. Wie es dazu kam und wer das veranlasste, soll hier nicht erwähnt werden, um niemanden im Nachhinein in Schwierigkeiten zu bringen.

Mittlerweile sind vier Jahre vergangen. Nora fühlt sich wieder sicherer. Trotzdem kann sie nicht vergessen, welche Gefahr von ihrem Mann ausgeht. Die Angst, sagt sie, ist gut, sie bewahrt davor, fahrlässig zu werden.

Rückblickend würde sie keiner Frau raten, dasselbe durchzumachen wie sie, es sei denn, man ist sich darüber im Klaren, worauf man sich einlässt, und stark und umsichtig genug, es auch durchzustehen. Man muss wissen, meint Nora, dass man absolut allein vor der Situation steht, dass selbst jenen Polizisten und Behördenangestellten, die einem helfen wollen, aufgrund bestimmter Gesetze und Regelungen oft die Hände gebunden sind. Für Sicherheit muss man selbst sorgen. Und das, sagt sie, können nur wenige aushalten. Heute genießen Nora und ihre Töchter die Vorzüge eines normalen Lebens, frei und ohne Gewalt, es ist ihr größtes Glück, sagt sie, der Kampf habe sich gelohnt.

Karzans Zwangsverheiratung

Nicht nur Mädchen und junge Frauen werden von ihren Eltern zu einer Heirat gezwungen, die sie selbst nicht wollen. In meiner ehemaligen Nachbarschaft gab es einen jungen Kurden, der von seiner Familie krankenhausreif geprügelt wurde, weil er seine für ihn ausersehene Cousine aus dem anatolischen Dorf seiner Eltern nicht ehelichen wollte. Sie waren einander bereits in der Wiege versprochen worden, eine Tradition, die – so sagen es die türkischen Frauenrechtsorganisationen »Kamer« und »Mor Cati« – besonders unter Kurden sehr verbreitet ist.

Auch manche Männer, die es nicht hinnehmen wollen, dass ihre Eltern ihnen eine »geeignete« Frau aussuchen, flüchten deshalb vor ihrer Familie. Allerdings werden bisher nur wenige solcher Fälle öffentlich, selten wagt jemand das Schweigen zu brechen. Bestenfalls einige Hilfsorganisationen kennen das Problem. In Deutschland haben die beiden Hilfsorganisationen »Hennamond e. V.« und »peri e. V.« ihr Hilfsangebot auf muslimische Männer erweitert, die zwangsverheiratet wurden oder werden sollen. Die Zahlen der Betroffenen, die bei ihnen Rat suchen, legen nahe, dass es sich bei diesem Thema keineswegs um ein Randproblem handelt.

Ich erinnere mich an einen Fernsehbeitrag, den ich mir vor einigen Jahren mit einer Gruppe von Journalisten und Filmschaffenden ansah; wir alle gehörten einem Gremium an, das Filme sichten und prämieren sollte, die unserer Meinung nach geeignet waren, die Integration zu fördern und Vorurteile abzubauen. In dem Beitrag ging es um einen jungen Türken, dessen Eltern ihn zu einer Ehe gedrängt hatten, aus der er nach einem Jahr ausbrach. Er erzählte, dass er damals eine deutsche Freundin hatte, für seine Eltern Anlass, ihn möglichst schnell zu verheiraten. Sie lockten ihn unter dem Vorwand, gemeinsam mit ihnen Urlaub bei der Verwandtschaft zu verbringen, in die Türkei. Zunächst sollte er das »nette« Mädchen von nebenan nur kennenlernen, doch als er sich, misstrauisch geworden, sträubte, erklärte sein Vater ihm unverblümt, dass dieses Mädchen die von der Familie bestimmte Braut sei, die der Sohn in den nächsten Tagen heiraten sollte. Den Pass hatte man ihm vorsorglich schon abgenommen, damit er gar nicht erst auf die Idee kam, zu flüchten. Unter Androhung physischer Gewalt wurde er dann zu einer Ehe gezwungen, gegen die er erst ankämpfen konnte, als er zurück in Deutschland war.

Er sollte für seine türkische Braut einen Einreiseantrag bei der Ausländerbehörde stellen, um so den bürokratischen Vorgang in Gang zu setzen, den es braucht, um eine Braut aus der Türkei mit einem ständigen Aufenthaltstitel nach Deutschland holen zu können. In einem Gespräch unter vier Augen offenbarte er dem Sachbearbeiter der Behörde die Vorgeschichte, damit war die Einreiseerlaubnis für seine türkische Braut erst einmal vom Tisch. Sobald Verdacht auf eine Zwangsehe besteht, die nur geschlossen wird, um einen Aufenthaltstitel zu bekommen, reagieren die Behörden schnell. Doch der junge Mann wagte nicht, seine Familie anzuzeigen, er wollte einfach nur in Ruhe gelassen werden. In seiner Not wandte er sich an Fatma Bläsers Frauen- und Mädchenschutzeinrichtung »Hennamond«. Heute lebt er in einer eigenen Wohnung, hat eine deutsche Freundin und kaum noch Kontakt zu seiner Familie, die ihn immer noch beschuldigt, ihre Ehre verletzt zu haben.

***

Ich war in meiner Zeit als Jugendarbeiterin im Rollbergviertel immer wieder Zeuge solcher arrangierten Zwangsehen, von denen auch Männer betroffen waren. Zu meinem großen Erstaunen aber waren einige Mitglieder der Jury, als wir über diese Geschichte diskutierten, der festen Überzeugung, der junge Türke würde schwindeln. Sie konnten sich beim besten Willen nicht vorstellen, dass ein so selbstbewusst wirkender und gutaussehender Mann, der zudem noch perfekt Deutsch sprach und, seinem Körper nach zu urteilen, einen Großteil seiner Freizeit im Fitnessstudio verbrachte, sich zu einer Heirat zwingen lassen würde. Mir war sofort klar: Es war der deutsche Blick auf ein orientalisches Phänomen – ein sonnengebräunter Türke, den man sich gut in einem tiefergelegten Auto vorstellen konnte und der wie der perfekte Vertreter einer vor Potenz strotzenden Männerschar wirkte, konnte in den Augen meiner deutschen Kollegen einfach kein »Opfer« sein. Es ist dieser Blick, der es immer noch fast unmöglich macht, eine größere Öffentlichkeit für die Situation solcher jungen Männer zu sensibilisieren.

Vor fünf Jahren hatte ich selbst einen der ersten Fernsehbeiträge zu diesem Thema gemacht, und es hatte mich auch damals einige Mühe gekostet, die Redaktionsleitung davon zu überzeugen, dass es das Problem von Zwangsehen auch für muslimische Männer tatsächlich gibt. Ich bekam über die Mitarbeiterin einer Mädchenzuflucht Kontakt zu einem jungen Kurden, ich nenne ihn hier Karzan, weil er bis heute von seiner Familie gesucht wird. Er war vor seiner Familie geflohen und lebte in einer kleinen Stadt in den neuen deutschen Bundesländern, einer Gegend, wie er sagte, »wo es so gut wie keine Kurden gibt«. Er hatte sich zusammen mit seiner deutschen Freundin aus seinem alten Leben verabschiedet. Jetzt teilten sie eine kleine Zweizimmerwohnung an einer vielbefahrenen Straße. Karzan hatte die Angewohnheit, immer wieder ans Fenster zu gehen, um zu prüfen, ob er jemanden erspähte, der ihm verdächtig vorkam. Während er mir einen Tee in seiner kahlen Küche zubereitete, erzählte er, dass er das älteste Kind von neun Geschwistern sei. Ihm oblag es, seinen Vater als Oberhaupt der Familie zu unterstützen – gemeint war damit vor allem die Kontrolle über seine jüngeren Schwestern. Mit einer von ihnen war er über Email noch in Kontakt, sie war die Einzige, der er vertraute. Denn auch sie hatte den großen Traum, irgendwann einmal ein selbstbestimmtes Leben zu führen, und Karzan wollte ihr, wenn es so weit sein sollte, dabei helfen.

Karzan war von seiner Familie im Urlaub verheiratet worden, mit einer Vierzehnjährigen. Seine ersten Versuche, den Vater von diesen Heiratsplänen abzubringen, endeten damit, dass er von ihm zusammengeschlagen wurde. Gewalt spielte in der Familie ohnehin eine große Rolle, Vater und Mutter schlugen die Kinder auch sonst regelmäßig. Karzan ließ die religiöse Imam-Ehe im Dorf seiner Eltern in Ostanatolien wortlos über sich ergehen und wurde dazu gezwungen, mit seiner minderjährigen Braut eine Nacht in einem Zimmer zu verbringen. Er sagte, er habe sie nicht angefasst, doch allein durch die Tatsache, dass das Mädchen eine Nacht mit einem Mann verbracht hatte, galt sie in den Augen der Dorfgemeinschaft als »benutzt«. Als Karzan uns das erklärte, wirkte er geknickt, denn ihm war bewusst, dass dieses Mädchen nun wie eine Aussätzige im Dorf behandelt werden würde. Und er fühlte sich dafür verantwortlich. »Ich wünschte, ich könnte ihr helfen, aber das geht nicht, ich kann nicht mit einem Menschen zusammenleben, den ich nicht liebe.«

Bald nachdem Karzan mit seinen Eltern aus der Türkei zurückgekehrt war, entschloss er sich zur Flucht. Mit seinen Ersparnissen in der Tasche tauchte er zunächst bei einem alten Schulfreund unter. Er hoffte, durch die Flucht seine Eltern zur Einsicht zu bewegen, dass er diese Ehe nie akzeptieren würde. Deshalb blieb er mit seinen Geschwistern telefonisch in Kontakt. Zwei Wochen später rief eine seiner Schwestern an, der Mutter ginge es gesundheitlich sehr schlecht, sie läge im Krankenhaus und habe nur den einen Wunsch, ihren so lange vermissten Sohn zu sehen. Niemand sei mehr böse auf ihn. Karzan glaubte das und kam nach Hause. Dort wurde er so verprügelt, dass er mit diversen Brüchen und Prellungen eine längere Zeit im Krankenhaus verbringen musste. Sein Vater drohte ihm, er würde ihn lieber tot sehen, als eine solche Schande zu akzeptieren.

Durch die religiöse Eheschließung im Dorf stand der Vater in der Plicht bei der Familie der Braut. Nach den Sitten seiner Kultur war es nun seine Aufgabe, den Sohn entweder zu seiner Frau zurückzubringen oder ihn zu töten. Alles andere hätte den Verlust seiner Ehre bedeutet. Er hätte sich nie wieder in dem Dorf blicken lassen dürfen. Außerdem musste er jeden Tag damit rechnen, dass jemand aus der Familie der Braut eines Tages vor seiner Tür stehen könnte, um die »Blutschuld« zu begleichen. Diese »Blutschuld« galt für den Verlust der Jungfernschaft des Mädchens, selbst wenn sie noch Jungfrau war.

Karzan war sich nach dieser Erfahrung sicher, dass seine Eltern ihn kein zweites Mal davonkommen lassen würden, er würde seinen Wunsch nach Freiheit mit dem Tod bezahlen.

Bei einer Internetrecherche fand er den Link zu der Hilfsorganisation »Hennamond«, die sich öffentlich zu der Bekämpfung von Zwangsehen bekennt. Karzan rief dort an. Danach ging alles sehr schnell. Da er unter ständiger Kontrolle seiner Familie stand, musste er zunächst so tun, als hätte er sich mit der Heirat abgefunden, um dann in einem unbeaufsichtigten Moment die Flucht zu ergreifen. Seine Familie wusste zwar von der Existenz seiner deutschen Freundin, aber sie kannte weder ihren Namen noch ihre Adresse. Das war beider Glück. Karzans zweiter Fluchtversuch klappte.

Monate später traf ich ihn in seinem neuen Leben. Seine Ausbildung zum Elektroinstallateur hatte er wegen dem Stress mit seiner Familie abgebrochen. Jetzt musste er wieder von vorn anfangen und ständig auf der Hut sein, dass er keinen Fehler beging. Zwar hatte er eine Namensänderung durchsetzen können, doch auch das war kein ausreichender Schutz. Er musste bei jedem Vertrag, den er schloss, bei jeder Anmeldung, die auf seinen Namen lief, bei jeder Unterschrift, die er leistete, peinlich genau darauf achten und eindringlich darauf bestehen, dass keine Angaben über seine Identität an Dritte gelangten. Selbst die Auskunftssperre im Melderegister musste immer wieder neu beantragt und verlängert werden. Dazu musste Karzan schriftlich erklären, warum es nötig war, dass seine persönlichen Daten nicht für alle einsehbar waren – es war ein ständiger Kraftakt. Immerhin, er lebte nun, den Umständen entsprechend, »frei« und hatte in Fatma Bläser eine Unterstützerin gefunden, die ihn jederzeit gut beriet und ihm, solange er gefährdet war, eine große Hilfe bleiben würde.

* * *

Von den Schicksalen solcher Männer erfährt man selten. Sie leben unter uns und lassen sich oft selbst gegenüber engen Freunden nichts anmerken. Viele arrangieren sich am Ende mit der Zwangsehe und begnügen sich damit, dann eben ein Leben außerhalb der Ehe zu führen, selten zu Hause zu sein oder, wenn sie es sich leisten können, eine Geliebte zu haben, mit der sie dann, mehr oder weniger offiziell, eine Beziehung neben ihrer Familie leben. Andere suchen Trost im Alkohol oder im Spiel.

Besonders Männer, die in Deutschland aufgewachsen sind und seit ihrer Kindheit ein anderes, ein freies Leben vor Augen haben, leiden unter einer solchen arrangierten Ehe mit einem Mädchen aus dem elterlichen Heimatdorf. Haben sie eine deutsche bzw. nichtmuslimische Freundin, so wird diese zwar von den Eltern nie gebilligt, aber man sieht darüber hinweg, solange der Sohn keine Heiratsabsichten hegt oder gar Vater wird. Die unerwünschte Freundin kann bis zum Tag der Hochzeit geduldet werden, schließlich ist der Glaube, Männer müssten ihre Triebe ausleben können, unter Muslimen weit verbreitet – warum also nicht mit einer, die als Ehefrau sowieso nicht in Betracht kommt?

Bevorzugte Objekte von solchen Zwangsehen sind Söhne, die ein Suchtproblem haben. Denn dann muss sich die Ehefrau um das Problem kümmern, und die Familie ist entlastet. Ich erinnere mich an eine junge Importbraut, die als Achtzehnjährige mit einem 25-jährigen Berliner Türken verheiratet wurde, der seit Jahren heroinabhängig war. Dieser Fall blieb mir besonders in Erinnerung, weil im Viertel die Vorstellung kursierte, nun würde der Sohn endlich von den Drogen wegkommen. Schließlich habe er jetzt ja eine Frau, die dafür zuständig sei, ihn wieder auf den rechten Weg zu führen. Sie erwies sich aber bald als »schlechte« Ehefrau, sie hatte ihren

Mann keineswegs unter Kontrolle, im Gegenteil: Sie wurde selbst zum Opfer seiner Wutausbrüche und seiner Sucht. Es gab Tage, an denen sie sich nichts zu essen kaufen konnte, weil er alles für die Droge brauchte.

Eines Tages erfuhr ich, dass der Mann an einer Überdosis gestorben war, ich glaubte, dass man die junge Frau jetzt in Ruhe lassen würde. Doch ich hatte mich getäuscht. Sie lebte bei ihren Schwiegereltern, die ihr natürlich die Schuld am Tod ihres Sohnes gaben, und erfuhr nun die Gewalt der Familie ihres Mannes. Sie war finanziell von ihnen abhängig, sprach nur schlecht Deutsch und hatte kaum eine Chance, an ihren Lebensumständen kurzfristig etwas zu ändern, ihr fehlten einfach die Kontakte. Und dennoch war ich erleichtert, dass sie ihren Mann los war. Womöglich hätte er ihr bei einem seiner extremen Ausbrüche das Leben genommen.

***

Als die schreckliche Tat des psychisch kranken Drogenkonsumenten Orhan S., der seine Frau vor den Augen seiner Kinder und Nachbarn bestialisch abschlachtete und ihren Kopf von oben auf die Straße warf, bekannt wurde, riefen türkische Vereine und muslimische Aktivisten zu einer Mahnwache vor dem Wohnhaus der Ermordeten auf, um ein Zeichen gegen Gewalt zu setzen. Dabei war ihnen vor allem wichtig, dass die Tat nicht im Zusammenhang mit der Religion oder Kultur des Mörders gesehen wurde, sondern als eine Gewalttat, die so überall hätte geschehen können. Die Angst vor rassistischen Ressentiments, die sonst hervorgerufen werden könnten, ist allgegenwärtig.

Es ist richtig, nicht alles auf die kulturelle Herkunft der Täter zurückzuführen, es wäre falsch, zu behaupten, die türkisch-kurdische Sozialisation würde Männer wie Orhan fast zwangsläufig zu so einer Tat treiben. Orhan hat das allerdings in Bezug auf sich selbst so gesehen und im Verlauf des Prozesses auch klar ausgesprochen. Auch er wurde zwangsverheiratet, auch bei ihm gingen die Eltern davon aus, dass die Ehe alle Probleme lösen würde. Die religiöse und kulturelle Identität eines Menschen spielt bei diesem Problem offensichtlich doch eine Rolle.

Als 2005 Hatun Sürücü von ihrem jüngsten Bruder auf offener Straße mit mehreren Kopfschüssen hingerichtet wurde, gab es aus den Kreisen islamischer Verbände keine Empörungswelle. Man bat auch damals darum, die Tat auf keinen Fall mit dem Islam in Verbindung zu bringen.

Dieser Reflex ist unter den muslimischen Vereinen schon Routine geworden, wann immer eine Gewalttat aus dem muslimischen Milieu öffentlich wird. Nachdem Arzu Özmen von ihren Geschwistern entführt und von ihrem Bruder hingerichtet worden war, mahnte das geistliche Oberhaupt der yesidischen Gemeinde, zu der die Familie von Arzu zählt, auch weiterhin »die alte und stolze Religion zu bewahren«. Für uns mögen solche Worte unverfänglich klingen, für manche Frauen aus dieser Religionsgemeinschaft können sie das Todesurteil bedeuten. Arzus Geschwister – die übrigens als »gut integriert« galten – waren der festen Überzeugung, einen Verstoß gegen den Sittenkodex der »alten und stolzen Religion der Yesiden« ahnden zu müssen, als sie ihre Schwester entführten. Die öffentliche Kritik an den archaischen Gebräuchen der Gemeinde löste bei manchen Mitgliedern mehr Empörung aus als Arzus Ermordung. Sie fühlten sich »diffamiert«. Auf der Internetseite des Zentralrates der Yesiden in Deutschland hieß es dazu: »Wir sind in Deutschland eine Minderheit von etwa 60 000 Menschen. Niemandem fiele es ein, pauschal alle Deutschen, alle Christen als Mörder, Triebtäter, Diebe und Betrüger zu diffamieren, wenn unter ihnen jemand solche Taten verübt. Unsere Erfahrung aber ist: Mit Minderheiten geht die Öffentlichkeit anders um. Aus einer Religionsgemeinschaft mit einer viertausendjährigen Geschichte wird so schnell eine ›finstere Sekte‹.« So wurde die Gemeinde – mit der allbekannten Diskriminierungsunterstellung – zum eigentlichen Opfer dieses Falles stilisiert, nicht Arzu, als sei es dem Gericht, das im Laufe der Verhandlung auch die kulturelle und religiöse Identität der Familie zur Sprache brachte, darum gegangen, eine Minderheit zu diffamieren.

Es steht außer Frage, dass die Diskussion über eine solche Gewalttat im muslimischen Milieu alle möglichen Vorurteile gegen Migranten bedienen kann. Aber was ist die Alternative? Die Unterdrückung und Gefährdung von Frauen wie Aliyah, Hatun, Arzu oder Männern wie Karzan, die in solchen Familien aufwachsen, kleinzureden oder, schlimmer noch, zu verleumden? Auch mir passt es nicht, dass rechte Gruppierungen Teile meiner Arbeit dazu missbrauchen, ihre fremdenfeindliche Propaganda zu stützen. Aber sie würden auch Stimmung gegen »Ausländer« machen, wenn es nicht Autoren, Filmemacher und Journalisten gäbe, die sich dieses Themas annähmen. Verdrängung oder Beschönigung hilft da nicht. Viel wichtiger ist es, sich diesen Problemen zu stellen, um gemeinsam nach Lösungen zu suchen.

Geplatzte Mädchenträume und der Besuch einer Prinzessin

Sich als Hure beschimpfen zu lassen, weil man das Recht auf sexuelle Selbstbestimmung in Anspruch nimmt, ist für viele Mädchen und junge Frauen, die in muslimischen Milieus in Deutschland aufwachsen, ein Angriff und eine Diskriminierung, die für sie zum Alltag gehören. Um ein solches herabsetzendes Attribut als Mädchen nachgesagt zu bekommen, reicht der bloße Verdacht, es habe sich bereits auf sexuelle Handlungen eingelassen. Manchmal genügt es schon, dass gar nicht das Mädchen selbst, sondern seine Mutter als »verhurt« gilt. Besonders alleinerziehende Frauen, die mit einem Mann gesichtet werden, handeln sich schnell einen solchen Ruf ein. Daran sind die gutvernetzten und auf den Spielplätzen tratschenden muslimischen Mütter alles andere als unbeteiligt.

Es will mir nicht in den Kopf, warum es als politisch inkorrekt gilt, diese Grundrechtsverletzung offen anzusprechen. Ohne öffentliche Diskussion darüber wird sich für Mädchen wie Aliyah, die um ihre Freiheit unter Lebensgefahr kämpfen müssen, kaum etwas ändern. Wir debattieren lebhaft und auf allen medialen Kanälen über die Diskriminierung von Homosexuellen, denen das Adoptionsrecht verweigert wird, nur wie wir muslimischen Mädchen und Frauen zu ihren Grundrechten verhelfen können, darüber herrscht Schweigen. Hier regiert nicht nur die Sorge, rassistische Ressentiments zu bedienen, wenn man den Finger auf die Wunde legt, sondern auch die Angst vor den Reaktionen der Eltern, wenn man Klartext spricht. Dabei bräuchten Mädchen wie Aliyah schon im Kindergarten und in der Schule Aufklärung und Ermutigung, sich für ihre Rechte stark zu machen und sich nicht diskriminieren zu lassen, weil sie Mädchen sind. Doch davon sind wir in Deutschland weit entfernt.

Ohne öffentlichen Druck wird die Arbeit all jener, die in Jugendclubs und Mädchentreffs diese Aufklärung zu leisten versuchen, wahrlich nicht leichter. Für ihren Einsatz gibt es kaum politische und finanzielle Unterstützung. Dabei haben wir ohnehin viel zu wenige Einrichtungen, die offensiv mit der spezifischen Lebenslage muslimischer Mädchen umgehen. Pädagoginnen, die mit ihnen arbeiten, sind besonders belastet, denn wenn sie ihren Schützlingen helfen wollen, müssen sie sich auch auf deren Eltern einlassen – ein schwieriger Balanceakt. Aber wenn man gewisse Freiheiten für die Mädchen erkämpfen möchte, mit ihnen mal ins Kino gehen oder einen anderen Stadtteil besuchen will, dann ist es ratsam, es sich selbst mit den konservativen Familien nicht ganz zu verscherzen. Die aber lassen ihre Kinder nur dann in Jugendeinrichtungen gehen, wenn ihnen glaubhaft gemacht werden kann, es würde sich bei der pädagogischen Arbeit in erster Linie um Hausaufgaben-Betreuung handeln, selbstverständlich in Räumen, zu denen Jungen keinen Zutritt haben. Den Mädchen Aufklärung über ihre Rechte erteilen, das Recht auf Gleichberechtigung aus Artikel 3 des Grundgesetzes beispielsweise – das würde solchen Eltern auch kaum gefallen.

Die Grundrechte definieren Freiheitsräume, und Freiheit ist gefährlich, hatte Aliyahs Tante gesagt. Schon das Wort löst bei traditionellen Muslimen eine Assoziationskette aus, an deren Ende immer der Verlust der Familienehre steht. Auch wenn die meisten Eltern kaum ein Interesse an den Details der Freizeitaktivitäten in einer solchen Einrichtung haben – das

Gerücht, dass ihre Töchter dort zum Ungehorsam ermutigt werden, macht in dem Viertel schnell die Runde. Das erschwert es Pädagogen, die brisanten Themen anzusprechen, ohne dadurch den ohnehin schon begrenzten Spielraum der Mädchen noch weiter einzuschränken. Denn wenn die Eltern Verdacht schöpfen, es könnte sich bei der Jugendeinrichtung um einen Ort handeln, an dem ihren Töchtern die Werte einer freien Gesellschaft vermittelt werden, würden sie sie nicht mehr dort hingehen lassen.

Ohne Elternarbeit und energische Nachfragen seitens engagierter Mitarbeiterinnen dürften viele Mädchen das Haus gar nicht verlassen. Doch anstatt solchen Einrichtungen staatlicherseits die Arbeit zu erleichtern und sie zu unterstützen, wird sie durch die zeitaufwendigen Finanzierungsmodelle zunehmend erschwert. Jugendclubs, die in diesem Feld tätig sind, erhalten in der Regel keine Personalstellen für die meisten ihrer Mitarbeiter, sondern Geld fließt nur projektgebunden. Sie sei es so leid, sagte mir kürzlich eine Sozialarbeiterin, ständig aufwendige Projektanträge zu stellen, um ein paar hundert, manchmal auch ein paar tausend Euro zu bekommen. Projektgelder sind immer an ein spezielles Thema gebunden und müssen am Ende ein Ergebnis vorweisen können, das den Förderkriterien auch entspricht. Da werden dann Filme erstellt oder Kunstaktionen initiiert, Rap-Songs aufgenommen oder die Mädchen in »multimedialer Kompetenz« geschult. Ein solcher Ansatz muss nicht grundsätzlich falsch sein, gerade in einem Milieu, in dem Kindern und Jugendlichen in ihren Familien nichts dergleichen vermittelt wird, können solche Erfahrungen für die Teilnehmerinnen eine Bereicherung sein. Dringender aber sind andere Bedürfnisse der Mädchen.

Eine 16-Jährige, die nach der Schule in ein Zuhause kommt,

in dem sie sich um den Haushalt, den Einkauf und um die jüngeren Geschwister kümmern muss, hat das große Bedürfnis nach einem Ort, an dem man sie in Ruhe lässt, an dem sie einfach so sein kann, wie sie es will, ohne Rücksicht auf die Rollenmuster, die ihr die Familie zuweist. Sie braucht jemanden, mit dem sie reden, sich austauschen kann, jemanden, der ein offenes Ohr für ihre besondere Lebenslage und ihre Probleme hat. Pädagoginnen, die mit Mädchen wie Aliyah, Cigdem oder Fatima zu tun haben, wissen von diesem Bedürfnis. Sie machen täglich die Erfahrungen, mit welchen Verboten ihre Schützlinge vonseiten ihrer Familien konfrontiert sind. Keine darf einen Freund haben, schon der Kontakt zu Jungen ist untersagt. Auch wer kein Kopftuch trägt, unterliegt doch bestimmten Kleidungsvorschriften, die besonders im Sommer ausgrenzend sind: keine Träger-Shirts, keine Shorts oder gar kürzere Röcke, bei denen das Knie zu sehen ist. Wer diese Regeln nicht befolgt, wird entweder von der eigenen Familie oder von anderen aus dem Viertel in die Schranken gewiesen. Nachbarn, Freunde und Bekannte glauben jungen Mädchen vorschreiben zu dürfen, wie man sich »anständig« zu kleiden hat.

Ein normales Teenagerleben, in dem man ein neues Körperbewusstsein entwickelt, eine erste Liebesbeziehung eingeht und vielleicht auch sexuelle Erfahrungen macht, ist ihnen untersagt. Im Jugendclub können sie zumindest über ihre Nöte, ihre Probleme und die Schwierigkeiten, sich in die vorgegebenen Rollenmuster zu fügen, offen reden. Nach außen aber und bei jedweder Kritik an den tradierten Wertvorstellungen ihrer Kultur neigen sie dazu, die Regeln, die ihnen das Leben oft zur Hölle machen, eisern zu verteidigen.

***

Das zeigte sich, als 2011 die schwedische Kronprinzessin Victoria mit ihrem Gatten den Neuköllner Mädchentreff MaDonna besuchte. Eingeladen waren auch die arabischen Mütter der Mädchen. Die Prinzessin bat darum, ihr von dem Leben im Viertel und von den Erfahrungen im Mädchentreff zu erzählen. Die Mädchen schilderten ihren Alltag so, als sei er das reinste Zuckerschlecken, lediglich die Schule sei »manchmal etwas anstrengend«, aber dank des kostenlosen Nachhilfeunterrichts, den sie bei MaDonna erhielten, machten sie große schulische Fortschritte.

Kurz bevor die Prinzessin eintraf, hatten sie noch ganz anders getönt. Da ging es darum, wer überhaupt in die Einrichtung kommen durfte und wer schon wieder von seiner Familie dazu verdonnert worden war, zu Hause bleiben zu müssen, wer einen heimlichen Freund hatte und was passieren könnte, wenn dies öffentlich bekannt werden würde. Im Beisein ihrer Mütter, die mit der Prinzessin Einzug in die Räume hielten, verstummten solche unbotmäßigen Äußerungen. Plötzlich hatten alle Kreide gefressen. So wie sie vor Victoria redeten, sah ich die Prinzessin schon mit einem völlig weichgespülten Bild von der Lebenssituation muslimischer Mädchen wieder nach Hause fliegen. Da aber sprach eine arabische Mutter vor versammelter Runde so unverhohlen Klartext, dass meine Befürchtung sich verflüchtigte und die Situation der Mädchen schlagartig deutlich wurde.

Als ihre Tochter, die zeichnerisch besonders begabt war, von ihrem Traum sprach, später einmal in New York Kunst zu studieren, wurde sie prompt von ihrer Mutter unterbrochen, die lauthals und patzig dazwischenrief, niemals würde sie ihre Tochter irgendwo außerhalb ihrer Aufsicht leben lassen – nicht einmal in einer anderen deutschen Stadt dürfe das Mädchen studieren, geschweige denn in New York. Als Prinzessin

Victoria es genauer wissen wollte, kam die knappe Antwort: Bei uns gibt es so etwas nicht. Der Ton ließ keinen Zweifel aufkommen, dass weitere Nachfragen unerwünscht waren.

Es gibt viele geplatzte Mädchenträume – Schauspielerin zu werden oder Tänzerin, Kunst oder Medizin zu studieren, irgendwo in einer anderen Stadt, vielleicht sogar in einem anderen Land. Doch die Wünsche und Talente der Mädchen zählen nicht, für ihre Familien zählt nur ihre Keuschheit. Selbst manche Mädchen, die ein gutes Abitur gemacht haben, dürfen nicht studieren, weil die Universität ihren Eltern ein zu unübersichtlicher Ort ist, an dem Männer und Frauen zu viel Kontakt miteinander haben. So verwehrt man ihnen eine Bildungskarriere, die ihnen einen erfolgreichen Berufseinstieg ermöglichen könnte.

Nour zum Beispiel, ein Mädchen aus Aliyahs Klasse, wollte unbedingt Hotelfachfrau werden. Nach einem Praktikum in einem renommierten Berliner Hotel hatte sie Gefallen an diesem Arbeitsplatz gefunden. Ihre Eltern hatten zunächst nichts dagegen, sie glaubten, ihre Tochter würde den ganzen Tag im Büro sitzen und Papierkram erledigen. Als sie ein Ausbildungsangebot von dem Fünf-Sterne-Hotel bekam, wollte sich der Vater selbst ein Bild von ihrem künftigen Arbeitsplatz verschaffen, nichts sollte dem Zufall überlassen sein. Er ließ sich von der Ausbildungsleiterin über die Tätigkeitsbereiche einer Hotelfachfrau aufklären. Als er erfuhr, dass seine Tochter auch an der Bar und im Zimmerservice arbeiten müsste, sagte er für sie ab.

Damit Mädchen und Frauen trotzdem zum Familienerwerb beitragen können, gibt es in muslimischen Vierteln mittlerweile sogenannte Frauenberufe. Man kann Frisörin werden oder Kosmetikerin, am besten in einem Schönheitssalon nur für Frauen. Man erkennt solche Salons an den mit Werbung zugeklebten Frontscheiben, auf denen verschleierte Schönheiten in Übergröße den Vorübergehenden zulächeln. Meist steckt eine geschäftstüchtige Frau dahinter, die den Trend erkannt hat und im Angebot den Wünschen nach Geschlechtertrennung folgt. Arbeitsplätze, an denen Frauen nicht mit Männern in Kontakt kommen, sind nun einmal rar. Das ist nicht nur für die jungen muslimischen Frauen eine nicht hinnehmbare Einschränkung – diese Geschlechterapartheid ist auch ein Verlust für die Gesellschaft.

Aliyahs Freundinnen sind alle bald aus ihren Träumen erwacht, keine konnte das machen, was sie selbst wollte. Stattdessen haben die meisten ihre Energie auf eine schnelle Partnerfindung konzentriert, haben für sich abgewogen, welche Kompromisse sie machen müssen und welche nicht. Manch eine hat ihren Kampf darauf konzentriert, nicht den vorbestimmten Cousin zu heiraten, sondern durchzusetzen, dass der türkische Junge aus der unmittelbaren Nachbarschaft um ihre Hand anhalten durfte.

Vielleicht hätten die Mitarbeiterinnen von MaDonna besser daran getan, die Mütter zu dem Treffen mit Prinzessin Victoria nicht einzuladen. Doch das vorher zu entscheiden ist alles andere als leicht. Von der Teilnahme der Mütter an einem solchen besonderen Ereignis erhofft man sich auch, ein Umdenken in den Familien anzustoßen. Andererseits müssen sich die Pädagoginnen in solchen Einrichtungen bei dem Buhlen um das Wohlwollen der Eltern davor hüten, allzu große Kompromisse einzugehen und am Ende zum verlängerten Arm der Familie zu werden. Es ist eine ständige Gratwanderung. Offene radikale Gegnerschaft zu ihren Familien würde den Mädchen kaum helfen, aber auch nicht die Abwehr jedweder öffentlicher Kritik an ihren schwierigen Lebensumständen, die sich besonders Migrantenverbände und einige Medienvertreter zur Aufgabe gemacht haben. Die Leidtragenden zwischen den Fronten sind engagierte Mitarbeiterinnen solcher Einrichtungen und ihre Schützlinge. Erschwert wird ihre Situation erst recht, wenn die Kompromissbereitschaft deutscher Pädagogen einzig die Väter und Mütter im Auge hat und auf Kosten von Menschenrechten den Schulalltag dem Frauenbild konservativer Muslime anpasst. So geschehen in Freiburg, an der Vigeliusschule.

***

Es habe ihr »das Herz zerrissen«, erzählte die heute pensionierte Lehrerin Renate Scherf, Mädchen, denen die Teilnahme am Schwimmunterricht von ihren Eltern untersagt worden war, ausgeschlossen am Beckenrand sitzen zu sehen. So beschloss sie kurzerhand, Burkinis, Ganzkörper-Badeanzüge, das Stück für 100 Euro, zu kaufen – bezahlt von den Geldern der Schule, mit dem Argument, »die Fußballbuben« bekämen ihre Trikots doch auch bezahlt. Auf die Nachfrage hin, ob es nicht problematisch sei, auf diese Weise ein kaum vertretbares Frauenbild zu fördern, antwortete Frau Scherf lapidar, dass es doch auch besorgte Eltern gäbe, die ihren Kleinkindern zum Schutz vor UV-Strahlung Ganzkörperanzüge anzögen.

Natürlich dürfte es auch Frau Scherf kaum gelingen, ein Mädchen, das ein ärztliches Attest beibringt, oft mit dem Befund einer angeblichen Chlorallergie, doch zum Schwimmunterricht zu bewegen – trotzdem zeigt dieser Fall, dass Frau Scherf, auch wenn ihr Handeln vermutlich in bester Absicht erfolgte, tatsächlich der Diskriminierung in die Hände gearbeitet hat. Mädchen wie Aliyah, die sich die Schule als einen Ort erhalten wollen, an dem nicht die Gesetze des Islam herrschen, hat sie jedenfalls nicht im Auge gehabt. Aliyah hatte das

Problem des Schwimmunterrichtes in ihrer Schulzeit ganz geschickt gelöst. Ihren Eltern gegenüber ließ sie keinen Zweifel daran, dass sie in der Badeanstalt stets mit Leggings und einem langen Shirt schwamm. Doch statt der Leggings war es dann eine knielange Badehose und auch die Badekappe wurde nicht bis zum Hals verschlossen. Sie hatte das Glück, dass die Schüler ihrer Klasse keinen Anstoß daran nahmen, sonst wäre ihr der lasche Umgang mit den muslimischen Kleidervorschriften zum Verhängnis geworden.

Es war nicht die einzige Maßnahme, mit der die Freiburger Schule der Veränderung unserer Bildungseinrichtungen ganz im Sinne eines konservativen Islam eine Bresche geschlagen hat. Um den muslimischen Mädchen die Teilnahme an obligatorischen Klassenfahrten zu ermöglichen, fanden diese im Umland statt, und die Eltern erhielten Erlaubnis, ihre Kinder jeden Abend abzuholen und sie am nächsten Tag wieder hinzufahren. So vergibt man Freiräume.

Die Vigeliusschule ist kein Einzelfall. Viele Lehrer glauben, dass gut ist, was mit Einverständnis der Eltern funktioniert, und machen sich kaum Gedanken, welcher Entwicklung sie damit Vorschub leisten. In den letzten zwanzig Jahren hat in staatlichen Schulen mit überwiegend muslimischer Schülerschaft eine Islamisierung des Schulalltages stattgefunden, vor dem das Lehrpersonal gern die Augen verschließt. Am Ende könnte eine strikte Geschlechtertrennung stehen. Die Vorzeichen dafür mehren sich. Im Zuge der fortschreitenden Segregation in bestimmten Stadtquartieren wird so die Schule, die lange Zeit für viele muslimische Mädchen ein Rückzugsort war, an dem sie, unbeaufsichtigt von ihren Familien, gewisse Freiheiten leben konnten, zu einem Ort der Kontrolle.

***

Umso erfreulicher ist eine Entscheidung des Bundesverwaltungsgerichts Leipzig vom 11. September 2013, die festlegt, dass muslimische Mädchen keinen Anspruch darauf haben, vom gemeinsamen Schwimmunterricht mit Jungen befreit zu werden. Geklagt hatte eine dreizehnjährige Muslimin, die zwar mit einem Burkini schwimmen durfte, es aber nicht länger ertragen wollte, ihre männlichen Mitschüler in Badehose zu sehen. Der Anblick von Jungen in Badehose widerspreche ihren religiösen Geboten, zumal während des Schwimmunterrichtes die Gefahr zufälliger Berührungen mit männlichen Mitschülern bestehe.

Die Berliner Schulverwaltung reagierte auf das Urteil des Bundesverwaltungsgerichtes mit einem Achselzucken, ihr seien keine Fälle bekannt, in denen es ernsthafte Konflikte über die Teilnahme muslimischer Mädchen am Schwimmunterricht gegeben habe. Ohnehin würde man dieses Problem an den Berliner Schulen in Eigenregie lösen: Faktisch sieht das so aus, dass an den meisten Schulen die Mädchen und Jungen ganz im Sinne der Leipziger Klägerin getrennt zum Schwimmunterricht gehen. Dabei können sie sich auf die »Handreichung für Berliner Lehrerinnen und Lehrer« zum Thema »Islam und Schule« berufen, die unter anderem in Zusammenarbeit mit der »Islamischen Föderation« entstand. Darin wird ein »geschlechtergetrennter« Schwimm- und Sportunterricht empfohlen, damit auch »sehr religiösen und/oder konservativen Muslimen die Teilnahme am Sport- und Schwimmunterricht erleichtert werden kann«. Denn, so die Begründung, »Islamgelehrte« hätten erklärt, »dass die Schamgegend (Aura) von geschlechtsreifen Frauen und Männern vor potentiellen Heiratskandidaten des anderen Geschlechts bedeckt gehalten werden muss. Sie definieren diese beim Mann vom Bauchnabel bis zum Knie, bei der Frau meist am ganzen Körper mit

Ausnahme von Gesicht, Händen und Füßen. Die unmittelbaren Geschlechtsteile dürfen auch vor Gleichgeschlechtlichen nicht entblößt werden. Dies ist ein möglicher Grund, weshalb manche Schüler und Schülerinnen auf Einzelduschen und Umkleidekabinen bestehen. Auch die Islamverbände fordern dies.« Allerdings, so muss man feststellen, scheint die »Handreichung«, die 2010 in einer erweiterten zweiten Auflage erschien, juristisch nicht ganz auf der Höhe der Zeit zu sein, behauptet sie doch, dass ein muslimisches Mädchen vom Sportunterricht »befreit werden« kann, »wenn dieser nicht geschlechtergetrennt stattfindet und dadurch Gewissenskonflikte entstehen«. Das Urteil des Bundesverwaltungsgerichts vom September 2013 widerspricht dem allerdings.

Problematisch scheint mir darüber hinaus, dass ausgerechnet die Islamische Föderation zu dieser Handreichung beigesteuert hat, die immer wieder, aufgrund des Verdachts extremistischer Bestrebungen, in den Fokus des Berliner Verfassungsschutzes geriet. Auch vom Bundesverfassungsschutz wurde gegen sie wegen der Zusammenarbeit mit der als extremistisch eingeschätzten türkischen Organisation Islamische Gemeinschaft Milli Göruş (IGMG) ermittelt. Ist das dem Berliner Senat egal?

Den muslimischen Interessenverbänden konservativer bis islamistischer Prägung ist daran gelegen, die Geschlechterfrage in ihrem Sinne zu sichern. Bruder, Vater, Großvater und Onkel sind die einzigen männlichen Personen, zu denen ein muslimisches Mädchen unbeaufsichtigten Kontakt haben darf. Ansonsten gibt es nur die Ehe. Dieses unnatürliche Geschlechterverhältnis beruht auf der Annahme, dass bei einem Miteinander die sexuelle Anziehung zwischen Jungen und Mädchen unberechenbare Auswirkungen haben kann. Daher gebieten es viele Imame und islamische Verbandsvertreter, die Geschlechter so weit wie möglich zu trennen, möglichst schon im Kindergarten. Und so wird bereits in Grundschulen auf Kinder Druck ausgeübt: Wer zur Ramadan-Zeit nicht fastet, wird gern gemobbt. Noch schärfer geht es für die Mädchen dann auf den Oberschulen zu: Muslimische Mädchen, die kein Kopftuch tragen, werden diskriminiert, man unterstellt ihnen, keine richtigen Muslime zu sein.

Wenn wir diese Geschlechtertrennung weiter befördern, geben wir einen Grundpfeiler der aufgeklärten Gesellschaft preis: die Gleichberechtigung von Mann und Frau, ihr Miteinander auf Augenhöhe. Der Integration, wie manche Politiker und Medienvertreter die Konzession vor den islamischen Interessenvertretern gern beschönigen, dienen wir damit nicht. Nicht nur Aliyah und andere muslimische Mädchen und Frauen sind die »Bauernopfer« einer solchen falsch verstandenen »Integrationspolitik«. Sie zwingt ihnen eine Zerreißprobe zwischen den archaischen Mustern ihrer Familien und den Freiheitsmöglichkeiten auf, die sie in ihrem gesellschaftlichen Umfeld sehen. Viele junge Muslime versuchen, in beiden Welten zu leben. Der Preis sind Heimlichkeiten, Lügen, Angst vor Entdeckung. Den psychischen Stress eines Doppellebens hält kaum jemand auf Dauer aus. Die Geschichte von Hanan ist ein Beispiel dafür.

Hanans Doppelleben

Es gibt in Deutschland viele emanzipierte Frauen aus muslimischen Familien, die sich nicht von ihren Familien fremdbestimmen lassen. Es gibt aber auch viele junge Frauen, die ein Doppelleben führen, um sich zumindest kleine Fluchten aus der Bevormundung zu verschaffen. Wer glaubt, dass Bildung resistent gegen die Unterwerfung unter patriarchalische Strukturen macht, der irrt. Immer wieder habe ich Frauen getroffen, die gut gebildet waren und sich dennoch den Geboten und den dauernden Kontrollen ihres Zuhauses fügten. Während meiner Abiturzeit waren es vor allem türkischstämmige Mädchen, die sich ständig gegenseitig ihre Jungfräulichkeit versicherten und nachdrücklich betonten, dass sie vor der Ehe gar keinen Freund haben wollten. Das sei unsittlich. Selbst unter meinen Mitstudenten an der Universität fand sich diese Einstellung, meist mit dem unangenehmen Beigeschmack der Selbstüberhöhung gegenüber den als »sittenlos« geltenden »Deutschen« – eine Haltung, die man sich bei angehenden Akademikern eher nicht wünscht. Eigentlich sollte doch gerade ein Studium den Horizont erweitern, zumindest gewisse Mauern durchbrechen, die das eigenständige Denken bisher behinderten.

Bei näherem Hinsehen allerdings stellte sich bei fast allen die Behauptung von der Jungfräulichkeit bis zur Ehe als Lebenslüge heraus. Keine Einzige von jenen, die ich in meiner Schul- und Studienzeit traf, war glücklich damit, nach außen hin das Leben einer Nonne vorzuspielen. Und lange hielt kaum eine diesen Selbstbetrug aus, die meisten verliebten sich dann doch, hatten Affären und gingen Beziehungen ein, auch mit deutschen Männern.

Aber die familiären Wurzeln können sehr stark sein, mögen die Zustände zu Hause auch noch so unerträglich sein. In welche Zerreißprobe gerät, wer versucht, beiden Welten gerecht zu werden, morgens die engagierte Jurastudentin zu sein und abends die devote Tochter und Schwester, die nur zur Uni und zurück, nie aber auch nur einen weiteren Schritt eigenständig tun darf, zeigt der Fall von Hanan.

* * *

Hanan ist 26 und studiert Jura in Berlin. Sie ist das mittlere Kind von sieben Geschwistern einer kurdischen Familie. Ihre Eltern sind vor vielen Jahren auf dem Höhepunkt der türkisch-kurdischen Konflikte als politisch Verfolgte aus der Türkei nach Deutschland gekommen. Hanan hat drei ältere Brüder, die über ihr Leben mitbestimmen dürfen. Dass sie Abitur machen und ein Jurastudium aufnehmen durfte, verdankte sie vor allem dem Wunsch der Familie, jemanden zu haben, der ihnen bei bürokratischen Angelegenheiten hilft und, wenn es drauf ankommt, auch bei gerichtlichen Auseinandersetzungen. Als Gegenleistung für diese Freiheit, studieren zu dürfen, wird von Hanan erwartet, dass sie für die gesamte Verwandtschaft und Bekanntschaft den Papierkram und Behördengänge erledigt und jederzeit als Beraterin zur Verfügung steht, wenn jemand Ärger mit dem Jobcenter hat oder die mangelnden Deutschkenntnisse nicht ausreichen, um sich mit den Lehrern der Kinder zu verständigen.

Aber Hanan ist froh, dass sie die Uni hat. Sie ist eine fleißige Studentin, auf ihrem Stundenplan ist jede Minute ausgereizt.

Trotz der enormen Belastung ermöglicht ihr das Studium, für einige Stunden am Tag der Familie zu entkommen. Eigentlich hat sie alles gut im Griff. Wenn einmal eine Stunde ausfällt, nutzt sie die Zeit, um mit Studienfreunden zusammen einen Kaffee zu trinken. Davon darf ihre Familie nichts wissen, denn auch das ist ihr verboten.

Nicht nur dass Hanan jederzeit Rechenschaft darüber ablegen muss, wo sie wann was tut, sie muss auch alles Geld, das sie hier und da durch Gelegenheitsjobs verdient, zu Hause abgeben und darf nur ein kleines Taschengeld für sich behalten. Natürlich hat sie oft mit dem Gedanken gespielt, aus diesen Verhältnissen auszubrechen, aber es blieb immer bei der bloßen Vorstellung, konkrete Pläne machte sie nie. Vielleicht hoffte sie, dass ihr Studium sie irgendwann daraus befreien würde. Mir allerdings kam die Vorstellung, dass sie nach dem Studium ein Referendariat, vielleicht sogar in einer anderen Stadt, antreten und dann ihre Familie ihr gestatten würde, eine eigene Wohnung zu beziehen, ziemlich naiv vor.

Den Kontakt zu ihr bekam ich, nachdem Hanan meine Bücher gelesen hatte. Besonders die Geschichte meiner *Arabqueen* hatte es ihr angetan, es erinnerte sie an ihr eigenes Leben, und sie fand, dass es eine treffende Darstellung der Lebenssituation vieler junger Frauen in Deutschland ist. Auch ihre Eltern schmiedeten immer wieder Heiratspläne für die Tochter, nur weil sie studierte, war sie bislang von einer Ehe verschont geblieben. Das Studium war ihr Schutz; solange sie glaubhaft versichern konnte, dass sie während dieser Zeit des Lernens und der Prüfungen nicht in der Lage sei, eine gute Ehefrau, Hausfrau und Mutter abzugeben, hatte sie Schonzeit. Sie war eine Ausnahme in ihrer Familie, denn 26 war für eine junge Frau ein Alter, in dem sie längst als überfällig galt. Ihre Cousinen hatten da schon Kinder.

Auch Hanan hatte bereits sexuelle Erfahrungen mit Männern, trotz der strengen Überwachung durch ihre Familie. Ihre erste Beziehung knüpfte sie zu einem muslimischen Mann, den sie über die Uni kennengelernt hatte. Er war streng religiös, unter seinem Einfluss wurde auch Hanan immer mehr zur Anhängerin eines konservativen Islam und gab sich als brave Muslimin. Sie wollte ihm gefallen. Er versprach ihr, sie zu heiraten – so wie er ihr am Anfang offensichtlich viel versprach. Die Beziehung währte nur kurz und endete damit, dass er sie entjungferte. Wie viel Gewalt dabei im Spiel war, ist unklar, Hanan mag darüber nicht reden. Auf jeden Fall war diese Geschichte für sie eine schlechte Erfahrung.

Ganz anders hingegen verlief ihre Begegnung mit Martin, den ich so nenne, weil er, genau wie Hanan, nicht identifiziert werden darf. Hanans Familie weiß bis heute glücklicherweise nichts von ihrem Doppelleben. Kennengelernt hatten die beiden sich auf einer Veranstaltung, die in Hanans Seminar stattfand. Martin war der Referent. Fast vier Jahre waren sie ein Paar. Es sei Liebe auf den ersten Blick gewesen, meint Martin rückblickend. Ich traf ihn nach dem Ende der Beziehung, sie war gescheitert an den kaum zu überbrückenden kulturellen Differenzen, die sich im Laufe der Zeit zeigten.

Martin ist der erste mir bekannte Mann, der die Umstände und die Schwierigkeiten seiner geheimen Liebesbeziehung zu Hanan in einem Zeitungsartikel öffentlich gemacht hat. Ein Glücksfall. Denn die meisten Männer, die mit muslimischen Frauen solche Erfahrungen wie er machen, bleiben im Verborgenen und schweigen.

***

Ich traf Martin in einem Café in Berlin. Mir fielen sofort sein gepflegtes Äußeres und seine guten Umgangsformen auf. Ich konnte mir nur schwer vorstellen, dass dieser Mann, der doch mitten im Leben zu stehen schien, sich jahrelang heimlich in Tiefgaragen mit seiner Liebsten verabredet haben sollte. Doch genau das hat er getan und mehr noch: »Ich habe in dieser ganzen Zeit eine Beziehung zu einer Frau gehabt, mit der ich nach 17 Uhr nie zusammen sein konnte, denn dann musste sie zu Hause sein.« Auch anrufen konnte er sie nicht, zumindest nicht problemlos. Wenn er es doch einmal wagte, dann wartete er, bis er ihre Stimme am anderen Ende der anderen Leitung identifizierte. Auch jede SMS, die er sandte, war mit ihr abgesprochen, sie hatten gewisse Codes ausgemacht, an denen sie die Kurzmitteilung des anderen sicher erkennen konnten. Immer mussten beide damit rechnen, dass Hanans Bruder aus einer Laune heraus ihr Telefon nahm und die letzten Verbindungen, das Adressbuch und die Mitteilungen durchging, um irgendetwas Auffälliges zu finden. Martins Nummer war deshalb unter einem unverfänglichen türkischen Mädchennamen gespeichert. Eigentlich hätte ihr Bruder misstrauisch werden müssen, dass Hanan nie eine SMS auf ihrem Handy hatte und nach jedem Telefonat alle Verbindungsdaten gelöscht waren. Mit dem E-Mailverkehr ging Hanan genauso um, jede empfangene und gesendete Mail wurde sofort getilgt, sie durfte keine Spuren hinterlassen. Auch wenn niemand ihren Account kannte, so hätte ihr Bruder jederzeit das Recht in Anspruch nehmen können, in ihre Mails zu schauen.

Wenn ich solche Zustände beschreibe, denke ich immer mit einiger Sorge daran, dass vielleicht auch Brüder und Väter dieses Buch lesen und künftig wüssten, wie sie ihre Töchter und Schwestern noch engmaschiger kontrollieren könnten. Das ist eine unangenehme Begleiterscheinung, wenn man Informationen über das Leben dieser jungen Frauen einer breiteren Öffentlichkeit nahebringen will. Aber Hanans Beispiel zeigt, wie wichtig das ist – denn wer würde schon auf die Idee kommen, dass eine angehende deutsche Juristin unter Bedingungen lebt, die wir glauben im Zuge der Gleichberechtigung längst überwunden zu haben? Auch Martin ist es wichtig, die schwierigen Umstände seiner Beziehung offenzulegen. Andere, die vielleicht selbst in einer solchen Situation sind, sollen wissen, dass sie nicht alleine sind. Denn wenn man sich auf so ein Versteckspiel einlässt, so sagt er, steht man ziemlich allein da. Wie hätte er sich anderen auch erklären können? Gerade ein Mann, der nichts mit den machtbesessenen, über die Sexualität der weiblichen Familienmitglieder wachenden Patriarchen gemein hat, kommt da schnell an seine Grenzen.

Als Martin mir ein Foto von Hanan zeigt, muss er schlucken, man merkt, die Anspannung der letzten Jahre und die Trennung haben Spuren hinterlassen. Das Foto zeigt eine schöne Frau mit langen schwarzen Haaren, wie sie in die Kamera lächelt, neben ihr liegt Martin, Kopf an Kopf, es war ihr erstes gemeinsames Foto. Wüsste ich nichts von der Geschichte der beiden, würde ich annehmen, dass es sich um ein ganz normales Paar handelt, eine glückliche Momentaufnahme. Da träumten auch beide noch davon, ihre Beziehung eines Tages zu legalisieren. Aber es sollte ein Traum bleiben.

Martin merkte schon nach den ersten Treffen mit Hanan, dass sie kein gewöhnliches Leben führte. Irgendwann erzählte sie ihm von den Regeln und Verboten, unter denen sie seit ihrer Kindheit litt. In Martin hatte sie einen Zuhörer gefunden, bei dem sie sich alles von der Seele reden konnte. Um nicht gesehen zu werden, verabredeten sich die beiden oft in Tiefgaragen, dort fuhr Martin dann mit seinem Auto vor, Hanan stieg ein, immer eine Kapuzenjacke und ein Cap tief ins Gesicht gezogen, und duckte sich, bis das Auto die Stadtgrenzen hinter sich gelassen hatte. Sie fuhren manchmal gemeinsam irgendwo in die Natur, dort, wo sie sicher sein konnten, kein kurdisches Clanmitglied oder den entfernten Bekannten eines entfernten Bekannten zu treffen. Hanan liebte die Spaziergänge im Wald, sie konnte dann herumrennen und springen, wie es sonst nur Kinder tun. »Oder vielleicht wie ein junges Reh«, sagt Martin. »Mit mir, einem Deutschen, fühlte sie sich auch deutsch, denn mit mir hatte sie die Möglichkeit, einen Blick durch das Fenster in die deutsche Gesellschaft zu werfen« – dabei hatte Hanan ihre gesamte Kindheit und Jugend in Deutschland verbracht!

* * *

Als Martin merkte, dass die Beziehung ernst wurde, entschloss er sich, seine engsten Freunde einzuweihen, auch seine Eltern erfuhren von ihm, dass Hanan eine besondere Freundin war, auf deren Familienverhältnisse alle Rücksicht nehmen mussten. Heute sagt er, dass ihm ihr Zuspruch und ihre Unterstützung besonders wichtig waren, denn er hatte immer wieder Zweifel und Bedenken, wie die Geschichte mit Hanan ausgehen könnte.

Um seine Eltern zu besuchen, die ein paar Stunden außerhalb der Stadt wohnten, bretterte er mit 220 Sachen über die Autobahn, nur damit Hanan wieder pünktlich zu Hause sein konnte. Sie waren leichtsinnig, nicht nur riskierten sie bei einem so hohen Tempo ihr Leben, es hätte doch auch jederzeit ein Stau oder eine Straßensperre sie aufhalten können. Für den Fall einer Verspätung hatte Hanan sich bereits verschiedene Ausreden zurechtgelegt, die sie dann vortragen wollte, in der bangen Hoffnung, dabei nicht aufzufliegen. Sie hatte sich ihr ganzes Leben lang im Schwindeln geübt, vermutlich wäre jeder Lügendetektor an ihr gescheitert.

Die Besuche in Martins Elternhaus waren immer sehr herzlich, aber auch kurz und ungemütlich. Nicht dass seine Mutter oder sein Vater irgendetwas an der ungewöhnlichen Beziehung ihres Sohnes zu beanstanden gehabt hätten, im Gegenteil, sie unterstützen die beiden so gut sie konnten und nahmen Hanan wie eine eigene Tochter auf. Die aber saß bei ihnen immer wie auf heißen Kohlen und war gedanklich eher bei der Frage, ob sie es auch diesmal wieder rechtzeitig nach Hause schaffen würde.

Ähnlich wie Aliyah hatte auch Hanan ihren Studienplan so eingerichtet, dass sie ein regelmäßiges Zeitfenster für die geheimen Treffen mit Martin hatte. Trotzdem gab es oft Tage und Wochen, in denen sie sich gar nicht sehen konnten. Manchmal telefonierte Hanan dann heimlich auf dem Klo mit ihm, einmal war sie dabei nicht vorsichtig genug, ihr Bruder hörte sie reden. Weil sie nicht sofort seiner Aufforderung folgte, die Tür aufzumachen, wollte er sie eintreten. Das waren solche Momente, in denen sich Martin, wenn sie ihm davon berichtete, ohnmächtig fühlte. Er konnte seiner Freundin nicht helfen.

* * *

Unvermeidlich traten die ersten Haarrisse im Verlauf ihrer Beziehung auf, als Martin und Hanan registrierten, wie unterschiedlich ihr Verständnis von der Rolle der Geschlechter war. Dass Martin oft und gern für Hanan kochte und es für ihn selbstverständlich war, seinen Haushalt zu besorgen, blieb für sie immer befremdlich. Ihm wiederum fiel auf, dass Hanan, im Gegensatz zu den Frauen, die er sonst kannte, extrem eifersüchtig war. Die Handy-Kontrollen, die sie von ihrem Bruder ertragen musste, führte sie auch bei Martin durch. Er deutete ihre Eifersucht als große Verlustangst. Es schmeichelte ihm auch ein wenig, meist jedoch war es ihm lästig.

Wenn die Familie – wie in Hanans Fall – einen so umfassenden Besitzanspruch auf die Tochter erhebt, dann ist die Gefahr groß, dass sich dieses Muster auch auf ihre spätere Beziehung zu einem Mann überträgt. In einer Gesellschaft, in der die Geschlechter im Alltag eher getrennt sind und Freundschaften in der Regel nur zwischen Frauen oder unter Männern gestattet sind, können Mann und Frau nicht befreundet sein, schon gar nicht, wenn sie beabsichtigen, irgendwann einmal zu heiraten. Freundschaften sind nur nach Geschlechtern getrennt erlaubt und eine Liebesbeziehung nach offiziellem Verständnis nur in der Ehe. Und da darf es dann durchaus Eifersuchtsszenen geben. Von muslimischen Frauen habe ich regelmäßig die Formulierung gehört: Wenn dein Mann nicht eifersüchtig ist, dann liebt er dich nicht. Einem eifersüchtigen Mann wird es auch eher nachgesehen, wenn er einmal zuschlägt. Für die Gewaltbereitschaft eifersüchtiger Ehemänner gibt es unter Muslimen viel Verständnis, erst recht, wenn sie auch noch eine tatsächliche Grundlage hat. Da man den Männern unterstellt, dass sie oft nicht Herr über ihre sexuellen Begierden sind, werden Frauen schon als Kinder dazu erzogen, dies so hinzunehmen – Männer können eben nicht anders. Für Frauen hingegen sind Eifersuchtsszenen gegenüber ihren Männern eigentlich nicht angebracht, aber es gibt sie natürlich. Aliyahs Mutter machte ihrem Ehemann dauernd die Hölle heiß. Vielleicht kannte Hanan ein solches Verhalten auch von ihrer Mutter.

Martin waren alle diese Schwierigkeiten sehr bewusst, und dennoch wollte er Hanan. Er habe nie eine Frau getroffen, sagt er, die er so geliebt habe. Das Besondere an ihr sei ihre Aufopferungsbereitschaft gewesen; wenn es ihm nicht gutging, sei sie sofort für ihn da gewesen, hätte ihn umsorgt und gepflegt, wie er es noch nie zuvor erlebt hatte, eben so, wie sie es auch für alle Familienangehörigen tat. Ich kann mir gut vorstellen, dass eine Frau, die dazu erzogen wurde, anderen zu dienen und sich selbst und ihre Bedürfnisse immer hinter der Familie zurückzustellen, für manche Männer besonders attraktiv ist. Männer, die die Emanzipation der Frauen und ihre zunehmende Selbständigkeit und Unabhängigkeit eher mit Ängsten beobachten, können sich bei Frauen wie Hanan besonders sicher und geborgen fühlen. Hier liegt auch der Kern der mangelnden Bereitschaft unter Muslimen, den Frauen ein selbstbestimmtes Leben zu ermöglichen. Die Männer haben Angst davor, die Macht über die Frauen zu verlieren. Das muss man Martin nicht unterstellen, aber selbst ein emanzipierter Mann ist gegen heimliche Wünsche nach einer dienenden Ehefrau nicht gefeit.

Aber Martin konnte auf Dauer nicht die Augen davor verschließen, dass ihm diese kurdische Familie mit ihren Moralvorstellungen aus einer vormodernen Zeit, in der strikte Geschlechtertrennung das Gebot und Sex den Töchtern nur in der Ehe gestattet ist, fremd bleiben würde. Er ahnte auch, dass Hanans Eltern ihn ohnehin nie als Schwiegersohn akzeptieren würden. In der muslimischen Community gab – und gibt man – seine Tochter nur ungern einem Deutschen zur Frau.

Empörend fand er, was Hanan ihm über die Imam-Ehen erzählte. Das sind Ehen, die von muslimischen Geistlichen geschlossen werden und innerhalb der Community hohes Ansehen genießen. Für viele ersetzt eine Imam-Ehe die standesamtliche Ehe. Deshalb ist es auch kein Problem für viele

Familien, wenn sich Paare offiziell scheiden lassen, inoffiziell aber weiterhin als verheiratetes Paar betrachtet werden, weil sie eine Imam-Ehe geschlossen haben. In Hanans Familie war es schon häufiger vorgekommen, das hatte sie ihm erzählt, dass Frauen bei der Geburt ihrer Kinder den Vater als »unbekannt« ausgegeben hatten. Offiziell wurden sie von den deutschen Behörden als »alleinerziehend« geführt, in der muslimischen Community galten sie als verheiratet. So kann Sozialbetrug betrieben werden.

Das Ende dieser Liebesbeziehung zwischen einer Kurdin und einem Deutschen kam nicht mit einem Paukenschlag, sondern eher unspektakulär daher. Vier Jahre lang hatten sie ihr Verhältnis erfolgreich geheim halten können. Als sich dann aber an Martins Geburtstag herausstellte, dass Hanan auch an diesem Tag um 17 Uhr zu Hause sein musste, wurde es ihm zu viel. Er gab die Hoffnung auf und machte Schluss. Ihre Beziehung schien ihm aussichtslos zu sein – Hanan würde nie den Absprung aus ihrer Familie schaffen. Heute würde er jedem von einer solchen Beziehung abraten. »Ich würde mich nie wieder auf so etwas einlassen, das habe ich daraus gelernt«, sagt er.

* * *

Wenn Aliyah abends in ihrem Zimmer bei Alexander saß und vergeblich auf den Skype-Ton wartete, mit dem Dimi seinen Anruf ankündigte, dann wurde sie von genau solchen Befürchtungen heimgesucht. Würde Dimi noch zu ihr stehen? War sie noch wichtig für ihn? Oder würde er sie doch lieber irgendwann vergessen wollen? In ihrem Kopf spukten ständig solche Fragen herum. Sie hielt es überhaupt nicht für unwahrscheinlich, dass er sie fallenlassen könnte – auch wenn sie anderes erhoffte. Sie war kein Mädchen, das sich in Träumereien verlor. Warum sollte sich ein junger Mann, der noch sein ganzes Leben vor sich hatte und dessen Eltern ihn nach Kräften unterstützten, warum sollte er sein Leben und das seiner Familie für die Beziehung zu einer Frau aufs Spiel setzen, die vielleicht für immer irgendwo versteckt leben musste?

Auch ich konnte mir vorstellen, dass Dimi inzwischen vielleicht manche Zweifel gekommen sein könnten. Seine Entscheidung zu gehen würde schließlich nicht nur ihn betreffen, sondern war mit Konsequenzen für seine ganze Familie und selbst für seine engen Freunde verbunden. Ich wusste nicht, ob er diese Verantwortung tragen könnte. Also versuchte ich in einer unserer Skype-Sitzungen, Aliyah behutsam mit dem Gedanken vertraut zu machen, dass er ihr möglicherweise nicht nachkommen würde. »Es kann noch so viel passieren. Vielleicht solltest du auch einmal darüber nachdenken, wie deine Zukunft ohne Dimi aussehen könnte.« Nur die Geräusche der schlechten Datenleitung waren noch zu hören, Aliyah war verstummt. »Ich kann mir ein Leben ohne ihn nicht vorstellen«, war schließlich ihre knappe Antwort.

Ein Kettenbrief und ein Abschied

Aliyah konnte nicht ewig bei Alexander bleiben. Das Leben musste irgendwie weitergehen. Jeder Tag war von dem gleichen monotonen Rhythmus durchzogen – aufstehen, frühstücken, die Wohnung putzen, dann das Mittag- oder Abendessen vorbereiten und ab und zu mit mir oder Annika skypen, wenn es sich einrichten ließ, auch mit Dimi. Das war immer riskant, denn wer von uns konnte schon einschätzen, in welcher Verfassung der junge Mann war? Auf ihm lastete ein erheblicher Druck, und keiner von uns wusste, ob er standhalten würde. Immerhin war er mit seiner Familie seit Aliyahs Flucht unter Beobachtung des kurdischen Clans, der auch nicht davor zurückschreckte, Dimi massiv zu bedrohen. Aliyas Bruder hatte ihm vor kurzem aufgelauert und versucht, ihn mit dem PKW seines Vaters zu überfahren. Dimi hatte sich nur durch einen Sprung ins Gebüsch retten können. Aliyahs Eltern hatten ihm angeboten, ihn in Ruhe zu lassen, sofern er ihnen hülfe, ihre Tochter zu finden. Dimi aber knickte nicht ein.

Und er wusste ja auch gar nicht, wo Aliyah sich aufhielt. Das war zwar schwer zu ertragen, aber für ihn war viel wichtiger, sie in Sicherheit zu wissen. Ein Jahr, so lautete die Verabredung, mussten sie es aushalten, getrennt voneinander zu leben. Es sollte möglichst viel Zeit verstreichen, damit Dimi aus der Schusslinie kam. Doch daraus wurde nichts.

Trotz der Kooperationsbereitschaft, die die Berliner Polizei in Aliyahs Fall gezeigt hatte, kann sie in einer solchen Situation der Gefährdung den Bedrohten keinen wirklichen Schutz garantieren. Sie kann immer erst agieren, wenn tatsächlich eine Straftat vorgefallen ist. Und anders als die Polizei hat eine kurdische Großfamilie keine Personalknappheit, um die ins Visier geratenen Personen überwachen zu lassen. Inzwischen war der Kreis der Suchenden, die Aliyahs Familie aktiviert hatte, immer größer geworden – auch Menschen, von denen ich es nicht gedacht hätte, waren mit von der Partie.

Untätig war die Polizei in Dimis Fall nicht – sie tat, was sie konnte. Dazu gehörte die sogenannte Gefährderansprache, ein Präventionsmittel, das bedrohlichen Personen eine Grenze aufzeigen und ihnen die strafrechtlichen Folgen ihres Handelns klarmachen soll. Wenn man Glück hat, reicht eine solche Warnung, um jemanden einzuschüchtern. Aliyahs Familie sollte wissen, dass die Polizei sie im Auge hatte. Damit waren Eltern und Geschwister vorgewarnt, aber nicht die zahlreichen Verwandten, die weit verstreut in der Bundesrepublik leben. Ohnehin braucht die Polizei auch für eine Gefährderansprache eine hinreichende Grundlage, die bloße Information, dass ein Onkel den Aufenthaltsort seiner Nichte auszukundschaften versucht, reicht in der Regel nicht.

Die Kollegen der Berliner Polizei, die mit Aliyahs Fall betraut waren, scheuten keinen Aufwand, sie gingen jedem noch so kleinen Hinweis nach. Leider ist das eher die Ausnahme. Meist muss der Betroffene mit Nachdruck und mit sehr guten Begründungen seine Gefährdung plausibel machen. Nicht jede Person hat dafür – ausgerechnet dann, wenn sie in höchster Gefahr ist – die Nervenstärke. Und dennoch: Aliyahs Familie blieb für Dimi und seine Eltern eine ständige Bedrohung, nie konnten sie sicher sein, in Ruhe gelassen zu werden.

Dimi sollte Aliyah nach Ablauf der selbstgesetzten Frist

folgen – in der Zwischenzeit musste eine sichere Bleibe für die beiden gefunden werden. Aber wo sollten sie leben und wovon? Zwar hatte Aliyah Anspruch auf staatliche Unterstützung, aber die war an einen festen Wohnort in Deutschland gebunden. Wäre sie nicht bei Alexander eingezogen, sondern im Frauenhaus geblieben, wäre sie nach dem deutschen Sozialgesetzbuch anspruchsberechtigt gewesen. Glücklicherweise war es in Aliyahs Fall möglich, ihre polizeiliche Anmeldung im norddeutschen Frauenhaus noch bestehen zu lassen, als sie schon längst außer Landes gebracht worden war. Das war zwar nicht ganz gesetzestreu, aber hilfreich.

Aliyahs Situation zeigt, wie schwierig es für Hilfesuchende wird, wenn ihre persönliche Gefährdung sie dazu zwingt, im Ausland unterzutauchen. Dann ist nämlich niemand mehr für sie zuständig. Dabei müsste es den Behörden doch möglich sein, einer solchen Person aufgrund der besonderen Lage zumindest für eine befristete Zeit die staatliche Unterstützung zukommen zu lassen, auf die sie auch in Deutschland einen Anspruch hätte. Manchmal werde ich zornig, wenn ich darüber nachdenke, wie einfach es im Vergleich dazu für clevere Großfamilien ist, durch allerlei Vortäuschungen staatliche Gelder abzugreifen, die ihnen gar nicht zustehen.

Aliyah hätte sich auch liebend gern eine Arbeit gesucht – schon um endlich der Gleichförmigkeit der Tage zu entkommen. Ob putzen, kellnern oder irgendwo Regale einräumen, es wäre ihr egal gewesen. Doch sie konnte unter ihrem wirklichen Namen keine Arbeitsstelle annehmen, solange ihre Familie noch mit allen Mitteln nach ihr suchte. Das hätte ihr schnell zum Verhängnis werden können. Jede behördliche Speicherung ihrer Daten konnte für sie zur Gefahr werden.

Aliyah wäre am liebsten für immer irgendwo im Ausland untergetaucht, das schien ihr am sichersten zu sein. Über ein Netzwerk von Freunden und Bekannten haben wir aus dem Unterstützerkreis eine Zeitlang versucht, sie in einem englisch- oder französischsprachigen Land unterzubringen. Ich habe damals an Journalisten, Schriftsteller, an Freunde und Bekannte, an all jene, denen ich so einen heiklen Fall anvertrauen konnte, eine Rundmail geschickt in der Hoffnung, dass vielleicht irgendjemand irgendjemanden kannte, der uns weiterhelfen könnte.

Einfach wäre eine solche Aufgabe, Aliyah Zuflucht zu bieten, allerdings nicht gewesen. Denn es war klar, dass es mit einem Dach überm Kopf nicht getan war – sie hätte auch seelischen Beistand gebraucht, jemanden, der ihr half, die ersten Schritte in ein freies Leben zu machen. Wer nie zur Eigenständigkeit erzogen wurde, dem fällt es schwer, plötzlich auf sich gestellt zu sein. Zu der Einsamkeit kommt eine große Unsicherheit und dann auch noch der Stress der Ungewissheit, denn Aliyah wusste und weiß bis heute nicht, wann sie, wie jeder normale Mensch, ihre Zukunft nach eigenen Wünschen planen und gestalten kann. Immer ist da die Angst, entdeckt zu werden.

Mein Kettenbrief war erfolgreich, und schon nach wenigen Tagen gab es erste Angebote, nach Irland oder Frankreich auszuwandern. Wieder waren es Menschen, die spontan bereit waren zu helfen. Schon diese Zusagen machten Aliyah Mut und stärkten sie in dem Glauben, den Herausforderungen der neuen Freiheit auch gewachsen zu sein. Am liebsten wäre ihr die Schweiz gewesen, wegen der Sprache und weil sie wusste, dass Dimis Englischkenntnisse einfach zu dürftig waren, um in einem anderen Land durchzustarten. Französisch konnte er gar nicht.

Die Aufregung und Freude über die Aussicht, ganz woanders ein neues Leben anfangen zu können, erhielt einen jähen Dämpfer, als klar wurde, dass Aliyah nicht so ohne weiteres auswandern konnte – sie wäre nur auf Spenden angewiesen, um ihren Lebensunterhalt zu finanzieren. Und in ihren Skype-Sitzungen mit Dimi erfuhr sie, dass auch ihm ganz unbehaglich bei der Vorstellung zumute war, in einer kleinen irischen Gemeinde bei einem älteren Ehepaar einen Neuanfang zu wagen. Die bisher ausgetüftelte Fluchtroute war damit hinfällig geworden.

Außerdem wollte Aliyah, so sagte sie mir, an einen Ort gelangen, an dem sie ihre Zeugnisse problemlos anerkennen lassen konnte, um den Schulabschluss nachzuholen. Am besten wäre Norddeutschland, weil Dimi dort gute Aussichten auf einen Job hatte. Mir wurde bei diesen Wünschen etwas schwindelig. Schließlich war sie doch schon einmal im norddeutschen Bremen aufgespürt worden. Was so einfach klang, war Meilen von der Realität entfernt. Vielleicht wären solche Pläne ohne eine nach Rache dürstende Familie im Nacken gar kein Problem gewesen. Aber Aliya befand sich im Untergrund, sie musste bei jedem Schritt, den sie tat, genau überlegen, welche Folgen er haben könnte. Ein Fehler, wie beim Internetanbieter, der ihre neue Anschrift ans Elternhaus geschickt hatte, durfte ihr und uns nie wieder unterlaufen.

Der Elan, mit dem wir Helfer an die Organisation einer ausländischen Zuflucht gegangen waren, erstarb. Wir mussten schließlich einsehen, dass zwei so junge Menschen, die bisher ganz andere Pläne für ihr Leben gehabt hatten, mit der Vorstellung, in ein ihnen fremdes Land auszuwandern, hoffnungslos überfordert waren. Es ging ja nicht um ein spannendes Auslandsjahr, sondern um ihre Existenz. Wo würden sie sich wohl fühlen? Wovon sollten sie leben? Wer würde ihnen helfen? Diese und etliche andere Fragen, die niemand von uns Helfern beantworten konnte, taten sich auf, wenn wir über die Möglichkeit nachdachten, diese zwei würden Deutschland zumindest für eine gewisse Zeit, vielleicht für immer den Rücken kehren müssen. Wir nahmen Abschied von dieser Idee.

***

Je länger sich die Entscheidung hinzog, wohin Aliyah und Dimi gehen sollten, desto stärker belastete diese Ungewissheit die beiden. Am Ende sagte Aliyah klipp und klar, dass sie lieber eine Einrichtung finden würde, in der sie noch pädagogisch begleitet werden könnte, zumal zu diesem Zeitpunkt noch gar nicht absehbar war, ob und wann sie wieder mit Dimi zusammenkommen würde. Nun lag es an uns, eine Möglichkeit zu finden, Aliyah sicher, aber immer noch innerhalb Deutschlands, unterzubringen. Auch diese Aufgabe erwies sich als nicht ganz einfach.

In Deutschland gibt es bisher weder Schutzeinrichtungen für betroffene Männer noch Zufluchtswohnungen oder Unterkünfte für bedrohte Paare. Die Vermutung liegt nahe, dass dieses Thema politisch bewusst ausgespart wird, weil es an den kulturellen und religiösen Hintergrund der Einwanderer rührt.

Fatma Bläser, die Karzan geholfen hat, glaubt nicht mehr daran, dass man ihr in dieser Frage jemals Gehör schenken wird – sie versucht, Menschen in Notsituationen zunächst privat unterzubringen, bis sich eine andere Lösung finden lässt. Der Aufwand, den ein solches Vorgehen kostet, ist allerdings groß, denn die Betroffenen müssen ihre Stadt meist ohne Gepäck, im schlimmsten Fall sogar ohne Papiere verlassen, man braucht Geld für sie und eine gute Logistik, am besten auch noch jemanden, der sich mit solchen Gefahrensituationen auskennt und weiß, worauf zu achten ist.

Aliyah und Dimi konnten sich auf die Hilfe engagierter Leute verlassen, wir fanden dann auch schließlich eine Unterkunft für die beiden innerhalb Deutschlands. Diese Einrichtung darf hier nicht genannt werden, denn das Angebot, das sie – wenn auch nur wenigen – Paaren machen kann, die auf der Flucht vor ihren Familien sind, ist nicht offiziell. Es ist einzig dem Engagement der Leitung dieser Einrichtung und den ehrenamtlichen Unterstützern geschuldet, dass Menschen wie Aliyah und Dimi dort eine Bleibe finden. Diese Hilfe setzt allerdings voraus, dass man gute Kontakte hat, und das haben nur die wenigsten Betroffenen. Und selbst wenn sie von dieser Einrichtung erfahren würden, gäbe es keine Garantie, auch aufgenommen zu werden, denn es gibt für solche Fälle nur eine Handvoll Wohnungen.

Aliyah hatte Glück, schon beim ersten Telefonat sagte man ihr ein Zimmer zu. Doch wie sollte sie jetzt am sichersten dorthin kommen? Sie war im Ausland und eine Autofahrt, zu der Alexander natürlich sofort bereit war, wäre sehr lang gewesen. Wir mochten ihm nicht schon wieder einen solchen Transport zumuten.

Ein Flug kam nicht in Frage, unter den Bekannten von Aliyahs Familie gab es auch zwei Männer, die Reisebüros betrieben, wer weiß, ob sie sich nicht Zugang zu Passagierdaten verschaffen konnten.

***

Wir, die Helfer, sorgten dafür, dass Aliyah sicher zu ihrem neuen Zuhause gebracht wurde. Sie erhielt ein Zimmer mit Bad und teilte sich mit den anderen Hausbewohnern die

Küche und den Waschraum. Jetzt ging es darum, zu prüfen, ob sie schnell und unkompliziert eine Namensänderung beantragen konnte. Sie hatte, da sie jetzt wieder in Deutschland war, Anspruch auf ihr Kindergeld und auf ein bisschen Geld vom Staat, damit standen ihr knapp 300 Euro zur Verfügung. Vor allem aber wollte sie wissen, ob sie gleich eine Ausbildung anfangen konnte. Nach Wochen im Exil hatte sie sich dazu entschlossen, ihr Abitur nicht mehr nachzuholen. Sie wollte schnellstmöglich finanziell unabhängig werden, endlich mit Dimi zusammen sein und mit ihm eine eigene Wohnung beziehen. Das, wonach sie sich sehnte, war Normalität in ihrem Leben, ihre Zukunftsträume waren eher realistisch – eine Arbeit, eine Wohnung, einmal im Jahr Urlaub, vielleicht irgendwann einmal ein kleines Auto und dann ein Kind. Doch bis es so weit war, musste sie sich mit den gegebenen Umständen arrangieren.

Die Begegnungen mit anderen Menschen in der Zuflucht waren für sie schockierend. »Ich hätte lieber nicht das ganze Elend dort gesehen«, meinte sie zu mir, als wir einige Tage später skypten. Ein Mädchen, mit dem sie sich besonders gut verstand, war Antonia. Natürlich heißt sie anders, auch Antonia ist immer noch gefährdet. Sie ist als Dreizehnjährige von Menschenschleppern aus Rumänien nach Deutschland gebracht und dort an pädophile Männer verkauft worden. Nach drei Jahren ist ihr die Flucht gelungen. Aliyah wusste damals wenig über Kinderprostitution, es war ein Problem, das meilenweit weg schien, bis sie Antonia traf. Von ihrer Geschichte erfuhr sie, als die beiden während eines gemeinsamen Fernsehabends in Aliyahs Zimmer einen Spielfilm über einen Pädophilenring sahen, der Kinder an hochrangige Männer aus Wirtschaft und Politik vermittelte. Antonia brach beim Zuschauen zusammen, die Szenen, die sie im Film sah, erinnerten sie stark an ihr eigenes Leben. Da erzählte sie Aliyah von den Vergewaltigungen, den Misshandlungen und von der Angst, die sie ständig begleitet hatte. Ihre Schilderungen brannten sich ein, es belastete Aliyah sehr, von solchen verstörenden Erlebnissen zu erfahren, aber sie erkannte auch, dass es Menschen gibt, die noch viel Schlimmeres als sie erlebt haben. Das ermöglichte ihr, Abstand zu ihrer eigenen Situation zu gewinnen.

Auch noch nach all den Monaten, die sie jetzt schon untergetaucht war, galt für Aliyah die höchste Sicherheitsstufe. Als die Polizeibeamten feststellten, dass ihre Eltern und ihr Bruder einige Tage nicht in der Stadt waren, bekam Aliyahs Einrichtung sofort Bescheid, und die Sicherheitsmaßnahmen wurden erhöht. Aliyah selbst durfte sich an solchen Tagen nirgends zeigen, nicht einmal ans Fenster sollte sie gehen, denn manchmal harrten Familienangehörige tagelang draußen beobachtend aus. Solche Alarmsituationen waren für Aliyah immer sehr nervenaufreibend.

Es dauerte Wochen, bis sie ein neues Konto anmelden konnte. Zuvor hatte sie der örtlichen Polizei eine Liste mit allen möglichen Institutionen gegeben, die personenbezogene Daten von ihr haben konnten. Der Polizist, der ehrenamtlich für die Einrichtung arbeitete, riet ihr ab, sich schon für eine Ausbildung zu bewerben oder einen Job zu suchen. Überall, wo man ihre personenbezogenen Daten für die Krankenkasse, die Sozialversicherung, die Rentenbeiträge verarbeiten würde, wäre die Gefahr, entdeckt zu werden, einfach noch zu groß. Man ist dann bei so vielen verschiedenen Institutionen gemeldet, dass es sehr aufwendig und schwierig ist, überall dort, wo man seine Daten hinterlassen hat, diese auch zu sperren. Eine Gefahrenquelle ist zum Beispiel die Steueridentifikationsnummer, mit ihr kann man jede untergetauchte Person ausfindig machen. Nur wer in ein Zeugenschutzprogramm aufgenommen wird, hat die Möglichkeit, diese Nummer ändern zu lassen. Aliyahs schlechte Erfahrung mit ihrem Internetanbieter war ihr eine Warnung gewesen.

***

Ich konnte mich in Berlin bei der Polizei und bei anderen Institutionen vor Ort über die Özgans auf dem Laufenden halten. Das meiste, was ich über die Familie erfuhr, gab ich gar nicht an Aliyah weiter, nur das, was sie wissen musste. Ihr Vater hatte inzwischen sogar Nachbarn und entfernte Bekannte eingeweiht und mobilisiert, um nach ihr zu suchen. Innerhalb der muslimischen Community gibt es eine große Anzahl von Menschen, die es verständlich finden, wenn eine Familie ihre abtrünnige Tochter sucht, um sie zu bestrafen. Taxifahrer, Anwälte, Sozialarbeiter, Ärzte und Psychologen mit Migrationshintergrund sind deshalb auch bereit, bei der Suche nach einer entflohenen Tochter zu helfen.

Ich machte die Namen der Personen ausfindig, die sich im Viertel über Aliyah und ihre Freunde erkundigten, und gab sie an die Polizei weiter. Gemeinsam mit Aliyah gingen wir alle Genannten durch, um herauszufinden, welche Beziehungen für sie gefährlich werden könnten. Dabei stellte sich heraus, dass Aliyahs Familie nicht nur Kontakte zu Reisebüros und Flughafenpersonal hatte, sondern auch Menschen kannte, die in Ämtern arbeiteten.

Inzwischen wusste jeder, aber auch wirklich jeder im Viertel von ihrer Flucht. Sie sei eine Ehrlose, eine Nutte, die den Tod verdiene – so lautete der Tenor unter Erwachsenen und Jugendlichen. »Ich würde meine Tochter umbringen, wenn sie so etwas täte, ich würde sie von einem Berg hinunterstoßen«, das waren die Worte anderer Mütter, deren Töchter früher mit Aliyah auf dieselbe Schule gegangen oder mit ihr befreundet gewesen waren. Nur wenige trauten sich, hinter vorgehaltener Hand Verständnis zu zeigen. »Die hat es auch wirklich schwer gehabt zu Hause«, meinte eine Mutter. Die meisten hatten mehr Mitleid mit Aliyahs Eltern, selbst die, die zuvor kein gutes Wort über die Familie Özgan verloren hatten, äußerten ihr Mitgefühl. Was Aliyah ihrer Familie angetan hatte, war in den Augen der meisten muslimischen Familien ein Verbrechen.

In den ersten Wochen nach Aliyahs Verschwinden sah man an manchen Tagen ihre Mutter mit den Schwestern und der Großmutter demonstrativ durchs Viertel spazieren. Alle waren schwarz gekleidet, ihre Gesichter trugen die steinernen Züge Trauernder, die einen ihnen nahestehenden Menschen verloren haben. Wenn man ihnen in die Augen sah, erblickte man den Hass, den sie gegen jeden hegten, der Aliyah bei der Flucht unterstützt haben könnte – die Leiterin einer Einrichtung, die Aliyah zeitweilig besucht hatte, erzählte mir davon. Ich selbst hielt mich von der Familie fern. Zwar wusste niemand von meinen heimlichen Treffen mit Aliyah, aber ich wollte kein unnötiges Risiko eingehen. In der nächsten Zeit wurde die Abneigung der Familie gegen alles, was als modern und westlich galt und in ihren Augen die Tochter zu ihrem unehrenhaften Tun verführt hatte, noch größer, das Beharren auf ihren archaischen Normen noch trotziger. Für die Mädchen aus der Sippe bedeutete das noch mehr Kontrolle, noch weniger Freiheiten.

Aliyah erzählte ich von diesen Reaktionen nichts. Ihr Leben war psychisch schon anstrengend genug, sie musste nicht auch noch wissen, wie schlecht hinter ihr hergeredet wurde. Ihre Angst um Dimi wuchs mit jedem Tag, den er länger in Berlin blieb. Als die Zeit eigentlich gekommen war, da er zu Aliyah fahren durfte, schob er seine Abreise immer wieder hinaus. Für Aliyah war das eine Periode großer Unsicherheit.

Inzwischen kam zwar niemand mehr aus Aliyahs Familie bis an Dimis Haustür, insofern hatte die Gefährderansprache der Polizei Wirkung gezeigt. Aber er musste immer damit rechnen, dass ihm jemand draußen auf der Straße auflauerte. Die Familie war so groß, dass er viele von Aliyahs Cousins gar nicht von Angesicht kannte. Er musste also ständig auf der Hut sein und trotz dieses Drucks seine Abschlussprüfungen bestehen. Wenigstens das wollte er erledigt haben, bevor er abtauchte. Denn wenn er erst einmal bei Aliyah war, das wusste er, konnte er nichts anderes mehr tun, als abzuwarten. Hinzu kamen die Vorwürfe, die seine Eltern ihm jetzt machten, besonders sein Vater war eine Zeitlang schlecht auf seinen Sohn zu sprechen, der mit seiner Beziehung zu Aliyah nicht nur sich, sondern auch seine Eltern und Geschwister in Gefahr gebracht hatte.

Niemand wusste, wie es weitergehen würde, und diese Ungewissheit machte alle fertig. Wenn ich mit Dimi sprach, merkte ich ihm an, wie angespannt er war. Er verbrachte viele schlaflose Nächte in dieser Zeit, und noch heute plagt ihn das schlechte Gewissen. Denn seine Eltern, seine Geschwister und er sind inzwischen auf verschiedene Städte verteilt, während sie früher alle zusammen in Berlin waren. Das Leben hatte sich von einem auf den anderen Tag für sie alle schlagartig verändert.

Wir durften Dimi ja nicht einmal verraten, an welchem Ort Aliyah inzwischen untergekommen war – nur, dass dieser in Deutschland lag, wusste er. Denn wenn er sich dagegen entscheiden würde, zu ihr zu gehen, wäre sein Wissen über ihren Aufenthaltsort ein Sicherheitsrisiko für alle Beteiligten.

Glücklicherweise hatte Dimi Verständnis für diese Vorgehensweise.

Am Ende riet sogar die Polizei Dimi, die Stadt zu verlassen, am liebsten sähen sie ihn für eine Weile bei Verwandten in Griechenland abtauchen. Dass sogar die Polizei ihm empfahl, von der Bildfläche zu verschwinden, machte auch ihm Angst. Es war eine Angst, die er nicht zugeben wollte, weil er das Gefühl hatte, schon allein dadurch vor Aliyahs Familie zu kapitulieren.

Eines Tages aber rief er mich an und wollte wissen, wie er zu Aliyah kommen könnte. Seine Prüfungen waren bestanden, und er war jetzt bereit zu gehen. Es war sehr wahrscheinlich, dass er unter Beobachtung der Özgans stand. Einfach ein Taxi zu rufen und mit seinem Koffer zum nächsten Flughafen oder Bahnhof zu fahren, kam somit nicht in Frage. Auch durften seine Eltern, Freunde und andere nahestehende Personen nichts von seiner Abreise wissen. Zu groß war die Wahrscheinlichkeit, dass Dimis Mutter, die in den letzten Wochen vor Sorge um ihren Sohn psychisch bereits angeschlagen war, einen Zusammenbruch erleiden könnte. Keiner wusste, wann sie ihren Sohn wiedersehen würde.

Auch Dimi musste sich innerlich verabschieden, durfte sich aber nichts anmerken lassen. Als ich von ihm wissen wollte, was er nach so vielen Monaten über alle Geschehnisse dachte und ob er sich wirklich sicher sei, seinen Entschluss zu gehen nicht zu bereuen, da sagte er, dass es ihn quäle, seine Familie mit hineingezogen zu haben. Und dennoch habe er keine Sekunde lang daran gedacht, seine Beziehung zu Aliyah zu beenden. In seinem Mut und seiner Entschlossenheit für diese Liebe stand er Aliyah in nichts nach. Es ist schon erstaunlich, dass ein junger Mann eine solche Lebensentscheidung fällt.

Gemeinsam mit einem Polizisten und einem weiteren Amtsträger, dessen Namen ich hier nicht nennen darf, weil er das, was er tut, nicht offiziell macht, organisierten wir Dimis Abreise. Er wurde am vereinbarten Treffpunkt von einem Auto abgeholt, und erst auf der Fahrt erfuhr er, wohin die Reise ging. Es war ein Ort, an dem er noch nie gewesen war. Beim Abschied stand ihm die Trauer über den Verlust seiner Heimat Berlin ins Gesicht geschrieben.

Wegducken oder aufgeben

Eigentlich hatte Elpida sich vorgenommen, auch dann noch im Viertel zu bleiben, nachdem ihr Bruder Dimi schon Berlin verlassen hatte. Sie hatte gerade erst einige Monate zuvor endlich einen Ausbildungsplatz in einem Frisörsalon gefunden. Den wollte sie nicht aufgeben. Es war ihre zweite Berufsausbildung, nachdem sie schon eine als Kosmetikerin abgeschlossen hatte. Sie träumte davon, eines Tages einen Beauty-Salon aufzumachen, in dem sie ihren Kunden alles bieten könnte, was schön macht. Und die Haare anderer hatte sie immer schon gern gestylt. Aliyah und sie hatten oft zusammen vor dem Spiegel gesessen, wo Elpida der Freundin ihres Bruders die Haare zu langen Zöpfchen geflochten und sie kunstvoll um Aliyahs Kopf drapiert hatte. »Warum läufst du immer wie eine graue Maus mit Kopftuch herum?«, hatte sie Aliyah dann gefragt. »Du hast doch so wunderschöne Haare!« Aliyah hatte dazu meist geschwiegen. Wie sollte sie Elpida, die ein so ganz anderes Leben führte, erklären, wie es bei ihr zu Hause zuging?

Elpida wohnte einige Querstraßen entfernt von der Familie Samos in ihrer eigenen Wohnung. Dimi hatte einen Schlüssel und sich oft mit Aliyah hier zu ihren heimlichen Treffen verabredet. Niemand war ihnen je dabei auf die Schliche gekommen, und so fühlte sich Elpida auch nach Dimis Abtauchen nicht bedroht. Das sollte sich bald ändern.

Eines Tages spürte sie, dass sie verfolgt wurde. Es war an

einem Abend, als sie nach der Arbeit im Frisörladen noch kurz zum Supermarkt ging, um Brot und Milch zu kaufen. Zwei Typen hatten sie bereits bei den Rolltreppen im Visier, sie schauten finster und wandten den Blick auch nicht ab, als Elpida sie unverwandt anstarrte, in der Hoffung, das Ganze sei eine Verwechslung und die beiden Männer mit den dunklen Haaren würden verlegen weggucken oder versuchen, sie anzumachen, so wie sie es gewohnt war, wenn sie allein im Viertel unterwegs war.

Elpida hat ein selbstbewusstes Auftreten und weigert sich, den Kleidervorschriften muslimischer Moralwächter nachzugeben, um in Ruhe gelassen zu werden. Schon einmal hatte sie einen von ihnen wegen sexueller Nötigung angezeigt. Wenn die glaubten, sie könnten sie einfach angrabschen, weil sie keine ihrer Schwestern war, weil sie Christin war, weil sie ein tief ausgeschnittenes Top trug, dann würde sie ihnen eben zeigen müssen, welche Folgen solche Übergriffe hatten. Der Typ, gegen den sie Strafanzeige stellte, hatte nicht damit gerechnet, und es sprach sich schnell herum, dass Elpida zur Polizei ging, wenn sie sich belästigt fühlte. Das hatte ihr zumindest ein wenig Respekt verschafft, denn die Jungs im Viertel, besonders die, deren Vorstrafenregister lang war, fürchteten nichts mehr als eine Anzeige bei der Polizei.

Jetzt aber war so ein Moment, in dem Elpida sich ausgeliefert fühlte. Zumal am Vormittag eine Nachbarin von Aliyahs Familie bei ihr im Frisörgeschäft gewesen war, um sie nach dem Verbleib ihrer Eltern auszufragen und über Dimi, wo er denn sei und was er so mache. Schon das hatte Elpida verunsichert, schließlich kannte sie die Frau nur vom Sehen. Auch wenn deren Sohn, wie die Frau behauptete, irgendwann einmal mit Dimi die Schulbank gedrückt hatte, dicke Freunde waren sie nicht gewesen, das wüsste Elpida schließlich, und sie fragte sich, warum seine Mutter gerade jetzt bei ihr auftauchte. Nie war jemand aus deren Familie im Frisörsalon gewesen, um sich die Haare schneiden zu lassen. Es war alles seltsam.

Die beiden Typen im Supermarkt verfolgten sie noch bis zum Ausgang, einer von ihnen stellte sich an der Kasse direkt hinter Elpida, sie konnte fast seinen Atem in ihrem Nacken spüren, obwohl rechts und links von ihr die Kassen frei waren. Es war eine klare Ansage. Als sie sich zu ihm umdrehte, erschrak sie angesichts seines durchdringenden Blicks voller Wut und Hass. Sie wandte sich schnell ab, nahm mit zitternden Händen das Wechselgeld und strebte mit langen Schritten dem Ausgang zu, hinter ihr die beiden Männer.

Was konnte sie tun? Niemand hatte sie bedroht, und trotzdem fühlte sie sich bedroht. Niemand hatte etwas gesagt oder getan, was sie bei der Polizei hätte vorbringen können. Dabei wusste sie ganz genau, dass man ihr auf diese Weise klarmachen wollte: Wir wissen, dass du weißt, wo Aliyah und Dimi sind, und wir werden dich nicht in Ruhe lassen, bis wir sie haben. Als sie nur noch wenige Meter von ihrer Haustür entfernt war und schon glaubte, die beiden abgehängt zu haben, sah sie einen Freund von Aliyahs Bruder auf dem Mauervorsprung eines Ladengeschäftes sitzen, der sich eine Zigarette anzündete. Sie wechselte die Straßenseite, registrierte aber im nächsten Moment, dass ein weiterer junger Mann aus dem Dunstkreis der Familie Özgan an der nächsten Ecke stand. Es war nur zu offensichtlich: Sie sollte eingeschüchtert werden.

Als sie endlich erleichtert ihre Wohnungstür aufgeschlossen und ihre Einkäufe abgestellt hatte, machte sie sofort einen Rundruf bei Aliyah, Dimi und dem Rest ihrer Familie. Sie war die Einzige, die immer noch im Viertel lebte, alle anderen hatten sich bereits in Sicherheit gebracht. Elpida aber hatte sich vorgenommen, noch bis zum Ende ihrer Ausbildung auszuharren, erst dann wollte sie nach einer neuen Arbeitsstelle und einer anderen Wohnung Ausschau halten. Aber an diesem Abend war sie sich nicht mehr sicher, ob sie die Zeit noch durchstehen würde. Jeden Tag diese Angst im Nacken zu haben war schrecklich.

Als sie mich anrief und mir ihre Erlebnisse schilderte, betonte sie immer wieder, sie wolle diesen Leuten keine Angst zeigen, sie wolle vor ihnen nicht kapitulieren – »wir sind doch keine Tiere, die aufgeschreckt flüchten!« Als sie das sagte, wurde mir erst bewusst, wie Elpida sich fühlte: gejagt, gehetzt, vertrieben. Ich riet ihr, gleich am nächsten Tag zur Polizei zu gehen, und zwar zu dem Beamten, der mit dem Fall vertraut war, er könne sie am besten beraten.

Dann sprach ich mit ihr alle Möglichkeiten durch, die Aliyahs und Dimis Aufenthaltsort verraten könnten. Ich fragte sie, ob sie in ihrem Handy die Nummern der beiden gespeichert hatte. Es wäre schließlich ein Leichtes, ihr das Handy zu entwenden. Und tatsächlich hatte sie die Nummern mit passenden Porträtfotos gespeichert, zwar unter falschen Namen, aber mit den Fotos nützten auch die nichts. Ich bat sie darum, die Fotos sofort zu löschen, und riet ihr, die Telefonnummern lieber auswendig zu lernen, das wäre am sichersten. Denn Elpida war für die Özgans der einzige direkte Kontakt zu Aliyah. Es sei wichtig, sagte ich ihr, jetzt keinen Fehler zu machen.

***

Elpida hat sich irgendwann dann doch entschlossen, in ein ganz anderes Bundesland zu ziehen, die Einschüchterungsversuche ließen nicht nach. Sie hatte Glück: Der Bruder ihrer

Chefin, der ebenfalls Frisörmeister war, nahm sie in seinem Geschäft als Auszubildende auf. Bei ihm ging es vornehmer zu als an ihrer alten Arbeitsstelle. Er nannte sich auch Coiffeur, nicht Frisör. Das kam vermutlich besser an bei seiner Kundschaft – zu ihm kamen viele Stammkundinnen, die sich gern die Haare in den Farben ihrer jeweiligen Saisongarderobe tönen ließen. Elpida musste sich erst an den vornehmeren Ton gewöhnen, der hier herrschte, berlinern, wie sie es gern tat, durfte sie nun nicht mehr. Das war ihrem Chef zu »prollig«. Aber das Trinkgeld, das sie abends mitnehmen konnte, war höher. Trotzdem war sie traurig, dass sie jetzt fern von ihrer Familie war. Und auf Aliyah war sie nicht mehr allzu gut zu sprechen.

Wenn andere Menschen in eine Fluchtgeschichte mit hineingezogen werden, werden die Beziehungen untereinander oft schwierig. Elpida hatte seit dem Tag, an dem ihr Bruder untergetaucht war, einen Groll gegenüber seiner Freundin entwickelt, der sich noch verstärkte, als ihre Eltern aufgrund der Bedrohungssituation die Stadt verließen. Sie machte Aliyah für das Elend verantwortlich, in dem sich die ganze Familie jetzt befand. Und Dimis jüngste Schwester, die mit den Eltern mitziehen musste, redete mit Aliyah überhaupt nicht mehr.

Alle hatten lange gehofft, dass die Lage sich beruhigt, nachdem sowohl Dimi wie seine Eltern, Maria und Nicos, nicht mehr in dem Viertel waren. Die beiden waren Monate vor Elpida fortgegangen. Sie hatten sich schweren Herzens entschlossen, ihre geliebte Stadt Berlin nach vierzig Jahren zu verlassen und sich woanders eine neue Existenz aufzubauen. Sie waren nicht mehr die Jüngsten, aber eine andere Chance sahen sie nicht, endlich wieder einmal einen Tag ohne Furcht oder Wut zu erleben. Der Preis war, dass sie ihre

Tochter kaum noch sehen konnten. Vor allem Maria litt darunter. Sie waren immer alle zusammen gewesen, nie wäre es einem von ihnen in den Sinn gekommen, dass sich das ändern könnte.

Als klar wurde, dass Dimi gehen würde, um bei Aliyah zu sein, musste Maria sich entscheiden, ob sie in Berlin bei Elpida bleiben und weiterhin die ständige Präsenz der Özgans ertragen oder ob sie gehen sollte. Die Polizei riet ihr zu Letzterem. Hinzu kam: Sie und Nicos würden Dimi kaum noch zu Gesicht bekommen, wenn sie in Berlin blieben, ein Besuch von ihm wäre viel zu gefährlich. Und sie selbst konnten ihn nicht besuchen, sie durften nicht einmal genau wissen, wo er jetzt mit Aliyah lebte. Maria und Nicos aber wollten gern in seiner Nähe sein und suchten sich einen neuen Wohnort einige Autostunden von ihrem Sohn entfernt. Elpida, die in Berlin zurückblieb, fühlte sich von allen im Stich gelassen. Es dauerte Monate, bis sie ihren Eltern verzieh, dass die sich für Dimi und nicht für sie entschieden hatten.

* * *

Maria sagte mir vor einiger Zeit am Telefon, dass sie die Lebensbedrohlichkeit der Situation von Aliyah und Dimi zu spät erkannt habe, dass sie naiv gewesen war, als sie glaubte, dass die Özgans, auch wenn sie Muslime waren, doch niemals der eigenen Tochter nach dem Leben trachten würden. Man kannte sich aus dem Viertel, hatte sich beim Bäcker oder Zeitungsladen freundlich gegrüßt, ein Nicken, eine kleine Geste, so wie sie unter guten Nachbarn üblich ist. Nie hätte Maria sich träumen lassen, dass diese Nachbarn eines Tages in ihrer Wohnung stehen und ihr sagen würden, dass ihnen das Leben eines Menschen so viel wert sei wie eine Fliege, wenn es um ihre

Ehre ginge. Kurz zuvor hatten sie Marias Sohn Dimi zu überfahren versucht – es sollte eine unmissverständliche Warnung sein.

Zum ersten Mal hatte Maria an jenem Tag eine abgrundtiefe Angst und gleichzeitig Scham verspürt: Dass jemand einfach so bei ihr eindrang und sie bedrohte, verursachte ihr Herzrasen. Bis zu diesem Tag hatte sie noch gehofft, dass der Spuk bald vorüber sein würde, im schlimmsten Fall müssten Dimi und Aliyah vielleicht sofort heiraten, nach islamischem Recht, mit allem, was dazugehört. Das hätte Maria schweren Herzens akzeptiert. Aber darum ging es nie – nach Aliyahs Flucht ging es nur noch darum, sie um jeden Preis zu finden und über sie zu richten. Das begriff Maria an jenem entscheidenden Tag.

Maria gibt zu, dass sie erschrocken war, als Dimi ihr eines Tages von seiner Beziehung zu einem Mädchen aus einer kurdischen Familie erzählte. Sie wusste doch aus allerlei Beobachtungen in ihrem Viertel, dass muslimischen Mädchen die Familien immer kontrollierend im Nacken sitzen. Und auch an den Anblick des Kopftuchs musste sie sich erst gewöhnen. Aber als sie Aliyah dann näher kennenlernte, mochte sie sie und nahm sie so an, wie sie war. Erst später erfuhr sie, dass Aliyah das Kopftuch aufgenötigt worden war, dass sie es nicht aus freien Stücken trug. Aliyah öffnete sich Dimis Mutter nach und nach immer mehr, sie ließ sie teilhaben an den Problemen zu Hause, auch an ihren Träumen von einem besseren Leben.

Maria empfand es auch irgendwie als ihre Pflicht, ihrem Sohn und seiner Freundin beizustehen. Besonders gegenüber Nicos, ihrem Ehemann, warb sie um Verständnis für die beiden. Dimis Vater hatte von Anfang an große Vorbehalte gegen das »Mädchen mit dem Kopftuch«, wie er Aliyah manchmal nannte. Und dass sein Sohn so hartnäckig an dieser Beziehung festhielt, machte ihn wütend. Schließlich durchkreuzte Dimi damit Nicos' Pläne. Seit längerem schon spielte er mit dem Gedanken, auf die von seinem Großvater geerbte griechische Insel zu ziehen, um sich dort, gemeinsam mit seinen Kindern, eine neue Existenz im Tourismus aufzubauen. Er wollte eine kleine Pension in dem Heimatdorf seines Großvaters aufmachen, und dabei sollte Dimi ihm behilflich sein. Doch mit der Beziehung seines Sohnes zu einem kurdischen Mädchen schwand seine Hoffnung auf einen solchen Neustart.

Noch schwerer aber wog für Nicos, dass Dimi wohl nie eine »normale« Beziehung zu einer jungen Frau haben würde. Der Vater wusste um die Moralvorstellungen seiner muslimischen Nachbarn, er war in Berlin aufgewachsen und hatte miterlebt, wie in einem Viertel, das einst eine kulturell durchmischte Bewohnerschaft gehabt hatte, ein Straßenzug nach dem anderen von arabischen Großfamilien dominiert wurde. Dort, wo einst die letzte Altberliner Kneipe gewesen war, in der er sich ab und zu ein Bier mit seinen Nachbarn gegönnt hatte, stand jetzt ein türkisches Männercafé. Es war für ihn wie ein Schlag ins Gesicht, dass ausgerechnet sein Sohn sich in ein muslimisches Mädchen verliebt hatte. Er wusste nur zu gut, dass er mit den traditionellen Vorstellungen muslimischer Väter und Brüder, mit ihrer religiös verbrämten Bevormundung niemals einverstanden wäre. Ein Grieche und eine Türkin – das konnte ohnehin nicht gutgehen. Marcos' Urgroßvater hatte einst in einem kleinen Dorf an der türkischen Ägäis als Fischer gelebt, bis er von den Türken gewaltsam aus dem Land vertrieben worden war. Was würde passieren, wenn Aliyahs Familie von der Beziehung ihrer Tochter zu einem Griechen erfuhr? Er hatte Angst um seinen Sohn.

Er hätte es deshalb nur zu gern gesehen, wenn die Beziehung zwischen Dimi und Aliyah bald wieder auseinandergegangen wäre. Von seinen Plänen erzählte er seinem Sohn nichts, aber oft bat er ihn, doch einmal darüber nachzudenken, wie schön es wäre, irgendwann nach Griechenland zurückzukehren, sich dort niederzulassen und eine Familie zu gründen. Solche Gespräche konnten zuweilen in einen regelrechten Streit zwischen den beiden ausarten, besonders wenn Nicos von Dimi verlangte, sich seiner Verantwortung für die Familie bewusst zu werden und sich von Aliyah zu trennen. Aber er musste bald erkennen, dass er Dimi nicht umstimmen konnte.

Dabei ahnte damals noch niemand, dass Nicos' Befürchtungen nur zu berechtigt waren und in welche Gefahr die ganze Familie Samos tatsächlich geriet. Man kannte die Ehrenmordgeschichten aus der Presse und hörte auch immer wieder aus dem Viertel von muslimischen Familien, die ihren Töchtern gewaltsam zusetzten. Aber dass man eines Tages selbst fluchtartig die eigene Stadt verlassen müsste, darauf wären Nicos und Maria nicht im Traum gekommen. Man kann doch über alles reden, dachten sie. Dass das eine Illusion war, merkten sie, wenige Tage nachdem ihr Sohn untergetaucht war. Aliyahs Familie ließ auch sie nicht in Ruhe.

Oft stand die 50-jährige Maria mit vollen Einkaufstüten vor ihrer Haustür einer Meute Jugendlicher gegenüber, die ihr vor die Füße spuckten, sie beleidigten, beschimpften und sie nicht ins Haus lassen wollten. Anfänglich erstattete sie noch Anzeige, aber die Polizei machte ihr klar, dass das wenig nützen würde. Denn Maria kannte die Jugendlichen gar nicht beim Namen. Und selbst wenn sie einen von ihnen identifizieren konnte, sprangen ihm fünf »Zeugen« bei, die Marias Aussage bestritten. So stand Aussage gegen Aussage.

Anfänglich war es nur ein vager Gedanke gewesen, zu gehen, in einer anderen Stadt ein neues Leben anzufangen. Mit zunehmendem Unbehagen über die immer wieder vorkommenden Nachstellungen von Bekannten und Freunden der Özgans wurde der Gedanke, den Maria und Nicos immer wieder zur Seite schoben, konkreter. Sie fühlten sich nicht mehr sicher in ihrem Viertel. Aliyahs Vater hatte viele Unterstützer.

Weggucken und wegducken, das war das einzige Mittel, das Maria und Nicos hatten, um keinen Ärger zu bekommen, um jeder Konfrontation aus dem Weg zu gehen. Irgendwann konnten sie die täglichen Erniedrigungen und Pöbeleien nicht länger ertragen. Ein Opferschutzbeauftragter der Polizei stand ihnen in dieser Zeit zur Seite. Gemeinsam suchte man nach einer Lösung. Am Ende war das eine kleine Zweizimmerwohnung viele hundert Kilometer entfernt von Berlin in einer Stadt, in der es nur wenige kurdische Familien gab. Denn auch Maria und Nicos mussten damit rechnen, dass der Arm der Sippe lang war und überall Verwandte oder Bekannte der Özgans ihnen auflauern konnten.

* * *

Der Anfang in der neuen Stadt war für das Ehepaar beschwerlich. Ohne Angabe ihrer Adresse konnten sie keine Verträge abschließen, jede Preisgabe der neuen Anschrift war ein Problem. Das Einzige, was Maria und Nicos in der Hand hatten, um auf die Problematik ihrer Situation aufmerksam zu machen, war ein Zettel der Polizei, auf dem stand, was beim Opferschutz zu beachten sei. Völlig unpersönlich, ein Vordruck ohne Namen und Unterschrift, wie ihn jede Polizeidienststelle hat.

Auch die Jobsuche entwickelte sich schwieriger als gedacht. Maria, die ihre Arbeit als Küchenhilfe in einer Berliner Schulkantine aufgeben musste, hat bis heute keinen neuen Job gefunden. Ihr Mann, der gelernter Koch ist, arbeitet jetzt als Objektschützer zu einem Gehalt, das vom Jobcenter aufgestockt wird, damit sie über die Runden kommen. Das Schlimmste, meint Maria, sei, dass sie nicht wisse, wie lange das noch so weitergeht, ob die Bedrohung jemals aufhören werde. »Wann werden wir je wieder ein normales Leben führen können?«, fragte sie mich am Telefon. »Wir haben uns nie etwas zuschulden kommen lassen – warum müssen wir uns verstecken?«

Bis auf die täglichen Telefonate mit ihren Kindern und die seltenen Besuche von Aliyah und Dimi gibt es wenig Erfreuliches in ihrem neuen Leben. Jetzt nach zwei Jahren im Exil merkt Maria, wie sehr ihr Berlin fehlt, ihre Freunde und vor allem ihre Tochter, die jetzt so weit entfernt von ihnen ist, dass sie sich kaum jemals besuchen können. Weder Elpida noch ihre Eltern können sich die teuren Bahnfahrten für solche Besuche allzu oft leisten.

»Zumindest«, so erzählt mir Maria, »telefoniert Elpida jetzt wieder mit uns. Es hat mir das Herz gebrochen, dass ich mich zwischen meiner Tochter und meinem Sohn entscheiden musste. Für eine Mutter ist das unzumutbar!«

Der Beginn eines gemeinsamen Lebens

Die Freude, mit der Aliyah und Dimi einander in die Arme fielen, als sie sich wiedersahen, muss – wenn ich dem Bericht von Augenzeugen glauben darf – geradezu überwältigend gewesen sein, ein Bild, wie man es sonst nur aus dramatisch inszenierten Fernsehserien kennt, wenn Menschen, die einander lange nicht gesehen haben, plötzlich wieder zusammen sind.

Für die beiden ging mit diesem Tag ein langersehnter Traum in Erfüllung: Endlich konnten sie ein ganz normales Paar sein, gemeinsam spazieren gehen, kochen und abends Arm in Arm in einem Bett einschlafen. Zum ersten Mal konnten sie so viele Stunden, wie sie wollten, zusammen sein. Niemand rief Aliyah an, um sie zu fragen, wo sie denn sei, wo sie denn bliebe, weit und breit gab es kein Familienmitglied, keinen Verwandten oder Bekannten, der Rechenschaft von ihr verlangte. Was für andere Zwanzigjährige selbstverständlich ist, war für die beiden ein Ziel gewesen, auf das sie jahrelang hart hinarbeiten mussten, für das sie ihr Leben riskiert hatten. Wie Kriminelle hatten sie sich verstecken müssen, nur weil sie zusammen sein wollten. Und nun wurden sie auf einmal diese ganze Last los. Es war der Beginn eines gemeinsamen Lebens. Allein für diesen Moment der Unbeschwertheit hatte sich alles gelohnt.

Während der nächsten Tage mussten sie im Haus bleiben. Denn sobald Aliyahs Familie merken würde, dass Dimi nicht mehr in Berlin war, würde sie ihre Suchaktionen verstärken, vielleicht hatte ihn ja doch jemand gesehen, wie er das Haus mit einer Reisetasche verlassen und in ein Auto gestiegen war. Die Erfahrungen in solchen Fällen zeigten: Alles war möglich, und dumme Zufälle gab es immer wieder.

⋆⋆⋆

Die ersten Tage und Wochen in ihrem neuen Zuhause verbrachten die beiden mit Putzen, Aufräumen, Einkaufen, Fernsehen. Und sie erfuhren von den Schicksalen der anderen Frauen und Kinder, die mit ihnen unter einem Dach lebten. Sie freundeten sich mit einem jungen Türken und seiner Schweizer Freundin an, ein Paar, das eine ähnliche Geschichte hinter sich hatte. Der junge Mann war vor seiner Familie geflohen, die ihm mit dem Tod gedroht hatte, wenn er sich nicht ihrem Willen fügen und die für ihn auserwählte Cousine heiraten würde. Er war zur Polizei gegangen, und von da an nahm alles seinen Lauf: Er und seine Freundin fanden ebenfalls Schutz in der Einrichtung, die eigentlich nicht für Paare bestimmt ist. Es tat Aliyah und Dimi gut zu sehen, dass sie mit ihrem Problem nicht allein waren.

Als ihre Ausgangssperre gelockert wurde, ging man auch mal zu viert flanieren oder fuhr mit den öffentlichen Verkehrsmitteln ins Zentrum. Für Aliyah waren diese Ausflüge aufregend und beängstigend zugleich. Die ersten Male ertappte sie sich dabei, wie sie sich immer wieder umguckte, die Angst, noch einmal gefunden zu werden, saß tief. Das Erlebnis in Bremen als Vater und Onkel plötzlich neben ihr auf der Bank saßen, verfolgt sie bis heute, manchmal verursacht ihr dieses Bild Albträume. Dimi glaubt ohnehin nicht, dass die Familie ihre Suche jemals aufgeben wird.

Einige Wochen lang waren Aliyah und Dimi sich selbst genug. Sie genossen die geselligen Fernsehabende und die netten Gespräche mit Antonia und dem türkisch-schweizerischen Paar.

Irgendwann aber drängten sich zunehmend Fragen auf – wie lange würden sie in der Einrichtung bleiben müssen? Wann würden sie sich endlich schulisch und beruflich weiterentwickeln können, eine Ausbildung machen, arbeiten dürfen? Je zäher und monotoner ihnen ihr Alltag erschien, desto ungeduldiger wurden sie.

Hinzu kam der Stress mit anderen Bewohnern. Die meisten von ihnen hatten Gewalt- und Missbrauchserfahrungen hinter sich und waren alles andere als umgänglich. Immer wieder gab es Streit, weil jemand sich nicht an die Waschzeiten hielt oder nach dem Kochen die Küche verdreckt zurückließ. Besonders eine Frau mit fünf Kindern und wechselnden Männerbekanntschaften, so Aliyah, machte ihnen zu schaffen. Sie hatte das Apartment direkt über ihnen. Aliyah erzählte mir am Telefon, dass die Frau täglich lautstark mit ihren Kindern stritt und sich an keine Abmachung hielt. Ich konnte mir gut vorstellen, wie schwierig das Zusammenleben mit Menschen sein musste, die physisch und psychisch gebrochen sind. Aliyahs Mitleid galt besonders einer Vierzigjährigen, die seit ihrer Kindheit zur Prostitution gezwungen worden war. Die vielen Misshandlungen, die sie in dieser Zeit von Zuhältern und Freiern erlitten hatte, hatten ihre Spuren auf Körper und Seele hinterlassen. Sie konnte nur noch schlecht sehen und kaum laufen, ihr ganzer Zustand ließ es nicht mehr zu, ein eigenständiges Leben zu führen. Ich konnte verstehen, dass Aliyah und Dimi zunehmend das Bedürfnis hatten, diese Welt elender Erfahrungen hinter sich zu lassen und sich um ihre Zukunft zu kümmern.

Anfänglich war Aliyah noch überaus dankbar für ihr neues Zuhause gewesen, sie hatte geradezu euphorisch geklungen, wenn sie davon am Telefon erzählte; die Erleichterung, endlich einen halbwegs sicheren Ort gefunden zu haben, überwog alles andere.

Doch das änderte sich im Laufe der Zeit. Immer öfter klagten sie und auch Dimi, sie würden kaum noch betreut und die Summe, die sie von ihren monatlichen Sozialleistungen an die Einrichtung für ihren Unterhalt abführen müssten, sei viel zu hoch. Sie hätten das Ganze durchkalkuliert, und nun waren sie der festen Überzeugung, hier nur hingehalten und »ausgebeutet« zu werden. Ich war erschrocken über ihre Kritik und auch enttäuscht über ihre Undankbarkeit – schließlich hatte die Leiterin der Einrichtung viel für sie getan. Natürlich ist die Unterbringung in einer staatlich geförderten Institution zum Schutz von Personen, die vor Gewalt fliehen, immer kostenaufwendig, denn die Betreuung und die professionelle Unterstützung müssen finanziert werden. Als Neuankömmlinge waren Aliyah und Dimi von einer Sozialarbeiterin intensiv betreut worden, die sie bei den erforderlichen Behördengängen und beim Erledigen wichtiger Formalitäten begleitete, denn sie mussten ja überall glaubhaft erklären, dass ihre Daten auch weiterhin gesperrt bleiben mussten. Aber irgendwann lief der Arbeitsvertrag der betreuenden Sozialarbeiterin aus, und Aussicht auf Verlängerung gab es nicht. Sie war nicht die einzige kompetente Ansprechpartnerin, die den beiden zur Verfügung stand, nur die intensive Einzelbetreuung war nicht mehr möglich – und sie wäre auch nicht mehr angebracht gewesen, denn in erster Linie sollte sie eine Starthilfe zur Selbsthilfe sein.

Doch solchen Argumenten waren Aliyah und Dimi nicht mehr zugänglich, und schließlich endete ihr Verbleib in einem offen ausgetragenen Streit mit der Leiterin. Sie drängten darauf, endlich in eine eigene Wohnung zu kommen, hier, in dieser Einrichtung, meinte Aliyah, fühlten sie sich doch ohnehin allein gelassen. Vielleicht war es einfach eine Art Lagerkoller, der sie mittlerweile erfasst hatte. Sie hatten kein Verständnis dafür, dass die Betreuer abwarten wollten, bis sie die beiden gehen ließen. Bei zwei so gefährdeten Personen wollten sie einfach sicher sein, dass sie dem Druck, der auf ihnen lastete, auch standhalten konnten, denn Dimi und Aliyah müssen alles, was sie tun, auch miteinander aushandeln, das kann zusammenschweißen, es kann aber auch sehr belastend sein. Beziehungen können daran zerbrechen, und dann ist auch der Gedanke an Rückkehr in den Schoß der Familie meist nicht mehr fern. Viele junge Menschen entschließen sich Wochen oder Monate nach der Flucht, wieder nach Hause zurückzukehren, weil sie ein Leben ohne ihre Familien nicht ertragen. Und außerdem war da noch Aliyahs Vater – auch er konnte womöglich hier aufkreuzen. Zwar gibt es nie eine absolute Sicherheit, aber man wollte so viele Risiken wie möglich ausschließen. Wenn erst eine eigene Wohnung bezogen und ein Arbeitsplatz gefunden ist, dann ist eine mögliche Nacht-und-Nebel-Aktion, in der man wieder alles aufgeben und fliehen muss, ein umso dramatischerer Einschnitt.

Auch heute noch müssen Aliyah und Dimi damit rechnen, dieses Risiko ist Teil ihres Lebens. Sie haben immer eine kleine Tasche gepackt, die für solche Notfälle bereit steht und in der sich alle besonders wichtigen Dinge, wie Dokumente oder Geld, befinden.

***

Zum Glück durfte Aliyah sich endlich nach einer Ausbildungsmöglichkeit zur Industriekauffrau umsehen, und Dimi fand einen Betrieb, in dem er sich fortbilden konnte. Das war etwas Neues in der Familiengeschichte der Özgans, dass eins ihrer weiblichen Mitglieder eine Arbeitsstelle antrat. Außerhalb des Hauses gearbeitet hat aus Aliyahs Familie und Bekanntenkreis kaum eine der Frauen, sie durften es nicht. Auch Aliyah war, solange sie zu Hause lebte, nie klar, wie das Leben nach der Schule weitergehen würde.

Die Menschen, die dem Paar bei der beruflichen Neuorientierung behilflich gewesen waren, fanden auch eine kleine Wohnung für sie, nahe beim Zentrum und vom Preis her akzeptabel. Allerdings hatte vorher ein »Messi« darin gewohnt, der krankhaft alles aufgehoben und seinen ganzen Müll und Unrat in der Wohnung gesammelt hatte. Der Anblick war ein Schock für die beiden jungen Leute. Sie mussten selbst für die Beseitigung des Drecks und die Renovierung der Wohnung sorgen. Zwar standen ihnen freiwillige Helfer zur Seite, aber nach einigen Tagen war klar, dass es nicht so leicht sein würde, die Wohnung von dem Ungeziefer und den üblen Gerüchen zu befreien. So hatten sie sich ihr erstes eigenes Heim nicht vorgestellt.

Sie machten sich deshalb auf die Suche nach einer anderen Bleibe und wurden fündig. Die neue Wohnung lag zwar etwas außerhalb, hatte aber zweieinhalb Zimmer, ein Bad und einen Balkon. Für die beiden war sie ein Luxus im Vergleich zu dem, was sie vorher gehabt hatten, und eine Steigerung an Lebensqualität, die ihnen guttat. Nach und nach konnten sie sich von Spendengeldern auch alle nötigen Möbel anschaffen. Von überall erhielten sie Hilfe von Menschen, die sie gar nicht kannten, die aber von ihrer Geschichte gehört hatten.

Heute hat sich das Paar wieder mit den Mitarbeitern der

Einrichtung versöhnt, sie sprechen nur gut über das Engagement der Menschen dort, die immer noch zur Stelle sind, wenn sie Hilfe benötigen. Eine Namensänderung aber haben sie nicht durchsetzen können. Das geht nur in einem sehr komplizierten Verfahren und ausschließlich unter der Voraussetzung, dass man nachweislich schwer bedroht wird – eigentlich muss man mindestens einmal halb totgeschlagen worden sein und das dann auch angezeigt haben. Ohnehin ist selbst eine Namensänderung kein Garant für absolute Sicherheit, denn die alten Daten werden auch weiterhin gespeichert, und bei Bedarf lässt sich darauf zugreifen.

Dimi und Aliyah haben sich deshalb einfach selbst neue Namen gegeben, unter denen sie sich heute überall in ihrem neuen Leben vorstellen. Es sind Namen, die keinen Hinweis auf ihre wirkliche kulturelle Zugehörigkeit geben. Niemand weiß, dass Dimi eigentlich Grieche ist, solange er nicht versehentlich auf Griechisch flucht, was ihm zuweilen passiert. Und Aliyah geht unter ihrem Namen Yvonne mit ihren blondierten Haaren als Deutsche durch. Bisher ist auch noch niemand auf die Idee gekommen, Aliyah zu fragen, warum sie so südländisch aussieht. Und so ist aus der dunkelhaarigen Orientalin plötzlich eine Deutsche geworden. Beide, Dimi wie Aliyah, sprechen akzentfrei Deutsch, sonst wäre diese Variante der Anonymisierung nicht möglich gewesen. Aber sie mussten eine neue Legende für ihre Biographie erfinden. Alles in allem keine einfache Situation für zwei junge Menschen, die sich allein und kulturell entwurzelt fühlen – es ist, als würde man einen wichtigen Teil seiner Identität einfach abschneiden, den eigenen Namen und die Muttersprache der Eltern. Sie hoffen, dass auch dieses neue Doppelleben irgendwann ein Ende hat, spätestens wenn sie Eltern werden. Aliyah sagt, sie könne sich nicht vorstellen, ihre Kinder unter dem Zwang solcher Heimlichkeiten aufwachsen lassen zu müssen, das würde sie krank machen.

Ihren neuen Chef hatte Aliyah in ihre Situation eingeweiht. Im Betrieb wurde sie unter ihrem richtigen Namen geführt. Alles andere wäre zu umständlich gewesen, schließlich waren ihre alten Schulzeugnisse auf ihren echten Namen ausgestellt. Das Unternehmen war nicht besonders groß, so dass die Gefahren, die ihr drohen könnten, begrenzt blieben. In der Berufsschule war das anders. Hier gab es einige muslimische Mitschüler, und damit war die Wahrscheinlichkeit sehr viel größer, dass irgendwer irgendwen kannte, der Kontakt zu Aliyahs Familie hatte. Besonders Muslime, so Aliyah, fragen immer sehr neugierig nach, wenn sie eine junge Muslimin allein oder mit einem nichtmuslimischen Freund und ohne ihre Familie sehen. Das fällt auf. Deshalb hieß Aliyah für alle Yvonne, und niemand stolperte darüber. Es ist schon erstaunlich, wie viel ein Name ausmachen und die Wahrnehmung anderer beeinflussen kann.

Ich selbst mache ähnliche Erfahrungen mit türkischen und arabischen Taxifahrern, wenn sie meinen Namen hören. Fast immer werde ich gleich nach meiner Herkunft und dann nach dem Geburtsort meiner Eltern gefragt, weil sich daran meist erkennen lässt, welche religiöse Zugehörigkeit man hat, ob man alevitisch oder sunnitisch ist und vor allem, welchem gesellschaftlichen Stand man angehört. Ein Istanbuler ist etwas ganz anderes als jemand aus Diyarbakir. Ganz ungeniert fragen die Männer einen meist auch noch nach dem Beruf, ob man verheiratet ist, Kinder hat, und wundern sich dann darüber, dass eine Frau mit Mann und Kindern allein eine Dienstreise antritt oder sich mit anderen Männern verabredet. Manche sind positiv überrascht und beeindruckt, andere lassen erkennen, wie befremdlich sie es finden, dass eine Frau aus ihrem Kulturkreis ein so freies Leben führt. Bei uns gibt es so etwas nicht, höre ich dann häufig, ich würde meiner Frau so etwas nicht erlauben, wer soll denn dann auf die Kinder aufpassen und den Haushalt machen?

***

Inzwischen sind Jahre vergangen, seit Aliyah ihre Familie zum letzten Mal gesehen hat. Alles, was sie über sie wusste, erfuhr sie von Dritten. Doch selbst diese Personen, zu denen sie eigentlich uneingeschränktes Vertrauen hatte, sollten und wollten auch gar nicht wissen, wo sie jetzt lebte. Es gab wirklich nur eine Handvoll Verbündeter, die ihren neuen Wohnort kannten und die sie besuchen durften. Denn auch das ist eine der goldenen Regeln: Je weniger andere wissen, desto sicherer ist Aliyah. Es könnte sich jemand einfach aus Versehen verplappern, oder die Betroffenen selbst erzählen ein bisschen zu viel am Telefon oder denken sich einfach nichts dabei, wenn sie Jahre nach ihrer Flucht einen Facebook-Account einrichteten. Je größer die Distanz zu der eigentlichen Bedrohung wird, desto leichtsinniger geht man mit den eigenen Daten um.

Für Aliyah und Dimi war es schwer, sich unter diesen Bedingungen ein neues soziales Umfeld aufzubauen. Sie müssen vorsichtiger als normale Paare sein, immer sehr genau abwägen, wem sie wie viel über ihre Vergangenheit erzählen. Es sind viele Notlügen dabei, die einen schlechten Start für neue Freundschaften bedeuten. Außer mit dem Pärchen aus der Schutzeinrichtung haben sie bis heute zu niemandem einen engeren Kontakt.

Der junge Türke ist mittlerweile in die Nähe seiner Eltern gezogen, er hat sich mit ihnen versöhnt, auch seine Schweizer Freundin wurde schließlich akzeptiert. Er sei ja auch ein

Mann, meint Aliyah, da würden die Eltern am Ende dann doch anders reagieren als bei einer Tochter. Damit hat sie vermutlich recht. Denn auch wenn es bisher keine statistischen Daten gibt, so hat man von Ehrenmorden an jungen Männern zumindest hierzulande noch nicht gehört.

Demnächst steht die Hochzeit der beiden an. Aliyah und Dimi sind als Ehrengäste eingeladen, die gemeinsame Zeit in der Schutzeinrichtung hat die vier zu guten Freunden zusammengeschweißt. Aliyah ist ein bisschen neidisch auf den guten Ausgang bei den beiden anderen. Und natürlich träumt sie auch von einer Hochzeit. »Aber wen soll ich denn dazu einladen?«, fragte sie mich vor einigen Wochen. Die meisten Menschen, die ihr nahestanden, gehören nicht mehr zu ihrem Leben.

Als im letzten Sommer eine von ihren besten Freudinnen aus alten Zeiten heiratete, bat sie mich, einige Fotos von der Hochzeit für sie zu organisieren. Wir haben Aliyah dann live auf die Hochzeit geschaltet, via Skype, und so hatte sie die Möglichkeit, ein paar wacklige und unscharfe Bilder zu sehen. Wenig später erhielt sie dann auch noch die erbetenen Fotos mit lauter Menschen darauf, die sie kannte.

Aber das ist dann auch alles, was ihr von ihrem alten Leben bleibt, einige Fotos von alten Freunden, ein paar Anekdoten und die Ungewissheit, ob sie die Menschen, mit denen sie ihre Kindheit und Jugend verbracht hat, jemals wiedersehen wird. Die Trauer um diesen Verlust überfällt sie immer dann, wenn es ihr schlechtgeht.

* * *

Vor einigen Monaten rief Aliyah mich an, sie werde in ihrem Ausbildungsbetrieb gemobbt. Es waren die üblichen Geschichten, die einem Azubi widerfahren, die Sekretärin sei unfreundlich, niemand kümmere sich um sie, kaum einmal ein Wort des Lobes, und selbst der Chef, der sie doch freudig eingestellt habe, zeige sich jetzt von einer ungemütlichen Seite, manchmal grüße er sie nicht einmal.

Das alles hätte Aliyah früher nicht umgehauen, sie hätte sich mit ihren Freundinnen darüber ausgetauscht, hätte sich vielleicht noch Rat von ihrem Vater geholt, und alles wäre gut gewesen. Doch jetzt waren es Erlebnisse, die sie emotional überforderten. Ich merkte am Telefon, dass sie kurz davor war, loszuheulen. Also baute ich sie auf, erzählte ihr von meinen schlimmsten Mobbing-Erfahrungen und suchte gemeinsam mit ihr nach Lösungen.

Gestern rief sie mich dann erneut an. Sie hatte mit ihrem Chef ein klärendes Gespräch gehabt, aber gleichzeitig den Entschluss gefasst, den Betrieb zu verlassen, denn die unfreundliche Sekretärin würde ihre wichtigste Ansprechpartnerin bleiben und mit der sei eine Zusammenarbeit einfach nicht möglich. Zum Glück handelte es sich um eine überbetriebliche Ausbildung, die vom Arbeitsamt bezahlt wurde. Ich machte mir deshalb auch keine Sorgen um Aliyahs Chancen, einen neuen Ausbildungsbetrieb zu finden. Auch ihr Berater vom Jobcenter bestärkte sie in dem Vorhaben, sich einen neuen Platz zu suchen, nachdem er ein längeres Gespräch mit beiden Parteien geführt hatte.

Aliyah wächst an den Niederlagen und Herausforderungen, die sie erlebt, das merke ich bei unseren Telefongesprächen, sie wird erwachsen. Es tut ihr gut, Menschen zu haben, die sie für ihren Mut und ihre Ausdauer loben, wahrscheinlich muss sie sich auf diese Weise rückversichern, dass sie auf dem richtigen Weg ist. Wer so isoliert lebt wie sie, ist sehr auf sich selbst gestellt. Das hat zwar den Vorteil, dass man schneller als andere selbständig wird, es hat aber auch Schattenseiten – oft fühlt man sich unsicher und einsam, einsamer als andere.

Ich kenne eine junge Frau, die aus ähnlichen Gründen wie Aliyah von zu Hause geflüchtet ist, auch sie hatte einen heimlichen Freund, auch sie sollte eigentlich ihren Cousin heiraten. Sie ist nach ihrer Flucht in einer kleinen Stadt irgendwo in Deutschland untergetaucht, wo sie bis heute lebt. Auch nach vier Jahren hat sich an ihrer Bedrohungssituation nichts geändert. Das Schlimmste für sie sei, so sagte sie mir einmal, dass man so allein ist, dass mit dem Wegfall der alten sozialen Kontakte nichts mehr bleibt. Auch sie und ihr Freund haben es nicht geschafft, neue Freundschaften aufzubauen. Die einzigen Menschen, denen sie sich anvertrauen und zu denen sie regelmäßigen Kontakt haben, sind die Menschen, die ihnen bei der Flucht geholfen haben.

Die Erfahrungen sind immer ähnlich: Solange es keine Versöhnung mit der gefürchteten Familie gibt, gibt es keine Sicherheit; und solange es keine Sicherheit gibt, dauert es lange, bis man sich an einem neuen Ort mit neuen Freunden zuhause fühlt. Diese erzwungene Isolation wäre erträglicher, wenn unsere Gesellschaft die Schicksale dieser jungen Menschen endlich zur Kenntnis nehmen würde.

Unbestreitbar ist Gewalt im Namen der Ehre bei uns ein öffentliches Thema. Es gibt auch immer mehr junge Menschen, die sich gegen diese Unterdrückung auflehnen. Es gibt Filme und Bücher über Einzelschicksale. Und es gibt Politiker, die sich dazu äußern, meist dann, wenn wieder einmal ein Opfer zu beklagen ist. Aber verändert hat sich für Paare wie Aliyah und Dimi von offizieller politischer Seite bisher nichts. Es sind immer noch Einzelne und kleine Vereine, die sich um sie kümmern. Oft ist diese Arbeit nur durch

Ehrenamtliche möglich. Eine Gesellschaft, die von sich behauptet, allen Menschen die gleichen Rechte zuzugestehen, darf sich nicht darauf ausruhen, dass freiwillige Helfer gute Arbeit leisten.

Wieder auf der Flucht

Wenn eine hochrangige Person, ob aus Politik oder Wirtschaft, auf Berlinbesuch kommt, wird die Straße, in der ich wohne, zumindest etappenweise von der Polizei blockiert. Für einen Staatsgast wie den israelischen Ministerpräsident Benjamin Netanjahu, der sich zum Dinner in einem angesagten Berliner Restaurant verabredet, sind Hundertschaften der Polizei auf dem Boden und in der Luft im Einsatz, um ganze Straßenzüge für mehrere Stunden unter Kontrolle zu halten. Selbst Menschen, die 500 Meter Luftlinie entfernt ihren Hund ausführen, werden akribisch beim Kotaufsammeln beobachtet, denn so könnte sich ja auch ein Bombenleger tarnen. Das ist in solchen Fällen notwendig und auch richtig. Gefährdete Personen brauchen mehr Sicherheit als andere. Deswegen würde wohl auch kein Mitarbeiter irgendeiner Behörde auf die Idee kommen, von Amts wegen Daten über Prominente aus Wirtschaft oder Politik herauszugeben.

Selbst Sternchen, die auf jeder B-Promi-Party herumrennen, können sicher sein, dass kein Amtsträger ihre Adresse Dritten zugänglich macht. Aber was ist eigentlich mit jemandem, der weder reich noch berühmt ist, der kein Politiker und auch kein Prominenter ist, sondern nur ein Problem hat: eine Familie, die ihm oder ihr nach dem Leben trachtet? Solange es keinen nachweislichen Mordversuch gibt und das Opfer in keinem Zeugenschutzprogramm ist, darf es sich kaum in Sicherheit fühlen, selbst dann nicht, wenn es in seinen offiziellen Akten einen Sperrvermerk gibt. Wir haben in Deutschland nämlich ein Problem mit Sperrvermerken: Akten mit einem solchen Vermerk sind immer ganz unterschiedlich gekennzeichnet. Oft genug taucht die Sperrung erst irgendwo unten am Rand der letzten Seite auf – und wird übersehen.

Die Neuköllner Gleichstellungsbeauftragte Sylvia Edler kennt das Problem gut: Personenbezogene Daten sind in einer Behörde kaum sicher zu verschließen. Auch sie hat schon die Erfahrung gemacht, dass die Daten gefährdeter Personen für zu viele Augen einsehbar waren und unschuldig an Dritte weitergegeben wurden, die sie nie hätten erhalten dürfen. Wer den ganzen Tag im Büro einer Behörde sitzt und Akten verwaltet, kann schon mal vergessen, dass hinter jedem Aktenzeichen ein Mensch steht, der vielleicht in einer höchst bedrohten Lebenssituation ist. Eine kleine Unaufmerksamkeit, und schon ist die neue Anschrift von jemandem, der gerade untergetaucht und dabei ist, sich mühsam ein neues Leben aufzubauen, in die Hände der Familie gelangt, vor der man sich verstecken muss.

Es hat Frau Edler viel Überzeugungsarbeit gekostet, bei jenen behördlichen Stationen, mit denen sie zu tun hat, einen *sichtbaren* Vermerk auf den Akten Gefährdeter durchzusetzen, um jedem, der sie zur Hand nimmt, Alarm zu signalisieren. Das allerdings nützt nichts, wenn – wie im Fall der von ihren Geschwistern entführten und ermordeten Arzu Özmen aus Detmold, deren Schwester Verwaltungsangestellte in der Kommune war – ein Mitglied der Familie selbst in der Behörde arbeitet.

***

Vor einigen Wochen rief Aliyah mich aufgeregt an. Ich hatte Mühe, aus dem, was sie erzählte, schlau zu werden. Offenbar hatte irgendjemand Dimi angezeigt. Die Anzeige war weiterverfolgt worden und schließlich bei der zuständigen Staatsanwaltschaft gelandet. Obwohl Dimi nie eine Vorladung erhalten hatte, war ihm jetzt ein Brief vom Amtsgericht mit einer Forderung von 250 Euro Strafe wegen einer Ordnungswidrigkeit zugestellt worden – welche das gewesen sein soll, stand nicht in dem Schreiben. Das Gruselige an der Geschichte: Auf dem amtlichen Schreiben war die neue Anschrift der beiden vermerkt, die eigentlich geheim bleiben sollte. Ich konnte mir das nicht erklären, denn die Polizei hatte in Dimis Akte einen kaum zu übersehenden Vermerk eintragen lassen, dass jede Aktivität vonseiten deutscher Behörden über ihren Tisch zu laufen habe. Offensichtlich aber gab es eine Akte, in der alle Anschriften, die Dimi und Aliyah im Laufe ihrer Flucht gehabt hatten, fein säuberlich dokumentiert waren. Denn die Forderung des Amtsgerichts war schon monatelang durchs Land gewandert, bis sie schließlich bei Dimi und Aliyah im Briefkasten landete.

Aliyas Bruder hatte Dimi doch tatsächlich wegen einer angeblichen Nötigung angezeigt, um so an die Anschrift der beiden zu gelangen. Ihm war bewußt, dass man der Anzeige nachgehen, dass es eine Akte geben würde, die letztendlich zu Aliyah und Dimi führen müsste. Beraten ließ er sich dabei vom Anwalt der Familie, der sich schon seit Jahren um ihre Belange kümmert. Da Dimi nicht in Berlin war und die Vorladung zur Anhörung bei der Polizei an seine alte Anschrift geschickt worden war, hatte er die Vorladung nie erhalten und somit die Anhörung versäumt. Das jedoch trug ihm einen Bußgeldbescheid von 250 Euro ein, und der fand den Weg durch die Republik bis zur neuen geheimen Anschrift der beiden.

Ich machte mich bei befreundeten Rechtsanwälten kundig, um zu erfahren, wie so etwas möglich war, und erfuhr: Wenn eine Behörde eine Anfrage der Staatsanwaltschaft erhält, steht sie in der Pflicht, auch eine geheime Adresse herauszugeben. Mir kamen die Worte der Mitarbeiterin einer Mädchenzuflucht in den Kopf: Die Familien der Opfer versuchen mit allen Mitteln, ihre entlaufenen Töchter und Söhne aufzuspüren. Sie sind im Umgang mit Behörden gewieft und kennen sich viel besser mit einer Materie aus, die ich mir erst mühsam aneignen muss.

Aliyah und Dimi sind bei allem, was sie tun, besonders vorsichtig, sie überlegen sich jeden Schritt genau, der ihre personenbezogenen Daten für Dritte offenlegt, und fragen die Polizei und andere Eingeweihte um Rat, wenn sie unsicher sind. Was aber ist mit all den Mädchen und Jungen, die ohne Bedenken zum Beispiel ihre Smartphones nutzen, während die Familie ihnen auf den Fersen ist? Nicht immer kann man bei Betroffenen ein sensibles Wissen um die Lücken und Tücken einer gesperrten Adresse voraussetzen und davon ausgehen, dass ihnen bewusst ist, welche Gefahren beispielsweise von dem Abschluss eines Internetvertrages ausgehen können. Die Mitarbeiterinnen der Mädchenzuflucht »Papatya« bescheinigen den meisten Betroffenen Leichtsinn und Naivität im Umgang mit ihren Daten. Fast jeder hat ein Smartphone, und fast alle sind in sozialen Netzwerken im Internet aktiv.

Ich wusste nun nur eins: Wenn es eine Akte gab, dann hatte Aliyahs Familie womöglich auch die Erlaubnis zu einer Akteneinsicht erhalten. Das aber bedeutete Alarmstufe Rot, Aliyah und Dimi wären an dem Ort, an dem sie gerade einen Neuanfang versuchten, nicht mehr sicher. Wir mussten also unbedingt wissen, was hinter diesem amtlichen Schreiben steckte, wie es überhaupt zustande gekommen war und was Aliyahs Eltern inzwischen wussten.

Ich fragte beim Absender der Anzeige, dem Amtsgericht, an, doch die dortigen Mitarbeiter wussten nichts zu dem Aktenzeichen zu sagen und verwiesen mich weiter an die Staatsanwaltschaft. Dort zeigte man sich betroffen von der Geschichte, hatte aber keine Erklärung für den Vorgang. Ich erfuhr immerhin, dass die Ordnungswidrigkeit, die Dimi vorgeworfen wurde, sich einer Anzeige von Aliyahs Familie verdankte. Aber für genauere Auskünfte vertröstete man mich auf den nächsten Tag. Es war bereits kurz vor 16 Uhr, da ist niemand in einer Behörde bereit, sich noch um einen so »komplizierten« Fall zu kümmern, mag für jemand anderen jede Verzögerung auch lebensgefährlich sein.

Es war unbedingt erforderlich, so schnell wie möglich in Erfahrung zu bringen, was Aliyahs Familie wusste. Dimi stellte uns, seinen und Aliyahs Helfern, eine Vollmacht aus, und wir beantragten Akteneinsicht. Aber wir mussten lange warten, bis wir diese erhielten.

* * *

Als wir nach wochenlangem Warten endlich die Akte auf dem Tisch hatten, bestätigte sich unser Verdacht. Nachdem Dimi Aliyahs Bruder nach dem missglückten Versuch, Dimi mit dem Auto zu überfahren, wegen Nötigung angezeigt hatte, hatte der einfach eine Gegenanzeige gestellt. Die Polizei, die gezwungen ist, einer solchen Anzeige nachzugehen, hatte Dimi daraufhin eine polizeiliche Vorladung an seine alte Berliner Adresse geschickt, die er allerdings nie erhalten hatte, da er zu dem Zeitpunkt Berlin schon verlassen hatte. Jetzt war die Staatsanwaltschaft verpflichtet, der vermeintlichen Straftat nachzugehen, und veranlasste, dass die Bestätigung der Ordnungswidrigkeit, die Dimi wegen Nichterscheinens begangen hatte, ebenfalls zugestellt wurde. Die Staatsanwaltschaft hatte den polizeilichen Vermerk in Dimis Akte ignoriert. Und so war ein Brief an Dimi durchs Land gewandert, bis er schließlich über das Einwohnermeldeamt und die dort zuständige Polizeidienststelle den Ort seiner Bestimmung erreichte, die geheime Adresse von Dimi und Aliyah. Und nicht nur das: Man hatte gleich auch noch in Dimis Akte den Ort eintragen lassen, an dem Aliyah und er gehofft hatten, in Sicherheit zu sein. Wie unsensibel können Justizangestellte sein im Umgang mit einem Sperrvermerk? Es hat in der Vergangenheit doch genug Beispiele gegeben, an denen deutlich geworden ist, dass es in solchen Fällen oft um ein Menschenleben geht!

In der Akte war auch die letzte Akteneinsicht vermerkt – Aliyahs Familie hatte sie trotz Sperrvermerk erhalten und wusste nun definitiv, wie die Stadt hieß, in der die beiden Geflüchteten lebten – man hatte den Vermerk offenbar einfach »übersehen«. Ich war empört und rief den Pressesprecher der Staatsanwaltschaft an. Als ich ihm klarmachte, dass durch diesen dummen Fehler das Leben zweier Menschen extrem gefährdet war, wollte er mich beschwichtigen: Er könne sich gut vorstellen, meinte er, dass dadurch eine schwierige Situation für uns alle entstanden sei, aber man müsse auch nicht gleich den Teufel an die Wand malen. Im Laufe des Gesprächs gab er dann allerdings zu, dass er sich in einer vergleichbaren Situation wie Aliyah und Dimi auch nicht sicher fühlen würde, denn man wisse nie, wie genau selbst die Staatsanwaltschaft auf einen Sperrvermerk achte – Fehler kämen eben vor, das sei doch nur menschlich.

Es fällt mir schwer, hier genauer zu schildern, wie es dazu hatte kommen können. Denn je mehr man auf die Lücken bei staatlichen Institutionen und Behörden hinweist, desto größer ist auch das Wissen, das Täter sich zunutzemachen können. Aufklärung über das Versagen von Behörden ist wie eine Handlungsanweisung für Familien, wie sie ihre entflohenen Kinder aufspüren können. Es ist ein Dilemma, doch wenn nicht darüber berichtet wird, dann wird sich daran auch nichts ändern. Bestimmte Tricks zum Aufspüren von geheimen Adressen haben sich schon lange herumgesprochen, es gibt sogar Vereine, die, unter dem Deckmantel der Arbeit zur Förderung von Integration, das Know-how zum Umgang mit gesperrten Daten gern an Mütter und Väter weitergeben.

Ich beendete das Telefonat mit dem Pressesprecher der Staatsanwaltschaft. Manchmal kommen mir Zweifel an dieser Sisyphosarbeit, Menschen wie ihn darüber aufzuklären, was das Fehlverhalten seiner Behörde für die Betroffenen bedeutet. Sie wissen es, aber es ist ihnen nicht besonders wichtig, sonst hätte man doch erwarten können, dass sich jetzt irgendjemand von der Staatsanwaltschaft verantwortlich fühlt, vielleicht einmal nachfragt, ob die Özgans tatsächlich bei Aliyah und Dimi aufgetaucht sind oder ob man irgendetwas tun könne, um diesen Fehler wieder auszubügeln. Nichts dergleichen ist geschehen.

⋆⋆⋆

Als ich Aliyah über den Vorgang am Telefon aufklärte, versuchte sie, ruhig zu bleiben, obwohl es für Dimi und sie jetzt wieder hieß: Koffer packen, Brücken abbrechen, wegziehen, der Ort war zu unsicher geworden. Eine neue Reise ins Ungewisse steht ihnen bevor, wohin, wissen sie noch nicht. Eine neue Arbeit, einen Ausbildungsplatz und wieder eine Wohnung zu finden dürfte schon nicht einfach sein. Sie müssen dafür auch noch einen Ort auftun, an dem es nicht zu viele kurdische Großfamilien gibt, wo niemand lebt, der einen kennt, der einen anderen kennen könnte, und wo es vor allem verständnisvolle und vielleicht sogar in diesen Angelegenheiten erfahrene Polizisten, Arbeitgeber, Behördenmitarbeiter gibt, die sie darin unterstützen, ein freies Leben zu führen, ohne täglich Angst um ihr Leben zu haben.

Vom Recht auf ein selbstbestimmtes Leben

Das Leben muslimischer Einwanderer in Deutschland beschäftigt mich in meiner Arbeit immer wieder. Besonders die jahrelange Arbeit in einem Mädchentreff in Berlin-Neukölln hat meinen Blick für die Probleme junger Einwanderer geschärft und mich vor die Frage gestellt, warum selbst jene unter ihnen, die hier geboren sind, oft so große Schwierigkeiten haben, von den Vorzügen einer freien Gesellschaft zu profitieren. Auch wenn unbestreitbar ist, dass Chancengleichheit in einer Gesellschaft von sozialen Faktoren beeinflusst wird, so habe ich doch bei meinen Recherchen oft festgestellt, welchen prägenden Einfluss der kulturelle und religiöse Hintergrund bei vielen Migrantenfamilien auf die Gestaltungsmöglichkeiten ihres Leben hat. Damit will ich den Einfluss der sozialen Herkunft auf Erfolg oder Misserfolg im Leben nicht kleinreden, aber er bedarf der Ergänzung.

Besonders Kinder aus Familien, denen die traditionellen Bindungen an ihre religiöse und kulturelle Identität wichtiger sind als das Recht auf Selbstbestimmung, haben es im Leben oft schwer. Sie sind zerrissen zwischen dem eigenen Wunsch, frei zu sein, und gleichzeitig dem Drang, den Wünschen der Familie gerecht zu werden. Glücklich können sich all jene schätzen, denen es gelingt, diesen Spagat zur Zufriedenheit aller zu meistern. Aber was ist mit denen, die es nicht schaffen, sei es, weil ihre Familien noch strenger und kontrollierender als andere sind, oder sei es, weil ihnen der Kontakt und somit der Anschluss an unsere freie Bürgergesellschaft völlig fehlt? Sie werden sich selbst überlassen, bekommen hin und wieder vielleicht ein bisschen mehr Aufmerksamkeit, wenn gerade irgendwo wieder etwas passiert ist, ein Bruder seine Schwester, ein Mann seine Frau wegen eines archaischen Ehrbegriffs ermordet hat und die Öffentlichkeit für einen Moment den Scheinwerfer auf die Probleme dieser jungen Menschen richtet. Die Zwänge aber, unter den sie täglich leiden, haben wir nicht auf der politischen Agenda.

Bis heute gibt es trotz zahlreicher Ankündigungen keine bundesweite Notrufnummer für von Zwangsehen Betroffene, und immer noch scheut man sich, dieses Thema auch in der Schule anzusprechen. Die wenigen Pädagogen, die es sich zur Aufgabe machen, den Kindern ein Verständnis von ihren Rechten zu vermitteln, sind eher Ausnahmen. Und wer von ihnen auf die patriarchalischen Rollenbilder in muslimischen Familien zu sprechen kommt, handelt sich schnell den Vorwurf des Rassismus ein. Die Leidtragenden sind die Kinder. Für die Betroffenen fehlt es überall an Aufklärung und an Hilfe.

Wer schon in jungen Jahren eingebläut bekommt, dass Partnerschaft ausschließlich in einer von allen akzeptierten Ehe erlaubt ist, der konzentriert seine ganze Energie darauf, diesen Status möglichst bald zu erreichen. Wer zudem glaubt, dass eine Heirat und damit eine eigene Wohnung, in der man endlich der Kontrolle der Eltern entkommen ist, die ersehnte Freiheit bringt, für den kommt häufig in der Ehe ein böses Erwachen – das habe ich oft genug beobachten können. Es macht mich wütend, mit anzusehen, wie ganze Generationen von Mädchen ihr Leben nur darauf ausrichten, diesem patriarchalischen Frauenbild gerecht zu werden. Und ebenso wütend macht es mich, dass wir in Deutschland trotz des inzwischen öffentlich verbreiteten Wissens über diese Probleme keine politischen Antworten darauf haben.

Hinzu kommt: Wer aufklären will, sieht sich sowohl mit Attacken wie auch mit falschem Beifall von mehreren Seiten konfrontiert. Da gibt es den Rentner, der die »Aktion für Deutschland« wählt und mir mit einem Schulterklopfen versichert, dass ich als »Volkstürkin« gute Arbeit für dieses Land leiste. Er ist leider kein Einzelfall. Meine öffentlichen Berichte werden häufiger von Menschen rassistischer Gesinnung missbraucht, um ihre menschenverachtenden Thesen publikumswirksam zu verbreiten. Und daneben gibt es den halbstarken Jugendlichen, der mich auf der Straße anpöbelt: »Du machst den Islam schlecht. Du redest schlecht über Moslems.« Und dann gibt es noch jene, die mir eine Nähe zu fremdenfeindlichen Strömungen unterstellen, weil ich die Diskriminierung, die Entrechtung und die Menschenrechtsverletzungen, die im Namen einer Religion und Kultur in Deutschland stattfinden, in meinen Arbeiten kritisiere. Ich erlebe das gerade auch von jenen linksliberalen Kulturrelativisten, die eine solche kritische Auseinandersetzung als Angriff auf die »Religionsfreiheit« denunzieren und am liebsten schlichtweg alles an der muslimischen Kultur unter politischen Naturschutz stellen würden.

Ich kenne sie mittlerweile alle, die Positionen für und wider, die bürgerlichen Salons, deren Publikum gern einmal auf einen intellektuellen Ritt ins wilde Kurdistan geht und deren einziger Kontakt zur muslimischen Lebenswelt der Kauf von Knoblauchcremepaste ist; Menschen, die betroffen die Köpfe schütteln, wenn sie von Geschichten wie der von Aliyah hören und gleichzeitig von mir wissen wollen: »Wie können wir uns bloß davor schützen?« – so als ginge es um sie, die geschützt werden müssten. Oder auch jene, die sich besonders heroisch zu den Beschützern von Minderheiten erheben, gegen »Islamophobie« ins Feld ziehen und jederzeit bereit sind, für das Kopftuch-Recht von Lehrerinnen auf die Straße zu gehen, nicht aber gegen den Ehrenmord eines Jungen an seiner Schwester zu demonstrieren.

***

Besonders in meiner journalistischen Arbeit bekam ich die Gespaltenheit unserer Gesellschaft zu spüren. Je nach politischer Windrichtung wird abgewogen, ob eine kritische Berichterstattung über Minderheiten eine Chance hat oder nicht. Die Debatte über das Kopftuch beispielsweise ist in unserer hiesigen Medienlandschaft längst in eine Nische der Berichterstattung abgedrängt worden. In den Redaktionen, egal ob Print oder Fernsehen, interessiert die Frage nicht mehr, und wer sich dennoch kritische Gedanken dazu macht, wird in der Popularitätsskala nicht gerade zwei Plätze weiter vorrücken. Es ist inzwischen auch schwierig geworden, sich sachlich mit dem Thema auseinanderzusetzen, weil es von Fanatikern beider Lager – von Xenophoben wie von muslimischen Extremisten – propagandistisch missbraucht wird.

Dabei geht es nicht nur um das Tuch auf dem Kopf. Ein Mädchen, das schon im Grundschulalter zum Kopftuch gezwungen wird, lebt in der Regel in einem Umfeld, in dem man auch andere Entscheidungen gegen seinen Willen und über seinen Kopf hinweg trifft. Meist ist die Aufnötigung des Kopftuchs der Einstieg in die ständige Ermahnung, seine angeblich zu weiblichen Reize zu verbergen, die einen Mann zu seinem naturgegebenen triebhaften Handeln verleiten können. So wird kein Mädchen ein normales Verhältnis zu seiner Körperlichkeit entwickeln: Auch Aliyah dachte lange, Sex sei etwas »Schmutziges«.

Wer sich mit Lehrkräften unterhält, die an Schulen mit einem hohen Anteil muslimischer Kinder unterrichten, erfährt schnell, dass die Anzahl der Kopftuch tragenden Mädchen zugenommen hat. Statistiken gibt es dazu allerdings nicht. Vermutlich birgt auch diese Frage, ähnlich wie das Thema Zwangsehen, gesellschaftlichen Sprengstoff, den es politisch zu vermeiden gilt. Dabei schließe ich gar nicht aus, dass es viele selbstbewusste Musliminnen gibt, die sich freiwillig verschleiern, um die geht es aber nicht. Es geht auch nicht um die vielen frei gewählten Partnerschaften, wenn von Zwangsehen die Rede ist. Überhaupt scheint es inzwischen unmöglich geworden zu sein, Menschenrechtsverletzungen in anderen kulturellen und religiösen Milieus in Deutschland anzusprechen, ohne gleich mit Relativierungseinsprüchen überschüttet zu werden. Wenn in den Medien von gewalttätigen Misshandlungen an Kindern die Rede ist, habe ich noch nie gehört, dass plötzlich Stimmen laut werden, man dürfe das Problem nicht verallgemeinern, es gebe auch Kinder, die nicht geschlagen würden. Niemand würde auf die Idee kommen, auch auf alle anderen hinzuweisen, die davon gar nicht betroffen sind.

Nach dem Erscheinen des Buches von Thilo Sarrazin *Deutschland schafft sich ab* und der öffentlichen Empörung über seine Thesen machten die Angst vor rechter Stimmungsmache, aber auch die erzürnten Einsprüche von Islam- und Migrantenverbänden einen nüchternen journalistischen Blick auf nahezu alle diese Fragen unmöglich. So hält man jene, um die es in diesen Auseinandersetzungen geht, klein. Man gesteht ihnen nicht das Recht zu, sich selbst damit auseinanderzusetzen, ein eigenes Urteil zu fällen. Stattdessen bevormundet man sie, weil man es ja selbst viel besser weiß und ihnen gar nicht zutraut, mit der Kritik umzugehen.

Diesen autoritären Herrschaftsgestus bekam ich im Sommer 2011 bei einem Dreh mit Thilo Sarrazin in Kreuzberg zu spüren. Wir hatten Verabredungen mit verschiedenen Interviewpartnern aus der türkischen Community getroffen, die wir zu einem Gespräch mit dem umstrittenen Buchautor eingeladen hatten. Sie sollten die Möglichkeit haben, ihm selbst zu sagen, was sie von seinen Thesen halten. Doch daraus wurde nichts. Eine Gruppe von Linksaktivisten wusste das zu verhindern. Später erfuhr ich, dass ein türkischstämmiger Politiker der Grünen seine Freunde dazu aufgerufen hatte, die Gespräche Sarrazins mit türkischen Geschäftsleuten und Studenten um jeden Preis zu sabotieren. Am Ende war der Dreh in Kreuzberg für einen Sender sogar Grund genug, mir einen Dokumentarfilm-Auftrag zu entziehen.

Was ich in dieser Zeit über die deutsche Medienlandschaft gelernt habe, war sehr lehrreich. Heute weiß ich, dass oft die politische Stimmung im Land, nicht aber das journalistische Für oder Wider die Berichterstattung bestimmt. Geschichten wie die von Aliyah passen höchstens dann, wenn sie öffentlichkeitswirksam sind, am besten mit einem kaltblütigen Geschwistermord gratis obendrauf. Was junge Frauen wie Aliyah täglich an Zwängen erleben, ist kein Stoff für unsere Medien. Dabei ist der von den Eltern bestimmte Ehepartner nur eine der vielen Bevormundungen, die ihr Leben bestimmen.

* * *

Frei und unabhängig von der Zustimmung ihrer Eltern dürfen selbst heute nur wenige muslimische Mädchen und Jungen wählen, wenn es um den künftigen Ehepartner geht. Für viele Jugendliche ist das »normal«. Aber wenn sich dann doch eine Meinungsverschiedenheit zwischen Eltern und Kindern auftut, welche Braut oder welcher Bräutigam geeignet ist, dann haben es die Söhne leichter als ihre Schwestern, sich gegen ihre Eltern durchzusetzen. Mädchen sind da ziemlich chancenlos, man wird auch in den offiziellen Statistiken kaum Ehegemeinschaften zwischen Musliminnen und Nichtmuslimen finden.

Muslimische Familien haben ein Problem damit, ihren Töchtern Wahlfreiheit beim Ehepartner zu lassen. Man gestattet ihnen höchstens, den einen oder anderen Bewerber abzulehnen. Auch Aliyahs Vater beteuert, seine Tochter hätte doch keinen der Kandidaten heiraten *müssen.* Einige Migrationsforscher in Deutschland sprechen deshalb auch von »arrangierten Ehen« – den Ausdruck »Zwangsehe« lehnen sie ab. Solange ein Mädchen nicht in Handschellen vor den Imam geführt wird, ist es für sie offenbar eine »arrangierte Ehe«. Für mich erschließt sich nicht, welch fundamentaler Unterschied zwischen den beiden bestehen soll. Aber an ihm festzuhalten ist politisch opportun, denn eine »Zwangsehe« hat juristische Konsequenzen. Deswegen wird um die »arrangierte Ehe« ein Gespinst an beschönigenden Beschreibungen gelegt, die mit der Realität der Entscheidung, wen die Tochter heiraten soll, wenig zu tun haben.

Eine, die sich nach Kräften bemüht, uns durch feinsinnige Sprachregelungen einen Unterschied nahezubringen, ist Gaby Straßburger, Professorin an der katholischen Hochschule für Sozialwesen in Berlin und von der Politik gern konsultierte Expertin. »Zwangsehen«, so heißt es von ihr in einem Beitrag zum Sachverständigenrat des Landes Nordrhein-Westfalen, »sind äußerst selten und gelten auch in der türkischen Bevölkerung als Menschenrechtsverletzung.« Und trotzdem gibt es sie – juristisch verfolgt werden sie kaum. »Arrangierte Ehen« hingegen, so Frau Straßburger, die ihre Erkenntnisse auf »qualitative« Befragungen ihrer muslimischen Studentinnen stützt, »sind keine Zwangsehen. Arrangierte Eheanbahnungen folgen bestimmten Regeln«, die dafür sorgen, »dass Selbstbestimmung und Familienorientierung ausbalanciert werden«, und verhindern damit, »dass Druck auf die potentiellen HeiratskandidatInnen ausgeübt wird«.

Auch viele von Aliyahs ehemaligen Mitschülerinnen würden jederzeit auf den Koran schwören, dass es in ihren Familien keinen Zwang zur Annahme eines bestimmten Heiratskandidaten gibt. Heiraten wollen alle, viele am liebsten gleich nach Beendigung der Schule. Die Hochzeit ist ihr großer Tag, der wichtigste in ihrem Leben, an dem sie im Mittelpunkt stehen und sich herausputzen dürfen. Da legen junge Frauen, die ich auf der Straße nur als verschleierte graue Mäuse erlebt habe, die langen Gewänder ab und bonbonfarbene paillettengeschmückte Kleider mit Tüllschleifen, engem Mieder und tiefem Dekolleté an, lachen, kreischen, tanzen, girren und flirren und schicken heimliche Blicke zu den Männern hinüber, die bei traditionellen Hochzeiten konservativer muslimischer Familien getrennt von den Frauen sitzen. »Tanz der Vampire« nannte Aliyah das einmal, als sie mir von ihrem Albtraum erzählte, auf ihrer eigenen Hochzeit mit einem ungewollten Ehemann wie versteinert dazusitzen, die Beine schwer wie Blei und unfähig, dem Treiben zu entkommen. Nie würde sie ihre Eltern bestimmen lassen, wen und wann sie zu heiraten habe! Hingegen beteuern zahlreiche, vielleicht sogar die meisten jungen Frauen, auf die ich bei meinen journalistischen Recherchen treffe, dass sie es gut und richtig finden, wenn die Eltern den künftigen Ehemann aussuchten. Die wüssten einfach besser, wer zu ihnen passe. Frau Straßburger stimmt ihnen darin zu: »Glück und Stabilität einer Ehe« sieht sie am ehesten dadurch gesichert, »dass man gemeinsam in der Familie prüft, ob die Voraussetzungen für das Gelingen der Ehe günstig sind«.

Dieses Zutrauen hatte Aliyah nicht. Nur zu gut erinnerte sie sich, wie der Familienrat über ihre Cousine Iman gerichtet hatte. Anders als Frau Straßburger, die von einer »ergebnisoffenen Ausgestaltung der Eheanbahnung« spricht, war Aliyah bewusst: Das Thema Heirat hatte sich mit ihrer Ablehnung der bisher aufgebotenen Kandidaten nicht erledigt, zumal sie aufgrund ihres Alters inzwischen »überfällig« war. Ihre Tanten erinnerten sie oft genug daran. Wer »zu alt« ist, erzielt keinen guten Preis mehr, ein solches Mädchen gilt leicht als nicht mehr formbar, womöglich ist es aufmüpfig und sexuell nicht mehr ganz unerfahren. Eine junge Frau, die die Anwerbeversuche zu häufig mit einem »Nein« ausschlägt, macht sich verdächtig – sie könnte sich bereits mit einem Mann eingelassen haben. Für ihr Sträuben muss es noch andere Beweggründe geben, eine verbotene Liebschaft womöglich. Denn das »Heiraten« an sich ist unausweichlich. Ein Leben außerhalb der Ehe ist für muslimische Familien nicht denkbar.

Aliyahs Liebster aber würde nie als ihr Ehemann in Betracht kommen – Dimi war kein Muslim. Und da endet Frau Straßburgers »ergebnisoffene Ausgestaltung der Eheanbahnung«, Mevlude hatte das ihrer Tochter bereits unmissverständlich klargemacht, als sie von Dimi erfahren hatte. »Und wenn er bis nach Mekka pilgert und ein richtiger Haci wird«, hatte die Mutter gesagt, »ich werde ihn nie akzeptieren!« Ein Nichtmuslim kommt als Heiratskandidat nicht in Frage, selbst wenn das Mädchen, wie Aliyah, sich diesen Partner ausdrücklich wünscht. Ein solches Selbstbestimmungsrecht, Grundpfeiler demokratischer Gesellschaften, gibt es in dem geschönten muslimischen Familienbild, das Frau Straßburger malt, auch nicht.

Experten wie sie sorgen dafür, dass das heikle Thema »Zwangsehen« diskret aus dem rechtsstaatlichen Verantwortungsbereich entsorgt wird. »Zwangsehen«, so definiert sie, »sind keine arrangierten Ehen, sondern Ehen, bei denen familiäre Machtverhältnisse dazu genutzt werden, gegen die Regeln einer arrangierten Eheanbahnung eine Heirat zu erzwingen, die dem freien Willen widerspricht.« Der »freie Wille« von Aliyah hatte sich für Dimi entschieden. Die Familie war anderer Auffassung. Ein solcher Konflikt wird bei Frau Straßburger patriarchalisch gelöst. Sie setzt ganz auf die fürsorgliche Familie, deren einziges Sinnen und Trachten dem Wohl und keinesfalls der Bevormundung ihres Kindes gilt – eine Familie, die die »Kommunikationsregeln« der Eheanbahnung einhält und weiß, dass »der Prozess an jeder Stelle abgebrochen werden (kann) bzw. nur dann fortgesetzt (wird), wenn die potentiellen HeiratskandidatInnen Zustimmung signalisieren«.

Organisationen wie »Terre des femmes«, »peri e.V.« oder »Hennamond e.V.« – um nur einige der wichtigsten Adressen zu nennen – könnten die Wissenschaftlerin da eines Besseren belehren. Allein bei »Terre des femmes« suchen 50 bis 60 AnruferInnen, denen eine Zwangsheirat droht, jeden Monat Rat und Hilfe.

* * *

Bisher gibt es kaum empirische Studien zur Problematik der Zwangsehen in Deutschland. Der ehemaligen Familienministerin Kristina Schröder ist es zu verdanken, dass wir über die ersten verlässlichen Zahlen zu diesem Thema verfügen. Im November 2011 wurden die Ergebnisse einer von ihr beauftragten Studie veröffentlicht. 2009 und 2010 waren dafür 1445 Beratungsstellen im ganzen Bundesgebiet zu ihren Erfahrungen mit dem Thema befragt worden. Leider hatten sich nur 830 von ihnen zurückgemeldet. Schon die aber hatten allein im Jahr 2008 in Deutschland 3443 Fälle von Zwangsverheiratung registriert. Ein Drittel der Opfer waren minderjährige Mädchen, das jüngste war gerade einmal neun Jahre alt. Fast die Hälfte der zwangsverheirateten Mädchen hatte die Schule ohne Abschluss verlassen – was dann wiederum Konsequenzen hat: Schlecht ausgebildet, sinkt die Chance, sich aus einer solchen Zwangsehe zu befreien. 252 betroffene Männer hatten sich bei den Beratungsstellen gemeldet. Mehr als 80 Prozent von ihnen stammten aus muslimischen Familien, jedes vierte Opfer hatte einen türkischen Familienhintergrund.

Die Ministerin machte seinerzeit aus diesen Zahlen kein Geheimnis und wurde dafür von einigen Wissenschaftlern – unter denen auch Frau Straßburger nicht fehlen durfte – heftig attackiert. Einige von ihnen gehörten dem wissenschaftlichen Beirat der Erhebung an. Sie fühlten sich »hinters Licht geführt«. Ihnen gefiel nicht, dass die Ministerin den religiösen Hintergrund der Betroffenen so deutlich benannte. Man warf ihr eine »verzerrende« Interpretation, »Missbrauch« und »Instrumentalisierung« der Ergebnisse zum Zwecke »antiislamischer Propaganda« vor. Denn ob die Religionszugehörigkeit der Betroffenen wirklich abgefragt oder im Nachhinein von den Beraterinnen und Beratern so erinnert oder gar nur vermutet wurde, sei nicht präzise ermittelt worden. Hier würden nur »Scheinkorrelationen« hergestellt.

Mir scheint ein solcher Einwand doch ziemlich an den Haaren herbeigezogen, schließlich war die Frage nach der Religionszugehörigkeit der Klienten Bestandteil des offiziellen Erhebungsbogens. Wäre der Einwand in diesem Punkt berechtigt, müsste man alle Ergebnisse der Studie anzweifeln.

Das scheint auch den Kritikern gedämmert zu haben, denn vorsichtshalber schoben sie in ihrer Polemik nach, dass die »genannte Zahl« von mehr als 80 Prozent muslimischer Zugehörigkeit auch deshalb mit »Vorsicht zu genießen« sei, weil sie nichts darüber aussage, »welchen Stellenwert Religion im Alltag bzw. im Handeln gespielt hat. So ist es durchaus möglich und wahrscheinlich, dass andere Faktoren als der religiöse Hintergrund eine zentrale Rolle spielen.« Als schlagendes Gegenargument führen sie dann an, dass »der sexuelle Missbrauch von Kindern und Jugendlichen in kirchlichen Zusammenhängen« doch schließlich auch nicht »zentral auf den christlichen Glauben der Täter zurückzuführen« sei, eher schon auf mögliche »autoritäre und Täter abstützende Strukturen«.

Die damalige Familienministerin Kristina Schröder hatte allerdings nichts anderes getan, als davor zu warnen, einen Zusammenhang mit dem Islam grundsätzlich zu verleugnen. Sie forderte die muslimischen Verbände auf, Zwangsehen stärker zu bekämpfen, und gab ihren Kritikern die einzig richtige Antwort: »Ganz egal, ob Zwangsverheiratungen letztlich familiär, kulturell, religiös oder sozial begründet sind – keine Begründung ist mit dem Menschenbild unseres Grundgesetzes zu vereinbaren.«

Das sieht Heiner Bielefeldt, Professor für Menschenrechte und Menschenrechtspolitik an der Universität Erlangen, ganz anders. Es sei falsch, so Bielefeldt, »wenn der Eindruck entstünde, der einzige Weg der Befreiung aus dem Autoritarismus bestimmter kultureller Milieus sei die Assimilation an die Mehrheitsgesellschaft«. Er hält es für »problematisch«, »Menschenrechte in den Horizont einer westlichen ›Leitkultur‹ zu stellen«. Das verlange »Menschen aus kulturellen Minderheiten« die »kulturelle Angleichung an einen als homogen imaginierten westlichen ›way of life‹« ab.

Dass ausgerechnet ein Lehrstuhlinhaber für Menschenrechtspolitik das Gebot der Menschenrechte – als könnte man auch auf sie verzichten – als »westlichen ›way of life‹« abtut und damit einen unserer grundgesetzlichen Pfeiler diskreditiert, ist bestürzend. Auch bei Herrn Bielefeldt muss man – wie bei Frau Straßburger – fragen, ob er je in der Moderne eines demokratischen Rechtsstaates »angekommen« ist. Menschenrechte, das müsste doch gerade dieser Professor wissen, basieren gerade darauf, dass sie einen universalen Anspruch erheben – unabhängig von Kultur, Religion und Geschlecht.

***

Dass viele muslimische Jugendliche Aufklärung nicht für notwendig halten, kann ich noch nachvollziehen. Sie wollen ihren Familien und der muslimischen Community gerecht werden, und das bedeutet, der Gemeinschaft zu folgen, nicht den individuellen Bedürfnissen. Dass sie – mal mehr, mal weniger überzeugend – behaupten, die Zwänge ihrer Kultur und Religion seien gar keine Zwänge, sondern entsprächen ihren eigenen Lebensvorstellungen, dafür habe ich Verständnis. Denn nicht jeder hat den Willen und die Kraft, sich aus einem Kollektiv zu befreien, um tatsächlich selbstbestimmt zu leben. Ich habe auch schon kleine Mädchen getroffen, die mir versicherten, dass sie als Siebenjährige freiwillig das Kopftuch gewählt hätten und dass es für sie nicht wichtig sei, im Sommer ins Schwimmbad zu gehen oder Fahrrad zu fahren. Und manches fünfzehn- oder sechzehnjährige Mädchen rechtfertigt sein Schulversagen mit dem Argument, mit Kopftuch habe es bei »den Deutschen« ohnehin keine Chancen auf seinen Wunschberuf, folglich sei jede Anstrengung doch nur vergebliche Liebesmüh. Wenn niemand in der Kita oder Schule dagegenhält, werden diese Mädchen auch keine andere Meinung dazu kennenlernen. In Deutschland gibt es gerade in der pädagogischen Arbeit weitestgehend die Einstellung: Muslimische Familien sind eben anders, das geht uns nichts an. Oder: Da dürfen wir uns nicht einmischen. Dass dieses »Anderssein« aber oft gegen fundamentale Rechte ihrer Kinder verstößt, besonders ihrer Töchter, daran stoßen sich nur Organisationen und Vereine, die es sich zur Aufgabe gemacht haben, die Rechte von Mädchen zu stärken.

Dass angehende Erzieher und Pädagogen oft eine ablehnende Haltung gegenüber einer solchen Aufklärungsarbeit haben, braucht nicht zu verwundern, wenn »Experten« wie Gaby Straßburger mit ihren fragwürdigen Positionen für ihre Ausbildung zuständig sind. Bei einer meiner letzten Lesungen aus meinem Buch *Arabqueen* in der Friedrich Ebert Stiftung durfte ich erfahren, wie sie argumentieren. Obwohl ich eingeladen war, um von meinem Buch zu erzählen, ging es in der Diskussion nicht um die Geschichte von Fatme und Mariam, es ging um den Islam. Gleich zu Beginn wurde mir von Schülern einer Erzieherschule in Berlin vorgeworfen, die »Islamophobie« in Deutschland zu schüren. Auch wenn ich mit dem Begriff so gar nichts anfangen kann, frage ich mich doch, was mir damit denn gesagt werden soll: Die psychologische Definition des Begriffes Phobie beschreibt ein Angstgefühl, das durch immer gleiche, faktisch ungefährliche Situationen hervorgerufen wird. Ich selbst, das kann ich versichern, bin aber in meiner Arbeit keineswegs von Herzklopfen, Angst- oder Schwächegefühlen begleitet, nur weil es in Deutschland praktizierende Muslime gibt. Und wer durch das Lesen meiner Bücher panische Angstattacken bekommt, dem kann wohl nur ein Arzt helfen. Was also soll der Vorwurf der Islamophobie, außer dass er eine inzwischen gern gebrauchte Wortmünze ist?

Man stützt ihn oft auch mit dem Vergleich zum Antisemitismus, das gibt ihm erst noch die gewünschte Schärfe und suggeriert, dass seinerzeit die Juden die Opfer waren, es heute hingegen die Anhänger des Islam sind, denen man das Recht auf ihre Religion in Deutschland verwehren wolle. Tragisch daran ist, dass gerade unter Muslimen (auch in Deutschland) ein offen gelebter Antisemitismus verbreitet ist, der sich mit dem Judenhass deutscher Rechter durchaus messen kann.

Eine Religion und ihre Auswirkungen auf das Leben von Menschen kritisch zu hinterfragen ist weder ein Zeichen von Antisemitismus noch von Islamophobie, sondern spiegelt das Recht und die Fähigkeit wider, in guter Tradition der Aufklärung den Verstand zu gebrauchen. Wenn mir Eltern, deren Töchter sich in einen strenggläubigen Muslim verliebt haben, davon erzählen, dass sie das mit Sorge oder gar Angst erfüllt, dann ist das keine irrationale Phobie, sondern eine berechtigte Besorgnis. Es ist auch nachvollziehbar, wenn Anwohner einer salafistischen Moschee in einem Berliner Industriegebiet, die mir von unangenehmen Erlebnissen mit bärtigen Männern in weißen Kutten und schwarzverschleierten Frauen berichten, mich zugleich bitten, sie nicht mit ihrem Namen zu zitieren. Sie sind alltäglichen Diskriminierungen und Bedrohungen von diesen Sittenwächtern ausgesetzt, die es sich herausnehmen, ihren Mitmenschen mit dem moralischen Zeigefinger zu kommen, nur weil nicht jeder ein Leben nach strengen islamischen Regeln führen möchte.

Wer Angst vorm Islam hat, weil er in ihm, so wie er auch in Deutschland von den meisten Verbandsfunktionären und Imamen gelehrt wird, einen Angriff auf die freiheitlichen Grundrechte und vor allem einen großen Widerspruch zur Gleichberechtigung zwischen Mann und Frau sieht, der hat durchaus Grund dazu. Diese Ängste finden ihre Ursache nicht in Ressentiments und Vorurteilen, sondern in der Realität. Es sind vor allem säkulare und liberale Muslime, die diese berechtigten Ängste haben. Gerade damit wir nicht Zustände bekommen wie zum Beispiel in Russland, wo jüngst Tausende auf die Straße gingen, um ihrem Fremdenhass Luft zu machen und »die Muslime« zum Feindbild zu erklären, brauchen wir einen Diskurs, der nicht davor zurückschreckt, Probleme offen anzusprechen. Erst dann können wir gemeinsam nach Lösungen suchen.

* * *

Immer wieder werde ich gefragt, was ich von meinen türkisch-, kurdisch-, arabischstämmigen Kollegen halte, die einen weniger kritischen Blick als ich auf die muslimischen Einwanderer werfen, sondern viel lieber betonen, dass es so viele großartige Beispiele gelungener Integration gibt, die man viel zu selten in der Berichterstattung erwähne. Ich kann dazu nur sagen, wir brauchen diese Kollegen, denn ohne sie gäbe es auf diesem Gebiet keine Meinungsvielfalt. Es wäre schön, wenn sie in diesem Sinne auch auf meine Arbeit schauen würden – niemand sollte den Anspruch auf Deutungshoheit über das Leben muslimischer Menschen mit Einwanderungsgeschichte erheben.

Ich freue mich über Erfolgsgeschichten von Einwanderern, über türkische Nachrichtensprecher in den deutschen Medien, Schauspieler, Comedians, Regisseure und erfolgreiche Buchautoren, die ihre Leser mit lustigen Anekdoten aus deutsch-türkischen Alltagsgeschichten erheitern. Dass aber genau aus diesem Lager immer wieder Angriffe gegen meine Arbeit kommen, zeigt für mich, dass wir, Vertreter der zweiten und dritten Generation türkischer Gastarbeiter, weitaus weniger in

Deutschland angekommen sind, als wir meinen. Denn die Geschichten, die ich in diesem Buch erzähle, sind keine Geschichten von einem anderen Planeten. Es sind Geschichten von Menschen, die für mich ein selbstverständlicher Teil der deutschen Gesellschaft sind, denen aber all die Rechte, die uns das Leben in einer freien Bürgergesellschaft so angenehm machen, vonseiten ihrer Familien verwehrt werden.

Mein Buch *Arabqueen* wurde besonders von muslimischen Mädchen sehr angenommen, auch das Theaterstück fand großen Zuspruch. Es gab immer wieder Aufführungen, bei denen Mädchen von der Geschichte von Mariam und Fatme so berührt waren, dass sie bei einzelnen Szenen weinen mussten. Heute noch sagen mir junge Frauen, dass sie sich in der Geschichte der *Arabqueen* wiederfinden. Für mich persönlich ist das der größte Erfolg, denn ich glaube, dass es sehr wichtig ist, sich auch in der Kunst, Musik, dem Theater und der Literatur eines Landes wiederzufinden, um sich hier zuhause zu fühlen. Das bedeutet nicht, dass es nur Geschichten sein müssen wie die der *Arabqueen*.

Als die Autoren Kai Hermann und Horst Rieck 1978 das Buch *Wir Kinder vom Bahnhof Zoo* veröffentlichten, die Geschichte der drogensüchtigen Christiane F. und ihrer Freunde, die immer weiter in die Beschaffungskriminalität durch Prostitution abgleiten, quittierte niemand die schonungslose Beschreibung der Verhältnisse, aus denen diese Kinderprostituierten kamen, mit dem Vorwurf des »Rassimus«. Genau diesen Vorwurf aber muss ich mir immer wieder anhören, wenn es um meine Bücher *Arabboy* und *Arabqueen* geht. Aliyah und Mariam, meine *Arabqueen*, stammen nicht aus verwahrlosten Verhältnissen, aber was in anderen Familien durch Alkohol, Drogenmissbrauch oder Gewalt in der Entwicklung eines Kindes angerichtet werden kann, findet in ihren Familien sein

Pendant in dem Beharren auf einem Ehrbegriff, der keine Rücksicht nimmt auf das Recht des Einzelnen.

Wer diesen Gedanken versteht, dürfte mir nie wieder Rassismus vorwerfen, denn mein Anliegen ist genau gegenteilig: Es ist eine Kampfansage an alle, die glauben, Aliyah und ihre Familie gehörten *nicht* zu unserer Gesellschaft.

Ansonsten aber scheren mich die Meinungen von Islamisten, Rechtsradikalen und anderen Irren, die sich zu meinen Feinden erklären, herzlich wenig – nicht einmal jene Wahnsinnigen, die mir nach dem Leben trachten. Für mich sind ihre Angriffe eher ein Zeichen dafür, wie notwendig die Auseinandersetzung ist, die ich in meinen Büchern fordere. Es würde bei mir Zweifel wecken, wenn ein konservativ-muslimischer Verbandsvertreter mir tatsächlich Anerkennung für meine Kritik an der Rolle der Frau in der muslimischen Gesellschaft entgegenbringen würde; oder wenn ein bekennender Neonazi auf einmal Verständnis für meine Forderung hätte, dass alle Einwanderer als ein selbstverständlicher Teil der deutschen Gesellschaft angesehen werden müssen. Betroffen macht mich nur die Kritik von Jugendlichen, die in jedem meiner Bücher, in jedem meiner Fernsehberichte einen Angriff auf ihre Religion oder Familie sehen. Zwar hat ein muslimisches Mädchen, das sich darüber empört, dass ich den Zwang zur Jungfräulichkeit thematisiere, mein volles Verständnis, meine Unterstützung aber gilt dem Mädchen, das sich gegen diesen Zwang auflehnt.

In einem Europa, das Menschenrechte am Hindukusch verteidigt, sollte es eigentlich selbstverständlich sein, dass jeder Mensch ein Recht auf seinen individuellen Lebensentwurf hat, jenseits aller Sitten und Bräuche, Gebote und Verbote seiner Familie; dass Mädchen nicht anders behandelt werden, weil sie Mädchen sind; dass das »Jungfräulichkeitsgebot« nicht darüber entscheidet, ob eine junge Frau leben darf oder sterben muss. Aber für manche ist das nicht selbstverständlich. Und jene, die wie Aliyah unter Einsatz ihres Lebens dafür zu kämpfen bereit sind, aber in der Isolation einer untergetauchten Existenz leben müssen, dürfen dabei nicht allein gelassen werden.

Dank

Mein Dank gilt zuallererst Aliyah und den vielen anderen Interviewpartnerinnen: Ihretwegen gibt es dieses Buch. Gleich danach den vielen Helfern, die Aliyah und Dimi bei ihrer Flucht so tatkräftig unterstützt haben und bis heute unterstützen – ohne sie wären die beiden nicht in Sicherheit. Das größte Verdienst daran hat der Mann, den ich in diesem Buch »Alexander« nenne.

Meine wunderbare Lektorin Ingke Brodersen hat dieses Buch inspiriert, vorangebracht und bereichert. Dem S. Fischer Verlag und hier besonders Nina Sillem möchte ich dafür danken, dass sie dieses Projekt, ohne zu zögern, ermöglicht haben. Ich danke allen für das Vertrauen in meine Arbeit. Ein ganz großes Dankeschön gilt auch Nihat, Lotte, Vale, Kiki, Gülistan, Dada, Cenk, Funda und ganz besonders meiner Mama – sie haben es mit ihrer Fürsorge und Liebe möglich gemacht, dass ich mit Baby und Kleinkind dieses Buch schreiben konnte, immer in dem Gefühl, eine gute Rabenmutter zu sein. Danke!